郭爱民　丁义浩 ◎著

19讲 标点符号规范用法

图书在版编目(CIP)数据

标点符号规范用法19讲/郭爱民，丁义浩著．—北京：北京大学出版社，2016.12
ISBN 978-7-301-27832-1

Ⅰ．①标… Ⅱ．①郭… ②丁… Ⅲ．①汉语–标点符号–使用方法 Ⅳ．① H155

中国版本图书馆CIP数据核字(2016)第294416号

书　　名	标点符号规范用法19讲 BIAODIAN FUHAO GUIFAN YONGFA 19 JIANG
著作责任者	郭爱民　丁义浩　著
责任编辑	宋思佳　宋立文
标准书号	ISBN 978-7-301-27832-1
出版发行	北京大学出版社
地　　址	北京市海淀区成府路205号　100871
网　　址	http://www.pup.cn　新浪微博：@北京大学出版社
电子信箱	zpup@pup.cn
电　　话	邮购部 62752015　发行部 62750672　编辑部 62753027
印刷者	河北滦县鑫华书刊印刷厂
经销者	新华书店
	730毫米×980毫米　16开本　16.25印张　258千字
	2016年12月第1版　2023年11月第7次印刷
定　　价	42.00元

未经许可，不得以任何方式复制或抄袭本书之部分或全部内容。
版权所有，侵权必究
举报电话：010-62752024　电子信箱：fd@pup.pku.edu.cn
图书如有印装质量问题，请与出版部联系，电话：010-62756370

序
Preface

一

标点符号是辅助文字记录语言的符号，是书面语不可或缺的组成部分，是准确、生动地传情达意的重要手段。有人将标点符号比喻为"书面的眉眼""笔端的舌头"，有人干脆说它是"无声的语言"。可以说，标点符号能使书面语在意思表达上更加准确、鲜明、生动、简洁，甚至能起到书面语本身起不到的作用。

许多大家都十分重视标点符号的使用。叶圣陶先生说："标点是很要紧的。一个人标点都不太会用，说明他的语言不够清楚。"郭沫若先生曾撰文强调："标点的乱用，有时比没有标点还要坏事。这正因为标点是十分的重要，你一旦用错了，便可以把文字弄得完全相反的意义上去。"（《沸羹集·正标点》）

吕叔湘、朱德熙先生在合著的《语法修辞讲话》中明确指出："我们必须首先有一个认识：标点符号是文字里面的有机部分，不是外面加上去的。……每一个标点符号有一个独特的作用，说它们是另一形式的虚字，也不过分。应该把它们和'和''的''呢''吗'同样看待，用与不用，用在哪里，都值得斟酌一番。"

作家秦牧先生对标点符号的作用也有独到的见解。他说："标点符号，不但可以使文章段落分明，断句清晰，而且，它还可以表现各种各样的语气。人们朗诵作品的时候，尽管没有把逗号、句号、问号、感叹号等等名称念出来，但是它对朗诵者的声调是起了作用的。称许这些标点符号是文章中不声不响、埋头苦干的英雄,我想也未尝不可。""它并非可有可无、无足轻重,并非外加的东西,附加的东西,而是理应存在,关系颇大的。"(《标点符号——文章中的无声英雄》)

上述大家的评论,都充分阐明了标点符号在书面语中的重要作用。

二

也许有人认为,区区标点符号没有那么重要吧,前述评论未免有些言过其实、小题大做了。其实不然。由于某些作者错用标点在先,编校人员马虎失察于后,目前国内一些出版物中误用、乱用标点符号的现象俯拾即是,导致句意费解甚至使人误解,从而影响读者的阅读。

据媒体报道,2011年3月底,南京市文化广电新闻出版局组织专家对13种市属报纸3月15日(个别为15日前后)出版的一期内容的编校质量进行检查。审读共检出文字差错、语法差错和标点符号差错54处,其中标点符号差错30处,占全部差错的55.6%。①

2014年被国家新闻出版广电总局(以下简称总局)确定为"出版物质量专项年"。是年7月初,总局就少儿类报刊专项质检情况向社会进行通报时指出,本次少儿报刊编校质量检查中发现的差错,主要集中在语言文字错误和标点符号误用,还有少量的语法错误、知识性错误等。总局要求对存在出版质量低下问题的少儿报刊责令纠正并督促整改,对整改不到位的报刊依法给予行政处罚。②

2015年3月,总局出版产品质量监督检测中心编制推出《2014"出版物质量专项年"图书质量专项检查报告》,对2014年以来全国出版物质检情况作了较为全面、宏观的描述。该中心有关负责人在接受《中国新闻出版报》记者采访时,指出了不合格出版物的七方面主要表现,而标点符号差错位列第四。例如:省略号与句末点号的关系不清,连接号(一字线、长横、半字线、浪纹)的误用或混用,间隔号与小数点的混用,书名号的使用不当等。③

北京某出版社出版的全日制九年义务教育《语文》教材课后阅读材料

---

① 南京市文化广电新闻出版局 http://www.njwgx.gov.cn/www/njwgx/xwcb1-mb_a391108293461.htm.
② 赵新乐:《20种报刊被通报批评责令整改》,载《中国新闻出版报》,2014-07-03第1版。
③ 章红雨、孙海悦:《质量这根弦,时刻不能松》,载《中国新闻出版报》,2015-04-01第3版。

中，有一个自然段讲述了五个完整的意思，但却一"逗"到底［见本书第33页例（3）］，致使层次混乱。

诸如此类，不一而足。种种情况表明，当今社会上误用标点符号的情形着实到了不容忽视的地步，加强学习宣传、注重规范使用已经变得刻不容缓。

三

2011年12月30日，国家标准《标点符号用法》（GB/T 15834—2011）正式发布，自2012年6月1日起实施。为了学习、宣传和贯彻新国标，我们编写了这部《标点符号规范用法19讲》。本书主要依据新国标，并查阅了大量的相关文献，对出版物中常用的17个标点符号用法作了比较全面、系统的归纳和阐释，对常见的隐讳号、虚缺号、示亡号、代替号和标示号等的用法也作了简要介绍。本书共19讲，每一讲都遴选了大量的典型示例（绝大多数示例遴选自我们阅读过的图书、报纸和杂志）。全书对标点符号的误用情形进行了细致的剖析，对其正确用法作出了翔实的说明，同时对容易混淆的用法予以重点辨析。此外，本书在正文中还穿插了"温馨提示""标点趣闻"等内容。

遴选大量的正反示例，对标点符号用法进行正误对比说明，是本书的一大特点。为了"接地气"、察实情，真实说明误用标点符号的情形，本书选用的反面示例大多出自国内公开出版发行的报刊（有的甚至是读者心目中的重量级报刊）。选用这些真实的错例，完全是学术研究和问题探讨的需要，并非为了扬人恶、出人丑，故用"D期刊""L期刊""R日报""Z青年报"等代称其名、标注出处。敬希读者诸君体谅作者的良苦用心，切勿纠缠。

本书在撰写过程中，参考了一些文献资料，业已列入正文脚注和文后参考文献中；在出版过程中，北京大学出版社宋思佳老师细致入微地审读书稿，并弥补疏漏。这里，谨向文献的作者和宋思佳老师一并致以崇高的敬意和诚挚的谢意。

如果本书能对读者学习标点符号用法有所帮助，使您在标点符号运用上更准确、更规范，我们将深感欣慰。囿于作者的学识和水平，书中有不当之处，敬请诸君不吝赐教。

郭爱民　丁义浩
2016年4月26日
于沈阳南湖

目 录

第一讲　绪论 ··· 1
　一、标点的由来 ··· 1
　二、标点的发展 ··· 3
　　（一）近代标点的发展 ··· 3
　　（二）现代标点的发展 ··· 3
　三、标点符号使用不当的情形 ··· 4
　　（一）该用标点时没有用 ··· 4
　　（二）不该用标点时却误用 ··· 7
　　（三）该用甲标点时却误用乙标点 ······························ 8

上编　点　号

第二讲　顿号 ··· 12
　一、顿号的误用情形 ··· 12
　　（一）在第一层次并列短语中包含第二层次并列词语时，错误地都用顿号 ···· 12
　　（二）相邻的数字连用表示概数时，中间误用顿号 ········ 14
　　（三）集合词语中误用顿号 ··· 15
　　（四）在表示领属关系的词语之间误用顿号 ················· 16
　　（五）并列词语之间有连词或关联词时，在连词或关联词前面误用顿号 ····· 17
　　（六）在带有引号的并列成分或并列句子之间误用顿号 ···· 17
　　（七）在带有语气词的并列词语之间误用顿号 ············· 18
　　（八）在做谓语的并列动词或并列短语之间误用顿号 ··· 19
　　（九）在一些标题序号后误用顿号 ······························ 19
　二、顿号的使用场合 ··· 20
　　（一）用于并列词语之间的停顿 ·································· 20
　　（二）用于需要停顿的重复词语之间 ··························· 23
　　（三）用于某些序次语之后的较小停顿 ······················· 23
　　（四）相邻或相近的两数字连用表示缩略形式时，数字间用顿号 ··· 24
　　（五）有其他成分插在并列引号之间或并列书名号之间时，并列成分之间用顿号 ···· 25

第三讲　逗号 ··· 28
　一、逗号的误用情形 ··· 28

（一）不该用逗号之处而误用……………………………………… 28
　　（二）该用逗号之处而不用或少用……………………………… 31
　　（三）不顾内容层次而滥用逗号………………………………… 32
　　（四）在连接独立句子的连词前边误用逗号…………………… 33
　　（五）误将多个句子当成一个句子而一"逗"到底…………… 33
　　（六）独立的引文前误用逗号…………………………………… 34
　　（七）在由动词"使"或某些介词构成的句子成分中间误用逗号…… 34
二、逗号的使用场合……………………………………………………… 36
　　（一）用在主语与谓语之间……………………………………… 36
　　（二）用在谓语和较长的宾语之间……………………………… 37
　　（三）用于并列的偏正短语之间………………………………… 38
　　（四）用于句首状语之后或后置的状语之前…………………… 38
　　（五）用于复句中衔接紧密的并列单句之间…………………… 41
　　（六）用于后置的句子成分之前和后置的并列成分之间……… 43
　　（七）用在被强调的关联词之后………………………………… 43
　　（八）用于句中插说成分之后…………………………………… 44
　　（九）用在带句内语气词的主语（或谓语、宾语）之后或并列成分之间…… 44
　　（十）用于并列的谓语之间……………………………………… 45
　　（十一）用于需要强调的并列补语之间………………………… 46
　　（十二）用于两层并列成分的第一层之间……………………… 47
　　（十三）用在某些序次语之后…………………………………… 47
　　（十四）用在插入人物语言中间的提示语之后………………… 48
　　（十五）用在分句与分句之间…………………………………… 49
　　（十六）用于语气舒缓的感叹语、称谓语或呼唤语之后……… 50
　　（十七）用于单独成句的叹词之后，表示特殊的感情………… 50
　　（十八）用于科技书刊中并列的外文字符或阿拉伯数字之间… 52

第四讲　分号……………………………………………………………… 53

一、分号的误用情形……………………………………………………… 53
　　（一）不该用分号之处而误用…………………………………… 53
　　（二）分号误用于句号后………………………………………… 54
二、分号的使用场合……………………………………………………… 55
　　（一）用于复句内部并列关系的分句（尤其当分句内部还有逗号时）
　　　　　之间的停顿…………………………………………………… 55
　　（二）用于非并列关系的多重复句中第一层分句之间的停顿… 56
　　（三）用于并列的多重复句中第一层分句之间的停顿………… 58
　　（四）用于分项列举的各项之间的停顿………………………… 60
　　（五）用在被冒号、引号、括号、破折号分隔出来的并列分句之间…… 61
　　（六）用于辞书中同一条目的不同释义之间的分隔…………… 62
　　（七）用于科技书刊图注中各项之间的停顿…………………… 63

（八）用于科技公式中量符号物理意义说明项之间的分隔 ············ 63
　　（九）用于科技论文关键词的并列词组之间的停顿 ················ 63

第五讲　冒号 ·· 64

　一、冒号的误用情形 ·· 64
　　（一）应该用冒号之处而没有用 ·································· 64
　　（二）应该用破折号的地方误用冒号 ······························ 64
　　（三）间接引述时误用冒号 ······································ 65
　　（四）一句话中误用两层冒号 ···································· 66
　　（五）冒号提示的范围过宽或过窄 ································ 67
　　（六）语气紧凑且无特别提示的必要时，中间误用冒号 ·············· 68
　　（七）提示语插入到人物话语中间时，其后误用冒号 ················ 68
　　（八）在"即""如"等提示的字前面误用冒号 ······················ 69
　二、冒号的使用场合 ·· 70
　　（一）用在总说性词语之后，表示提示下文 ························ 70
　　（二）用于提示性词语之后，表示提示下文 ························ 71
　　（三）用在总括性词语之前，表示总结上文 ························ 73
　　（四）用在需要说明的词语之后，表示注释和说明 ·················· 75
　　（五）用于书信、讲话稿中称谓语或称呼语之后，表示提起下文 ······ 75
　　（六）用在言谈记录中的说话者姓名之后，以引出讲话的内容 ········ 77
　　（七）用在文章标题的前后两部分中间 ···························· 78
　　（八）其他 ·· 81

第六讲　句号 ·· 83

　一、句号的误用情形 ·· 83
　　（一）不该用句号而误用 ·· 83
　　（二）人物话语中间插入提示语时，其后误用句号 ·················· 86
　　（三）直接引语中最后的句号误置 ································ 86
　　（四）在句内括号的注文末尾误用句号 ···························· 87
　　（五）在并列的复句中，分号前误用句号 ·························· 87
　二、句号的使用场合 ·· 88
　　（一）用于陈述句末尾的停顿 ···································· 88
　　（二）用于语气舒缓的祈使句末尾 ································ 91
　　（三）用于语气舒缓的感叹句末尾 ································ 91
　　（四）用于语气舒缓的反问句末尾 ································ 92
　　（五）用于分项段落开头的主题词语末尾 ·························· 92
　　（六）用于句外括注话语的末尾 ·································· 92

第七讲　问号 ·· 94

　一、问号的误用情形 ·· 94

（一）在带有疑问词的陈述句末尾误用问号 ………………… 94
　（二）在选择性问句中间误用问号 ………………………… 96
　（三）在连续的独立问句中错误地少用问号 ……………… 96
　（四）在一个问句中间误用问号 …………………………… 96
　（五）问号误用在疑问句的中间 …………………………… 97

二、问号的使用场合 ………………………………………… 97
　（一）用于设问句末尾 ……………………………………… 97
　（二）用于反问句末尾 ……………………………………… 98
　（三）用于选择问句末尾 ………………………………… 101
　（四）在多个问句连用或表达疑问语气加重时叠用问号 … 102
　（五）用于表示存疑或不详的词语之后 ………………… 102
　（六）用于正反问句末尾 ………………………………… 103
　（七）用于倒装问句末尾 ………………………………… 104
　（八）用于是非问句末尾 ………………………………… 105
　（九）用于特指问句末尾 ………………………………… 105
　（十）用于有疑问的独词句末尾 ………………………… 106
　（十一）用于叹词组成的疑问句末尾 …………………… 106
　（十二）语气委婉的祈使句末尾有疑问时，用问号标示 … 107
　（十三）不表示疑问语气，只用作疑问代号 …………… 107
　（十四）问号与叹号并用，表示疑问与感叹兼有的语气 … 107

第八讲　叹号ᅠᅠᅠᅠᅠᅠᅠᅠᅠᅠᅠᅠᅠᅠᅠᅠᅠᅠᅠᅠ109

一、叹号的误用情形 ………………………………………… 109
　（一）在句子主语和谓语之间误用叹号 ………………… 109
　（二）在陈述句和语气舒缓的祈使句末尾误用叹号 …… 109
　（三）叹号误用在语气强烈的倒装祈使句中间 ………… 110
　（四）称呼语后和语气舒缓的句首感叹语后误用叹号 … 110

二、叹号的使用场合 ………………………………………… 111
　（一）用于主谓句中感叹句末尾 ………………………… 111
　（二）用于单独成句的感叹句末尾 ……………………… 112
　（三）用于语气强烈的祈使句末尾 ……………………… 113
　（四）用于语气强烈的反问句末尾 ……………………… 114
　（五）用于语气强烈的陈述句末尾 ……………………… 115
　（六）用于拟声词后 ……………………………………… 116
　（七）表示声音巨大或语气强烈时叠用叹号 …………… 116
　（八）叹号与问号并用，表示感叹与疑问兼有的强烈语气 … 117
　（九）用于某些独词句末尾 ……………………………… 118
　（十）用于标语口号末尾 ………………………………… 119
　（十一）用于问候语和祝愿语末尾 ……………………… 119
　（十二）用于叹词句末尾 ………………………………… 119

下编 标 号

第九讲 引号 ································ 123

一、引号的误用情形 ························ 123
- （一）对不应加引号的词语误用引号 ············ 123
- （二）对该加引号的词语未加引号 ·············· 124
- （三）间接引用时误用引号 ···················· 127
- （四）引号的范围标引不清 ···················· 127
- （五）连续多自然段引文的引号误用 ············ 128

二、引号的使用场合 ························ 131
- （一）标示语段中直接引用的内容 ·············· 131
- （二）标示需要着重论述或强调的内容 ·········· 133
- （三）标示具有特殊含义而需要特别指出的别称 ···· 134
- （四）标示具有特殊含义而需要特别指出的反语 ···· 142
- （五）标示具有特殊含义而需要特别指出的简称和缩略语 ···· 143
- （六）标示引用的俗语、成语和歇后语等 ········ 145
- （七）标示文稿中的拟声词 ···················· 146
- （八）标示语段中某些事物的代号 ·············· 147
- （九）标示文稿中的某些方言 ·················· 148
- （十）引号内的"引号"用单引号 ·············· 150
- （十一）标示网友的网名 ······················ 150
- （十二）其他使用引号的场合 ·················· 151

三、引用诗歌或书信时的引号处理 ············ 152
四、引文末尾的点号处理 ···················· 154

第十讲 括号 ································ 156

一、括号的误用情形 ························ 156
- （一）不该用括号的地方误用括号 ·············· 156
- （二）句内括号误用在了句外 ·················· 157
- （三）句外括号误用在了句内 ·················· 157
- （四）句内括号没有紧接在被注释的文字后 ······ 158

二、圆括号的使用场合 ······················ 159
- （一）标示注释内容或补充说明 ················ 159
- （二）标示订正或补加的文字 ·················· 161
- （三）标示序次语 ···························· 162
- （四）标示引语的出处 ························ 162
- （五）标示汉语拼音注音 ······················ 163

　　　　（六）标示中文字词或人名等对应的外文等 ·················· 163
　　　　（七）标示话剧剧本人物对话中人物动作、情态的文字 ·············· 164
　　　　（八）行文中括号内外的标点用法 ·················· 164
　三、方括号的使用场合 ·················· 166
　四、六角括号的使用场合 ·················· 167
　五、方头括号的使用场合 ·················· 169
　六、空心方头括号的使用场合 ·················· 170

第十一讲　破折号 ·················· 172

　一、破折号的误用情形 ·················· 172
　　（一）在该用括号的场合误用破折号 ·················· 172
　　（二）在不该用标点的场合误用破折号 ·················· 173
　　（三）在该用两个破折号的场合未用或仅用一个破折号 ·················· 174
　　（四）误将破折号与"即""是""为"等词并用 ·················· 175
　二、破折号的使用场合 ·················· 176
　　（一）标示行文中的注释内容或补充说明 ·················· 176
　　（二）标示句中的插入语 ·················· 177
　　（三）标示总结上文 ·················· 178
　　（四）标示提示下文 ·················· 179
　　（五）标示话题的转换 ·················· 180
　　（六）标示声音的延长 ·················· 181
　　（七）标示话语的中断或间隔 ·················· 182
　　（八）标示引出对话 ·················· 184
　　（九）标示事项列举分承 ·················· 184
　　（十）用于文章的副标题之前 ·················· 186
　　（十一）用于引文、注文后，标示作者、出处或注释者 ·················· 186
　　（十二）标示语意递进 ·················· 187
　　（十三）用于歇后语前后两部分之间 ·················· 188
　　（十四）用于注释和被注释的文字之间 ·················· 189

第十二讲　省略号 ·················· 191

　一、省略号的误用情形 ·················· 191
　　（一）表示同类事物的列举省略时，列举的内容过少 ·················· 191
　　（二）误将"等""等等""之类""什么的"与省略号同时使用 ·················· 192
　　（三）在句中不能省略的地方误用省略号 ·················· 193
　　（四）在句中语意已尽或叙述已尽的地方误用省略号 ·················· 193
　二、省略号的使用场合 ·················· 194
　　（一）标示引文的省略 ·················· 194
　　（二）标示列举的省略 ·················· 195

（三）标示重复词语的省略 ······ 196
　　（四）标示说话时断断续续 ······ 197
　　（五）标示余意未尽 ······ 199
　　（六）标示对话中的沉默不语 ······ 200
　　（七）标示声音延长的拟声词 ······ 201
　　（八）标示特定的成分虚缺 ······ 201
　　（九）标示段落或诗行的省略 ······ 202
　　（十）用于标题中，留下想象余地 ······ 203
　　（十一）标示科技书刊中阿拉伯数字等的省略 ······ 203
三、省略号前后的标点用法 ······ 204
　　（一）省略号之前的点号用法 ······ 204
　　（二）省略号之后的点号用法 ······ 205

第十三讲　连接号 ······ 206

一、连接号的误用情形 ······ 206
　　（一）应用短横线的场合，却误用一字线 ······ 206
　　（二）应用一字线的场合，却误用浪纹线 ······ 206
　　（三）应用一字线的场合，却误用短横线 ······ 206
　　（四）应用浪纹线的场合，却误用一字线 ······ 206
二、连接号的使用场合 ······ 207
　　（一）短横线"-"的使用场合 ······ 207
　　（二）一字线"—"的使用场合 ······ 210
　　（三）浪纹线"～"的使用场合 ······ 210
　　（四）关于新标准中取消二字线"——"的一点困惑 ······ 211

第十四讲　间隔号 ······ 212

一、间隔号的误用情形 ······ 212
二、间隔号的使用场合 ······ 213
　　（一）标示外国人名或某些少数民族人名内部的分界 ······ 213
　　（二）标示书名与篇（章、卷）名之间的分界 ······ 213
　　（三）标示词牌、曲牌、诗体名等与题名之间的分界 ······ 213
　　（四）用在构成标题的并列词语之间 ······ 214
　　（五）用在报刊名称与栏目名之间 ······ 214
　　（六）用在含有月日简称表示事件、节日的月和日之间 ······ 214

第十五讲　书名号 ······ 216

一、书名号的误用情形 ······ 216
　　（一）商标名等的名称误用书名号 ······ 216
　　（二）公文文种的标题名误用书名号 ······ 217

  （三）文章等的题目误用书名号标示 ········· 217
  （四）书名号内的名称与原名不相符 ········· 217
 二、书名号的使用场合 ····················· 218
  （一）标示书名、卷名、篇名、报纸名、刊物名 ··· 218
  （二）标示用文字、声音、图像等表现的作品的名称 ·· 218
  （三）标示全中文或中文在名称中占主导地位的软件名 ·· 219
  （四）标示作品名的简称 ················· 219
  （五）双层书名号的使用 ················· 219
  （六）特殊场合的书名号使用 ·············· 220
  （七）关于中文行文中英文书名、报刊名的处理办法 ·· 221

第十六讲　专名号 ····························· 222

 一、专名号的使用场合 ····················· 222
  （一）标示人名、地名、朝代名 ············ 222
  （二）标示国名、地区名、民族名、宗教名、年号、庙号，以及官署名、组织名等 ··············· 225
 二、使用专名号注意事项 ··················· 226

第十七讲　着重号 ····························· 228

 一、着重号的使用场合 ····················· 228
  （一）标示语段中重要的文字 ·············· 228
  （二）标示语段中需要指明的文字 ··········· 229
  （三）着重号标示的文字有时可用黑体字代替 ··· 229
 二、使用着重号注意事项 ··················· 230
  （一）着重号与引号用法上的区别 ··········· 230
  （二）着重号应避免滥用 ················· 231

第十八讲　分隔号 ····························· 232

第十九讲　其他标号 ··························· 237

 一、隐讳号 ······························· 237
 二、虚缺号 ······························· 240
 三、示亡号 ······························· 241
 四、代替号 ······························· 242
 五、标示号 ······························· 242

参　考　文　献 ······························· 244

第一讲　绪论

一、标点的由来

"标点"二字，最初见于宋代文献。《宋史·何基传》云："凡所读，无不加标点，义显意明，有不待论说而自见者。"这里的标点，是指阅读古籍时所加的句读（dòu）符号，即旧式标点。

我国古代先哲创造了灿烂的文明：在殷商时代就已创造出甲骨文，发掘出土的甲骨片所载约有4500个单字（可识者约1500个）；东汉许慎的《说文解字》已收篆文9353字。标点符号的形状远比文字简单，其数量也远比文字为少。我国古代把文辞的休止、停顿处称为"句读"。"句读"一词始见于东汉经学家何休《公羊传解诂序》。表示句读的符号有两个：一是"、（读）"，表示较小的停顿；二是"。（句）"，表示较大的停顿。这两种符号到了宋代才逐渐推广使用，但形态有些改变：一种是句号用"。"，读号用"、"；另一种是句号读号都用同样的点，句号的点用在字旁，读号的点用在两字之间。宋元时代出版的书籍，特别是经书，一般不加句读。句读符号多用于教学或校勘方面。宋刻本也有仿照校书式印上圈点的，但不多见。

元明刻本小说多在句子的末了加圈，也有一律用"、"或用"。"的。有些戏曲和启蒙读物也采取这种方法。此外，明刻本小说还增添了人名号和地名号，前者是在人名右边加一条直线（竖排本），后者是在地名右边加双直线。

标点趣闻 1-1

从前有一老翁,膝下有一女。女儿长大后出嫁了。发妻死后,老翁续弦,又生下一子。老翁预立下遗嘱,说明遗产的分配办法。遗嘱那几句话是没有点断的。老翁死后,大家把遗嘱启封。女婿看了遗嘱,就想把遗产全部取走,因为按照他的点读法,那遗嘱是这样的:

七十老翁产一子,人曰非是也。家业尽付与女婿,外人不得干预。

但是,老翁的遗孀不服,认为遗嘱写的应该是把遗产交给她的儿子,于是就告到县衙。果然,县官判决遗产应该交给老翁的幼子。原来,按照老翁的遗孀和县官的点读法,那份遗嘱是这样分句的:

七十老翁产一子,人曰"非",是也,家业尽付与。女婿外人,不得干预。

您看,对遗嘱的断句不同,其意义竟有如此的天壤之别。

清末京师同文馆毕业生张德彝(1847—1918)是介绍国外标点符号的第一人,一生中曾出国8次。同治七年(1868)二月,张德彝随中国使团出访欧美。他每到一国,都记录下当地的自然景观和人文特色,后编成小册子《航海述奇》《再述奇》《三述奇》《四述奇》直至《八述奇》,共200余万字。1868—1869年他编成《再述奇》(1981年再版时更名为《欧美环游记》),其中有一则游记专门介绍西洋的标点符号,云:

泰西各国书籍,其句读勾勒,讲解甚烦。如果句意已足,则记 。;意未足,则记 ,;意虽不足,而义与上句黏合,则记 ;;又意未足,外补充一句,则记 :;语之诧异叹赏者,则记 !;问句则记 ?;引证典据,于句之前后记 "";另加注解,于句之前后记 ( );又于两段相连之处,则加一横如——。

张德彝并不是有意识地向国内知识界引入西方标点符号,甚至有些不屑,觉得这些标点过于烦琐;但是,他"无心插柳柳成荫",为中国标点符号的发展带来了新风。

二、标点的发展

（一）近代标点的发展

我国新式标点是模仿西方国家的书写习惯而借用的，直到清末才开始使用。

1904年，著名翻译家严复在其《英文汉诂》中，最早将外国的标点应用于汉语的著述。五四运动之前，国内已有一些作家开始使用新式标点。

1918年5月，《新青年》第4卷出版时大部分使用新式标点。因当时国内出版物大多采取直排方式（而国外采用横排方式），故使用者对新式标点都作了不同程度的修改。这样一来，就出现了标准不一的现象。

1919年4月，马裕藻、周作人、朱希祖、刘复、钱玄同、胡适6位学者鉴于"现在有些报纸书籍，无论什么样的文章都是密圈圈到底，不但不讲文法的区别，连赏鉴的意思都没有了"，因此联名提出了《请颁行新式标点符号议案》。该议案首先说明使用标点符号的必要性，然后列出各种符号（包括句号、点号、分号、冒号、问号、惊叹号、引号、破折号、删节号、夹注号、私名号、书名号共12种）。此议案在国语统一筹备会第一次大会上得到议决。

1920年2月，北洋政府颁布了《通令采用新式标点符号文》（教育部训令第五十三号）并推行之。从此，我国由政府颁行的第一套新式标点符号正式诞生了。

第一套新式标点符号与西方国家的标点相比，有三处明显区别：一是，句号用"。"而不用"．"；二是，为了适应直排文字的需要，引号用「」和『』，不用""和''；三是，西方文字的人名和地名等专有名词的开头用大写字母表示，而汉字无此标记，所以要有私名号和书名号。

（二）现代标点的发展

新中国对标点符号的使用历来十分重视。1951年9月，中央人民政府出版总署公布了《标点符号用法》，计14种符号；10月，政务院下达指示，要求全国遵照使用。

由于文字书写和书刊排印已由直排改为横排，标点符号的用法也有了某些发展变化，因此，1990年3月，国家语言文字工作委员会和新闻出版署重新修订并发布了《标点符号用法》，增加了连接号和间隔号，计16种符号。

1995年12月13日，国家技术监督局发布了中华人民共和国国家标准GB/T 15834—1995《标点符号用法》，自1996年6月1日起实施。

2011年12月30日，国家质量监督检验检疫总局、国家标准化管理委员会发布了中华人民共和国国家标准GB/T 15834—2011《标点符号用法》，自2012年6月1日起实施。

现在使用的标点符号包括7种点号和10种标号。点号的作用在于点断，主要表示说话时的停顿和语气。点号包括：句内点号——逗号、顿号、分号和冒号（共4种），表示句内各种不同性质的停顿；句末点号——句号、问号和叹号（共3种），表示句末的停顿和句子的语气。标号的作用在于标明，主要标示某些成分（主要是词语）的特定性质和作用。标号包括引号、括号、破折号、省略号、着重号、连接号、间隔号、书名号、专名号和分隔号（共10种）。

三、标点符号使用不当的情形

标点符号使用得当，可以使书面语的意思表达更准确、鲜明；若使用不当，就会使人不明其意，甚至与作者的原意完全相反。

（一）该用标点时没有用

下面试举几例进行分析。

1. 猪似鼠？酒如醋？

相传很久很久以前，有一员外开了家糟坊，既酿酒又酿醋。生意兴隆，十分红火。

大年初一那天，他的外甥来拜年。糟坊大门上的一副春联煞是醒目：

养猪肥似象老鼠个个瘟

做酒缸缸好做醋滴滴酸

这副春联正确的读法是：

养猪肥似象，老鼠个个瘟；
做酒缸缸好，做醋滴滴酸。

应该说，这副春联表达了员外一家人对美好生活的憧憬和期盼。

员外沾沾自喜，洋洋得意，当着众乡人的面要外甥读春联。

这个外甥站在门前高声朗读道："养猪肥似象老鼠①，个个瘟；做酒缸缸好做醋，滴滴酸。"乡人听后忍俊不禁，捧腹大笑；员外闻听哭笑不得，扫兴而归。员外本想在新年第一天讨个吉利，不成想讨了个晦气。

2. 才子戏财主

相传，明代"吴中四子"之一的祝枝山，有一次曾同一恶财主开过一个玩笑。

有一年临近春节时，一个平素横行乡里、欺压百姓的财主找到能诗文、工书法的祝枝山，请他给财主家写两副对联。为人正直的祝枝山想借机戏弄一下这个财主，为百姓出口气。他想了一想，就叫人拿来纸砚笔墨，挥毫题字道：

明日逢春好不晦气
终年倒运少有余财

此地安能居住
其人好不悲伤

财主拿到手中一看，顿时火冒三丈。他跑到县衙里告状，说祝枝山借写春联之机辱骂他。

县太爷派衙役把祝枝山请来当面对质。祝枝山胸有成竹，不慌不忙地对县太爷说："我明明写的是吉利话，是他自己看不懂嘛。"随后，祝枝山把两副对联朗读了一遍。财主听后无言以对，只好给祝枝山赔礼道歉。

原来，财主是这样念的：

明日逢春，好不晦气；
终年倒运，少有余财。

此地安能居住？
其人好不悲伤！

---

① "象老鼠"中的"象"字，现在的正确写法是"像"。

而祝枝山在县衙大堂上是这样读的：

> 明日逢春好，不晦气；
> 终年倒运少，有余财。
>
> 此地安，能居住；
> 其人好，不悲伤。

3. 塾师智惩财主

从前，有一个财主给儿子请塾师。双方讲好条件，立下字据。先生写好字据；财主看过后，表示满意。双方在字据上都按了手印。

悭吝的财主既望子成龙，又惜财如命，遂以粗茶淡饭敷衍先生。到了年底，先生找到东家，要求补足饭菜钱。双方争执不下，闹到了县衙。

县令先看当事人所立的契约，然后令双方讲清原因。只见字据上写道：

> 无米面亦可无鱼肉亦可无银钱亦可

先生说，字据上写得明明白白：

> 无米，面亦可；无鱼，肉亦可；无银，钱亦可。

但刻薄的财主却要赖说，字据上写的是：

> 无米面亦可，无鱼肉亦可，无银钱亦可。

县令听后勃然大怒，一拍惊堂木道："呔！你身为财主，不学无术，还敢狡辩！雇人教书，岂有不付足饭菜钱之理！……"

4. 究竟谁很着急？

一天，小刚放学回家后，见家中空无一人。他在茶几上看到一张纸条，上面写道：

> 小明找不到爸爸妈妈很着急

由于纸条上没有标点符号，小刚分析纸条要表达的意思可能有三种。

第一种意思：小明找不到，爸爸妈妈很着急。
不知小明的去向，爸爸妈妈既担心又着急。

第二种意思：小明找不到爸爸，妈妈很着急。
小明与爸爸出去后走散了，妈妈得知后很着急。

第三种意思：小明找不到爸爸妈妈，很着急。

小明回来后见爸爸妈妈不在，小明十分着急。

小刚看完纸条后皱着眉头，左思右想不知其意，于是他也很着急。

5. 多曼斯基改嫁了？

2007年10月31日，沈阳某晚报B6版刊登了题为《多曼改嫁》的新闻。这则新闻称："昨日，多曼斯基已与瑞典足协达成协议，将于今年11月15日出任瑞典足协足球（管理）部门的官员。""同时她也认为这个职位能够保证她的家庭受到最低程度的影响。"

原来，2007年10月，中国女足主教练多曼斯基在带领中国女足闯进世界杯赛八强后，不再与中方续签聘任合同，而是随后效力于瑞典足协。换言之，多曼斯基并没有改嫁。如果一定要说"改嫁"，那也是"改嫁"到瑞典足协罢了。

标题中的"改嫁"一词是比喻的用法，应加上引号，以免让人误解。报社采编人员跟读者开了一个"玩笑"，却让喜欢多曼斯基的球迷们委实虚惊了一场。

（二）不该用标点时却误用

下面列举几例进行分析。

　　＊(1)在震惊全国的"三家村"大冤案中，惨遭迫害的邓拓、吴晗、廖沫沙三同志写作的《燕山夜话》《三家村札记》将同广大读者重新见面了。

　　＊(2)在皇宫乾清门侧面，腾出一块地方来，铺好轨道，安装好全部的火车系统，上好发条，太后和皇帝，都开了眼。(D期刊2015年第1期第65页)

　　＊(3)畅销海外的名贵药材：三七、天麻、红花、雪莲等，已被抢购一空。

　　＊(4)甲、乙双方经协商，就上述作品的出版订立如下合同条款，并共同遵照执行。

　　＊(5)陕西省扶贫开发办公室主任郭汉文介绍，2014年，陕西共搬迁贫困人口6.13万户、24.08万人。(R日报2015-02-04第16版)

　　＊(6)由于商品供求往往随着不同区域、不同季节、甚至不同客流成分的变化而变化，所以采购者应当及时把握需求信息。

例(1)中的逗号属误用,应删掉。因为"在震惊全国的……冤案中"是"惨遭迫害"的时间状语,若用了逗号,它就变成《燕山夜话》《三家村札记》"同广大读者重新见面"的时间了。

例(2)中的第一个和最后一个逗号系误用,应删掉;否则,就会把句子分割得过分细碎,而不便于阅读。

例(3)中的"名贵药材"与"三七、天麻、红花、雪莲等"是同位语,中间不必停顿,故应删除冒号。

例(4)中的"甲乙双方"是集合词语。集合词语是紧密结构,中间不能用顿号分隔;因此,应删除顿号。

例(5)中,"6.13 万户"与"24.08 万人"是用不同计量单位来说明同一件事——搬迁的贫困人口,两者是领属关系,而非并列关系。换言之,6.13 万户共有 24.08 万人,24.08 万人构成了 6.13 万户。因此,应删除句中顿号。

例(6)中,并列词语"不同区域""不同季节""不同客流成分"之间既有顿号又有连词,此时应删除"不同季节"与连词"甚至"之间的顿号。

(三) 该用甲标点时却误用乙标点

下面列举数例进行分析。

*(1)我以前去的旅游景点,也有各种表演,但表演者大多面无表情,你看得出,他们已经如此这般地敷衍过很多遍,而在岜沙这地方,表演者施施然从田间地头赶过来,表演得那么开怀,游客还没笑,他们已经稀里哗啦地笑成一团。(D 期刊 2015 年第 5 期第 51 页)

*(2)今天我妈带我去相了两个妹子,一个身材一流,可惜长相太吃力了,还有龅牙,一笑我就受不了;另外一个脸蛋绝对一流,女神级别,可惜是个肥妞。(D 期刊 2015 年第 6 期第 38 页)

*(3)先期接触过他的同事告诉我,这位教授有"三不为":一不参加集体活动,二不接受媒体采访,三不兼行政职务。(D 期刊 2011 年第 19 期第 26 页)

*(4)"这是我见过的最好的买卖之一,"他说。"如果不是让你抢了先,我就会把它拿下来。"(杰克·韦尔奇等著,曹彦博等译《杰克·韦尔奇自传》)

*(5)威灵顿的 15 个曾孙中,有 9 个成了亿万富翁,其他 6 个虽然没有那么多财富,但有的成了医生,有的成了科学家,有的成了律师,都有不错的业绩。(D 期刊 2011 年第 19 期第 61 页)

*(6)忽然,他的内心灵光一现:对,发挥自己的所长,为流浪汉办一份报纸,一份温暖流浪者心灵的报纸,让他们参与进来,自食其力。(D 期刊 2011 年第 19 期第 60 页)

*(7)"人,为什么要生呢?既然终究是会死去。"这样的话语忽然出自一位资深医生之口,不禁令我错愕,猝不及防。(D 期刊 2015 年第 6 期第 16 页)

例(1)中的这段话一"逗"到底,让人误以为是一句话。其实,它包括三句话:第一句是说,以前去的旅游景点,表演者大多面无表情;第二句是说,这样的表演者敷衍游客已经很多次了;第三句是说,岜沙这地方的表演者真诚待客,开怀表演,以至于"游客还没笑,他们已经稀里哗啦地笑成一团"。因此,例(1)如能修改如下,可能会更好些:

(1)我以前去的旅游景点,也有各种表演,但表演者大多面无表情。你看得出,他们已经如此这般地敷衍过很多遍。而在岜沙这地方,表演者施施然从田间地头赶过来,表演得那么开怀——游客还没笑,他们已经稀里哗啦地笑成一团。

例(2)中,在"我妈带我去相了两个妹子"之后,紧接着分述两个妹子各自的长相、身材和"我"的感受等。这其实是冒号的一种用法——用于总说性词语之后,表示提示下文。因此,应将句中第一个逗号改成冒号。

例(3)中,在"这位教授有'三不为'"之后,具体分项列举是哪"三不"。分项列举的各项之间应使用分号,故应把冒号后的两个逗号均改为分号。

例(4)中,"××说"在人物语言的中间时,"说"之后只能用逗号表示停顿。因此,应把"他说"之后的句号改为逗号。

例(5)中,最后一句话"都有不错的业绩"是对威灵顿的 15 个曾孙的总括性评价,属于总结上文。这是冒号的一种用法,故应将句中最后一个逗号改为冒号。

例(6)中,"为流浪汉办一份报纸"与"一份温暖流浪者心灵的报纸"不是并列关系,后者其实是对前者的补充说明。这是破折号的一种用法,故应将句中第四个逗号改成破折号。

例(7)中，引号内是一个疑问句，问号应置于全句的末尾。因此，应将句中的问号改为逗号，而将句号改成问号。

综上所述可见，标点符号误用会影响语意表达，有时甚至与原意相去甚远；因此，对标点符号的使用切不可小觑。本书从第二讲起，将分别介绍每一种标点符号的误用情形，系统阐述标点符号的使用场合，以便为各类学校教师，出版社、报社及杂志社的编校人员和记者，企事业单位的文秘和科研人员，以及其他文字工作者正确使用标点符号提供帮助。

上编

点号

第二讲　顿号

一、顿号的误用情形

顿号的误用主要有以下几种情形。

（一）在第一层次并列短语中包含第二层次并列词语时，错误地都用顿号

在句子中，如果不注意分清第一层次、第二层次的并列，而在不同层次并列词语之间错误地都使用顿号，那么就会造成层次混乱，从而影响句子意思的正确表达。例如：

＊（1）起诉书指控：被告人令计划利用其担任中共中央办公厅副主任、主任、中央书记处书记、中央统战部部长、全国政协副主席等职务上的便利，为他人谋取利益，索取、非法收受他人巨额财物；……

＊（2）××大学的青年志愿者利用假期时间帮助小韩屯的农民打井、收麦、修路、参加乡村小学校教室、礼堂的修建。

＊（3）公司常年坚持节能管理的月考核、季评比、年结算制度、能耗预测制度和能源跟踪分析制度，做到节能工作常抓不懈。

＊（4）上海的越剧、沪剧、淮剧、安徽的黄梅戏、河南的豫剧，在这次

会演中都带来了新剧目。

＊(5)中国共产党的优秀党员、著名物理学家、教育家谢希德同志昨日不幸逝世。

＊(6)同盟会在准备辛亥革命时期，主要做了两方面工作。……二是举行多次武装起义，如1906年的萍浏醴起义、1907年的防城和镇南关起义、惠州七女湖起义、潮州黄冈起义、1908年的河口起义、钦廉上思起义、1910年的广州新军起义、1911年的广州黄花岗之役等。

＊(7)在亚洲的菲律宾、土耳其、北美洲的墨西哥、南美洲的秘鲁、巴西等国中，20%最贫困家庭的收入仅占社会总收入的5%，而20%最富裕家庭的收入却超过了社会总收入的50%，贫富分化极其严重。

＊(8)那滚烫滚烫的字眼、那让人心碎的相思之苦、那熟悉的倩影、甜美的微笑、深情的呼唤，仿佛就从字里行间跳了出来。

＊(9)食糖、粮食、果仁、水泥、碳黑、沥青，这些货物都可以由杂货船运输。

【简析】例(1)中，"中共中央办公厅副主任、主任""中央书记处书记""中央统战部部长""全国政协副主席"构成了第一层次的并列，相互之间应用逗号分隔；而"副主任"与"主任"是第二层次的并列，应该用顿号。因此，"主任""书记""部长"后的顿号均应改为逗号。

例(2)中，"帮助……修路""参加……修建"是第一层次的并列，而"打井""收麦""修路"和"教室""礼堂"都属第二层次的并列。并列的第一层次之间应该用逗号，故"修路"后紧接的顿号应改为逗号。

例(3)中，"月考核……年结算制度""能耗预测制度""能源跟踪分析制度"是第一层次并列，而"月考核""季评比""年结算"是第二层次的并列。第一层次的并列用逗号分隔，故"年结算制度"后的顿号应改为逗号。

例(4)中，"上海的越剧、沪剧、淮剧""安徽的黄梅戏""河南的豫剧"均属第一层次的并列，它们之间应该用逗号，故"淮剧""黄梅戏"后的顿号均应改为逗号。

例(5)中，"中国共产党的优秀党员"与"著名物理学家、教育家"是第一层次并列，而"物理学家"与"教育家"是第二层次并列。所以，句中第一个顿号应改为逗号。

例(6)中，"1906年的……起义""1907年的……起义""1908年的……起

义""1910年的……起义""1911年的广州黄花岗之役"均属第一层次的并列，其间要用逗号连接；而"防城和镇南关起义""惠州七女湖起义""潮州黄冈起义"三者之间，"河口起义"与"钦廉上思起义"之间是第二层次的并列，其间要用顿号连接。因此，句中第一、四、六、七个顿号均应改为逗号。

例(7)第一句话包含两个层次的并列："亚洲……土耳其""北美洲的墨西哥""南美洲……巴西"是第一层次的并列，应该用逗号连接；而"菲律宾"与"土耳其"，"秘鲁"与"巴西"是第二层次的并列，应该用顿号连接。因此，"土耳其""墨西哥"后的顿号都应改成逗号。

例(8)也包含两个层次的并列："那……字眼""那……相思之苦""那……呼唤"是第一层次的并列，应该用逗号连接；而"熟悉的倩影""甜美的微笑""深情的呼唤"是第二层次的并列，应该用顿号连接。因此，"字眼""相思之苦"后的顿号均应改成逗号。

例(9)中，"食糖、粮食、果仁"与"水泥、碳黑、沥青"是两类不同的事物：前者是食品，后者是工业品。两者之间是第一层次的并列，因此"果仁"之后的顿号应改为逗号。

当第一层次并列短语中包含第二层次并列词语时，并列成分之间的标点正确用法见例(10)和例(11)。

(10)从秦朝的陈胜、吴广、项羽、刘邦起，中经汉朝的新市、平林、赤眉、铜马和黄巾，隋朝的李密、窦建德，唐朝的王仙芝、黄巢，宋朝的宋江、方腊，元朝的朱元璋，明朝的李自成，直至清朝的太平天国，总计大小数百次的起义，都是农民的反抗运动，都是农民的革命战争。(毛泽东《中国革命和中国共产党》，《毛泽东选集》第2版第2卷第625页)

(11)截至1992年，在辽宁的大连、锦州、葫芦岛、营口，河北的秦皇岛，山东的烟台、威海、青岛等沿海地区，都发生了不同程度的海水入侵。

(二) 相邻的数字连用表示概数时，中间误用顿号

＊(1)"豆蔻年华"是指女孩子十三、四岁，不能用于十五、六岁的小伙子。

＊(2)当夜周围三、四里下大雪，大众扫雪前进，遗体放在山顶。(RS期刊2014年第4期第52页)

【简析】例(1)中的"十三、四岁""十五、六岁"，例(2)中的"三、四

里"，均表示概数。在表示概数的两个相邻、连用的数字中间不能用顿号隔开，故应删掉两例中的顿号。

因此，相邻的数字连用表示概数时，中间不用顿号。例如：

(3)我亲眼见到，六七百穿得破破烂烂的农民和他们的妻子儿女被所谓官兵一阵凶杀毒打，血溅四五十里，哭声动天。(朱德《回忆我的母亲》)

(4)他到四五岁时身体长大得像七八岁，用人每次带他坐电车，总得为"五岁以下孩童免票"的事跟卖票人吵嘴。(钱锺书《围城·三》)

(5)那是二十七八年之前，我16岁，读了高中。学校在离我家八九里外的一座山下、一条河边。(阎连科《一辆邮电蓝的自行车》)

(三) 集合词语中误用顿号

*(1)之所以选择这个地方，是因为这里是法租界，一般情况下中国的警、特不能在这里横行。

*(2)这两件事儿根本就是风、马、牛不相及的。

*(3)过去，贫、下、中农的子女很少有上大学的机会。

【简析】例(1)中，"警、特"的写法有错，应删去其中的顿号。因为"警特"是集合词语，"警"指警察，"特"指特务。集合词语是紧密结构，不能用顿号分隔开来。

同理，例(2)中"风、马、牛"和例(3)中"贫、下、中农"的顿号均应删掉。

此外，像"父母""亲友""师生""官兵""党政军""工农业""指战员""中小学""马列主义""甲乙双方""医护人员""教职员工""男女老少""鳏寡孤独""东西南北""青红皂白""大中型企业""离退休干部""假冒伪劣产品"等都是集合词语，其中均不能使用顿号。

标点趣闻2-1

许多年前，浙江三门县某实业公司派职员沈某去内蒙古，与呼和浩特市一家皮货收购站签订羊皮购销合同，价值150万元。合同载明，款到发货。要求羊皮质量都是4尺以上，且无剪刀斑（刀伤疤痕）。但是，执笔者却无意中把质量要求写成："供羊皮每张4尺以上、剪刀斑不要。"

> 签约后，卖方根据质量要求这一条中的顿号，认为买方意思有变，"每张4尺以上和有剪刀斑的羊皮都不要了"。于是，发给买方的货，除了没有剪刀斑，每张都是4尺以下的小块羊皮。
>
> 其实，按照签约时双方的共识，合同上应写成："供羊皮每张4尺以上，剪刀斑不要。"
>
> 一"顿"之差，买方损失了10万余元。不重视标点符号，教训惨痛啊！
>
> （资料来源：康桥、雷智勇《标点符号规范使用手册》）

（四）在表示领属关系的词语之间误用顿号

＊(1)1948年秋，国民党军东北"剿总"卫立煌集团辖4个兵团、14个军、44个师、48万余人，加上地方保安团队共约55万人，分别收缩在长春、沈阳和锦州3个孤立地区。

＊(2)"5·12"汶川大地震，致使四川、甘肃、陕西、重庆等省市的417个县、4656个乡（镇）、47789个村庄受灾，灾区总面积达44万平方公里……

＊(3)截至目前，山东省9个设区市、109个县市区、1609个镇街、7.6万个村庄已实现城乡环卫一体化，分别占到总数的53%、83%、96%、89%。(R日报2015-02-04 第16版)

＊(4)陕西省扶贫开发办公室主任郭汉文介绍，2014年，陕西共搬迁贫困人口6.13万户、24.08万人。(R日报2015-02-04 第16版)

【简析】例(1)中，"4个兵团""14个军""44个师""48万人"是领属关系，而非并列关系。4个兵团包括14个军，而14个军由44个师构成。换言之，从人数上讲，4个兵团＝14个军＝44个师＝48万人。因此，句中前三个顿号都应删掉。

同理，例(2)中，"417个县""4656个乡（镇）""47789个村庄"不是并列关系，而是领属关系，故它们之间的顿号均应删除。

例(3)中，"9个设区市""109个县市区""1609个镇街""7.6万个村庄"是领属关系，故第一、二、三个顿号都应删掉。

例(4)中，"6.13万户"与"24.08万人"也是领属关系，故应删掉顿号。

正确的用法见以下三例：

(5)1931年我国16个省672个县发生洪灾，淹死几十万人，而该年实际死亡高达几百万人，主要是灾后的疫病和饥荒增加了死亡人数。(李岚清《李岚清教育访谈录》)

(6)全世界主要果树（包括栽培、半栽培和野生的果树）分属于134科659属2972种，另有变种110个，其中较重要的果树约300种，主要栽培的果树约70种。我国有果树59科158属670余种。(卜庆雁《果树生产技术》)

(7)2014年1至11月，全国检察机关共查办发生在"三农"、专项资金管理使用、社会保障、扶贫救灾、教育科研等领域的贪污贿赂犯罪案件17601件23443人，涉案总金额58.9亿元。(《人民日报》2015-02-04第11版)

（五）并列词语之间有连词或关联词时，在连词或关联词前面误用顿号

当并列的词语之间既有顿号，又有"和""或""及""与""又""以及""甚至""尤其"等连词连接时，在连词的前面误用顿号。例如：

＊(1)观众长时间地等待，只为一睹她的风采、或签上一个名。

＊(2)咨询就是为企业找到那条最近、最经济、又最利于企业长远发展的路。

＊(3)然而，韩国并非英格兰。富有儒家传统、重视家庭观念的韩国人，能否从骨子里接受一个既不是妻子、也不是母亲的中老年女政治家成为国家的掌舵者？(L期刊2013年第4期上半月)

＊(4)我们才明白，屋里的米、水、干柴、以及那充满了热情的"请进"二字，都是出自那哈尼小姑娘之手。

＊(5)由于商品供求往往随着不同区域、不同季节、甚至不同客流成分的变化而变化，所以采购者应当及时把握需求信息。

【简析】连词的前面不应使用顿号。例(1)中，可以删掉顿号，或将顿号改为逗号。例(2)中，应删去第二个顿号。例(3)中，应删去第二个顿号。例(4)中，"干柴"后、"以及"前的顿号应改为逗号。例(5)中，第二个顿号应删除。

（六）在带有引号的并列成分或并列句子之间误用顿号

＊(1)"5·16政变"时，朴槿惠年仅9岁，随父亲进入青瓦台，成为

众人瞩目的"韩国公主"、"第一女儿"。(L期刊2013年第4期上半月)

*(2)10月18日晚,央视播出的中国汉字听写大会总决赛中,这个杭州外国语学校女生气定神闲地写出"婉娈"、"珉玉"、"裂罅"、"海晏河清"等11个词,淘汰了其他14位入围总决赛的选手,最终获得冠军。(Z青年报2013-10-23第10版)

*(3)在网友评论以及《人民日报》随后登载的读者来信中,"高度重视"、"亲自过问"、"现场指挥"、"积极、及时、立即、确保"、"情绪稳定"、"有关部门"等人们耳熟能详的流行辞藻纷纷"中招",入选令人"最反感的官话套话"。(L期刊2013年第5期上半月)

*(4)日前,国家食品药品监督管理总局下发通知,要求严格规范白酒标签,不准生产标注"特供"、"专供"、"专用"、"特制"、"特需"等字样的白酒。(L晚报2013-12-06第B09版)

*(5)在毕节市七星关区放珠镇邵家村小学的操场上,从教室搬来的课桌上摆着6个大碗,每个碗上分别贴着"水"、"电"、"路"、"讯"、"房"、"寨"的醒目图片。(R日报2015-02-04第16版)

【简析】带有引号的并列成分之间无须使用顿号。因此,例(1)~(5)中,带引号的并列成分之间的顿号均应删去。

(七) 在带有语气词的并列词语之间误用顿号

*(1)那些项链呀、手链呀、戒指呀、耳环呀、领饰胸针呀,没有一样是贵重的,最贵的一个大概是爸爸在回国的飞机上买的免税的施华洛世奇水晶手镯。(D期刊2009年第2期)

*(2)生命是一条绵延而去的长河。有些朋友来了、去了、淡了、远了,却是你一辈子的知己和财富。

*(3)初夏时节,她借出差之机,回到了魂牵梦萦的故乡。这里的山啊、水啊、树啊、草啊,都是她从小就很熟悉的。

*(4)路旁那黄澄澄的山菊花,白莹莹的野百合,在风中摇曳着、怒放着、舒展着,宛如不施粉黛的村姑,美得淳朴,美得自然。

【简析】带有语气词的并列词语之间,应使用逗号停顿;因此,例(1)~(4)中的顿号均应改为逗号。

(八) 在做谓语的并列动词或并列短语之间误用顿号

*(1)它（指胡杨，又称胡桐——引者注）耐寒、耐旱、耐盐碱、抗风沙，有很强的生命力。

*(2)我们按部就班地工作、休息、社交，持续一段时间，就会形成一个模式。(D期刊2015年第11期第10页)

*(3)他（指左宗棠——引者注）画地图时，夫人周诒端就在边上端茶、摇扇、磨墨；他画好初稿，夫人就帮助他影绘、誊清。(D期刊2015年第11期第71页)

*(4)今天的杭州下着雨，我在房间里看书写作、听音乐、训练冥想。(D期刊2015年第15期第23页)

【简析】例(1)中，"耐寒""耐旱""耐盐碱""抗风沙"均系动宾短语，它们共同充当"它"的谓语；因此，四个做谓语的并列短语之间应使用逗号分隔。

例(2)中，并列的非及物动词"工作""休息""社交"共同做"我们"的谓语；因此，这三个并列动词之间应使用逗号分隔。

例(3)(4)的分析，道理同上。

(九) 在一些标题序号后误用顿号

汉字数字"一""二""三"等做标题序号时，其后与标题首字之间通常用顿号分隔；但是，当带括号的数字、字母做标题序号时，后括号与标题首字之间不再用任何标点分隔。像下面序号后的顿号均属误用：

（一）、×××××　　　　　（1）、×××××
（二）、××××××　　　　（2）、××××
（三）、×××××××　　　（3）、××××××
（a）、×××××××　　　①、×××××××
（b）、××××××　　　　②、×××××
（c）、×××××××　　　③、×××××××

【简析】本例中"×"号表示标题文字，（一）（二）（三）、（1）（2）（3）、（a）（b）（c）、①②③为标题序号。序号既然已经用了括号，或者本身就是圈码，其后就无须再加顿号了。

1、××××   a、×××××
2、×××××   b、××××××
3、×××××××   c、×××××××

【简析】本例中"×"号表示标题文字，1，2，3，a，b，c 为标题序号。这里的标题序号未加括号，其后应加标点符号，但不应加顿号，而应加居下的实心圆点（即应改为"1.""2.""3.""a.""b.""c."）。

二、顿号的使用场合

GB/T 15834—2011 规定，顿号"表示语段中并列词语之间或某些序次语之后的停顿"。据此规定，现将顿号的适用场合归纳如下。

（一）用于并列词语之间的停顿

1. 用于做主语的并列词语之间的停顿

（1）1996 年，为全面深入地推动中小学安全教育工作，经国务院同意，当时的国家教委、劳动部、公安部、交通部、铁道部、国家体委、卫生部决定建立全国中小学生"安全教育日"制度。(李岚清《李岚清教育访谈录》)

（2）种子、农药、化肥、塑料薄膜都在涨，蔬菜价格能不涨吗？(韩秀云《看懂物价　心中不慌》)

（3）国家秘密载体的制作、收发、传递、使用、复制、保存、维修和销毁，应当符合国家保密规定。(《中华人民共和国保守国家秘密法》)

2. 用于做定语的并列词语之间的停顿

（1）……组织上要明察秋毫，让默默无闻、埋头苦干、不求功名、不事张扬的人能够被发现、被承认。(习近平《干在实处　走在前列——推进浙江新发展的思考与实践》)

（2）作为一个高素质、高水平的医务工作者，需要有哲学、伦理、社会、心理、文化、语言文字、法律、经济、管理、艺术等多方面的知识和素养。(李岚清《李岚清教育访谈录》)

（3）社会和谐是中国特色社会主义的本质属性，是国家富强、民族振

兴、人民幸福的重要保证。(《中共中央关于构建社会主义和谐社会若干重大问题的决定》)

例(1)中,"默默无闻"等4个短语做定语;例(2)中,"高素质""高水平"等偏正短语做定语,"哲学"等名词做定语;例(3)中,"国家富强"等主谓短语做定语。

3. 用于做状语的并列词语之间的停顿

(1)奋勇前进,坚决、彻底、干净、全部地歼灭中国境内一切敢于抵抗的国民党反动派,解放全国人民,保卫中国领土主权的独立和完整。(毛泽东《向全国进军的命令》,《毛泽东选集》第2版第4卷第1451页)

(2)李岚清多次说过,我们是在一个经济还不发达的国家办了世界上最大规模的教育,简单地说就是"穷国办大教育",面临着许多实际困难。……只有扎扎实实、锲而不舍、一抓到底地去解决这一个又一个的实际问题,才能使教育事业又快又好地健康发展。(李岚清《李岚清教育访谈录》)

例(1)中,"坚决""彻底""干净""全部"等并列的程度副词做状语;例(2)中,"扎扎实实""锲而不舍""一抓到底"等并列的成语做状语。

4. 用于做谓语的并列词语之间的停顿

(1)在那个年代,除了热火朝天地工作外,业余时间我们差不多都在伏案学习、翻译、写作。(李岚清《李岚清教育访谈录》)

(2)在茫茫人海中,彼此能够相逢、相识、相交、相知、相契,是何等难能可贵。(仇德鉴、朱伯达编《友谊卡格言钢笔字帖》)

当较长的短语并列做谓语,且第一层短语中包含第二层短语时,则第一层短语之间用逗号隔开,第二层短语之间用顿号分隔。例如:

(3)各级领导干部都要坚持立党为公、执政为民,倾听群众呼声、关心群众疾苦,想群众之所想、急群众之所急、办群众之所需,使广大群众感受到社会主义大家庭的温暖。(胡锦涛《全面贯彻落实科学发展观,推动经济社会又快又好发展》)

例(3)中,"倾听群众呼声""关心群众疾苦"两个第二层次并列的动宾短语做谓语,"想群众之所想""急群众之所急""办群众之所需"三个第二层次并列的短语做谓语。

需要指出，当并列的主谓短语（或动宾短语、偏正短语等）做谓语，或者做谓语的并列短语中既有主谓短语又有动宾短语或偏正短语时，并列的短语之间的停顿应使用逗号。例如：

（4）欧几里得天资聪明，学问广博，思维敏捷。他有"几何学之父"之称。

（5）当时正值隆冬季节，北京气温骤降，大雪纷飞。

（6）放下了尊严，丢失了操守，突破了底线，背弃了理想，这三位"50后"剩下要做的，便是在追名逐利的仕途上一路狂奔。（王学斌《三个晚清知识分子的从官之路》）

5. 用于做宾语的并列词语之间的停顿

（1）谈到爱好，我个人爱好阅读、看电影、旅游、散步。你知道，承担我这样的工作，基本上没有自己的时间。（习近平《改革再难也要向前推进》）

（2）要防止和克服地方和部门保护主义、本位主义，决不允许"上有政策、下有对策"，决不允许有令不行、有禁不止，决不允许在贯彻执行中央决策部署上打折扣、做选择、搞变通。（习近平《把权力关进制度的笼子里》）

（3）维护国家安全，必须做好维护社会和谐稳定工作，做好预防化解社会矛盾工作，从制度、机制、政策、工作上积极推动社会矛盾预防化解工作。（习近平《切实维护国家安全和社会安定》）

（4）……马连良，从7岁坐科时起，无论有没有自己的戏份，都会对每个角色、每句台词悉心钻研，随时随处偷师学艺。（简爱《为艺术较真儿》）

（5）要注意把我们所提倡的与人们日常生活紧密联系起来，在落细、落小、落实上下功夫。（习近平《培育和弘扬社会主义核心价值观》）

例（1）中，并列的动名词"阅读""旅游""散步"和动宾短语"看电影"做动词"爱好"的宾语。例（2）中，并列的短语"上有政策""下有对策"、"有令不行""有禁不止"与"打折扣""做选择""搞变通"做动词"不允许"的宾语。例（3）中，并列名词"制度""机制""政策""工作"做介词"从"的宾语。例（4）中，并列的偏正短语"每个角色""每句台词"做介词"对"的宾语。例（5）中，并列的短语"落细""落小""落实"做介词"在"的宾语。

（二）用于需要停顿的重复词语之间

（1）他几次三番、几次三番地辩解着。(2011年《标点符号用法》示例)

（2）但一位先生却以为这客店也包办囚人的饭食，我住在那里不相宜，几次三番、几次三番地说。(鲁迅《藤野先生》)

（3）这里的土地上长着一长排、一长排的树木，野草遍地，也有几块燕麦田。(周杰《〈格列佛游记〉全新解读》)

（三）用于某些序次语之后的较小停顿

不带括号的汉字数字"一、二、三……"等之后的停顿要用顿号。此外，20世纪上半叶有很多场合使用天干"甲、乙、丙、丁……"和地支"子、丑、寅、卯……"等做序次语的，其后紧接的停顿也要用顿号。例如：

（1）他指出人生的三种绝望：一、不知有自我；二、不愿成为自我；三、不能成为自我。(傅佩荣《影子的故事》)

（2）……政局已起变化，请立作如下处置：

甲、与杨、王等商团结对敌。

乙、秘密通令东北、西北两军紧急动员，防御亲日派进攻。

丙、布置渭河北岸及渭南、雒南、商都、篮〔蓝〕田之阵地为坚守计。

丁、红军准备进至兴平、扶风策应。

戊、加紧晋、绥、川、桂、直、鲁之活动，反对内战。

己、布置张、杨之后方。(中央档案馆《中国共产党关于西安事变档案史料选编》)

（3）第一部分，我提出中央及红军六项主张：

子、停战，撤兵至潼关外。

丑、改组南京政府，排逐亲日派，加入抗日分子。

寅、释放政治犯，保障民主权利。

卯、停止"剿共"，联合红军抗日，共产党公开活动……

辰、召开各党各派各界各军救国会议。

巳、与同情抗日国家合作。(张友坤等《张学良年谱》)

需要指出，当序次语使用括号括起来时，其后不再用任何标点。例如：

(4) 关于淮海战役部署，现在提出几点意见，供你们考虑。

(一) 本战役第一阶段的重心，是集中兵力歼灭黄百韬兵团……

(二) 第二阶段，以大约五个纵队，攻歼海州、新浦、连云港、灌云地区之敌，并占领各城。……

(三) 第三阶段，可设想在两淮方面作战。……

(四) 你们以十一、十二两月完成淮海战役。……（毛泽东《关于淮海战役的作战方针》，《毛泽东选集》第 2 版第 4 卷第 1351～1352 页）

(5)

(甲) 基本上同意你们商定的军事计划。

(乙) 十五军团第一步到西安西南地区集结待命，准备或出东江口或出商县。

(丙) 野战军主力集中枸邑、淳化地区待命。

(丁) 请周注意补充二、四方面军的子弹，并发给十五军团一万五千元至两万元经费。（张友坤等《张学良年谱》）

（四）相邻或相近的两数字连用表示缩略形式时，数字间用顿号

(1) 要不要逃离"北上广"，到二、三线城市去安放青春，这是两种价值排序……（初见《这是最好的城市，这是最坏的城市》）

(2) 我正想快步逃上楼时，一楼那妇人眼明手快，一边以希望结盟的目光瞅住我，一边举着拳头对对面三、四楼的住户恶言相向，使用不堪入耳的脏话。（焦桐《蜗牛角上的战争》）

(3) 另一方面，不失时机地加快城市化进程，进一步拓展二、三产业的发展空间，把推进产业结构战略性调整与劳动力结构战略性调整结合起来……（习近平《干在实处　走在前列——推进浙江新发展的思考与实践》）

当相邻或相近的两数字连用表示概数时，数字间通常不用顿号。例如：

(4) 相声最重要的是基本功。应该是从七八岁开始学，学到十八九岁出了师，跟着师傅在台上摸爬滚打……（郭德纲《说相声》）

(5) 这种凶猛的动物常常三五成群地外出觅食和活动。（2011 年《标点符号用法》示例）

＊(6) 七八月份，西南季风的风力常达八九级，并伴有暴雨，给船舶航行造成一定困难。

例(6)中,"七八月份"不是概数,而是指"七月份"和"八月份",故应在"七八"之间加上顿号。另外,根据 GB/T 15835—2011《出版物上数字用法》,为了突出简洁醒目的表达效果,公历年、月、日应使用阿拉伯数字,因此"七、八月份"应改为"7、8月份"。

(五) 有其他成分插在并列引号之间或并列书名号之间时,并列成分之间用顿号

带有引号的并列语段之间、标有书名号的并列成分之间,通常不用顿号。例如:

(1)《水浒传》上的洪教头,在柴进家中要打林冲,连唤几个"来""来""来",结果是退让的林冲看出洪教头的破绽,一脚踢翻了洪教头。(毛泽东《中国革命战争的战略问题》,《毛泽东选集》第2版第1卷第203页)

(2)工人们来了,就沏一壶茶。晚上小店里电视开着,大家随便来看,衣服破了也可以找她来缝缝补补。"开朗""勤劳""善良",是装卸工们从词汇并不丰富的脑袋里想到的最贴切的评价。(宣金学《心债》)

(3)有的寡妇虽然不是一家之主,但主张"幼嫁由亲,后嫁由身""先嫁由爹娘,后嫁由自己",改嫁时不一定非得征求夫家同意。(胡义华《此"娘"可释为"寡妇"》)

(4)"老板太可恶了,他不重用我!""老板太坏了,他不给我机会!""老板真不是东西,他总是偏向别人!""我恨不得老板马上就死掉,他要求太高了!""老板简直不是人,天天要求我们做这做那!"这些话,把自己的责任推得干干净净,自己的一切不如意,都是老板一手造成的。在这些人的心目中,最幸福的工作就是"什么事也不做,但是钱拿得很多"。(邱庆剑《职场精英常反思》)

例(1)、例(2),是带引号的词的并列;例(3),是带引号的短语的并列;例(4),是带引号的句子的并列。这时,并列语段之间均不用顿号。

(5)韩干一举成名,除《牧马图》《洗马图》《玉花骢图》等以马为主题的作品之外,他还画了《龙朔功臣图》《姚宋及安禄山图》《李白封官图》《五王出游图》等以权贵人物为创作对象的作品……(张毅静《韩干照夜白》)

(6)全剧的合唱歌曲《井冈山》《长征》《人民解放军占领南京》迅速风行全国。(《人民日报》2014-11-06 第24版)

当有其他成分插在并列引号之间或并列书名号之间时，并列成分之间应使用顿号。例如：

（7）虎，在古书籍上的称呼，因地理环境的不同而别，大约有20余种称谓："猛兽"（广东野语）、"李耳"（俗说虎本李氏所化，人呼李耳即喜）、"李父"（陈魏间谓虎为李父）、"大虫"、"大灵"（清朝扶南王称道）。(《羊城晚报》2010-01-19)

（8）他说，澳门特别行政区成立以来，在祖国全方位支持下，特别行政区政府与广大居民风雨同路，贯彻落实"一国两制"、"澳人治澳"、高度自治的方针，坚定不移执行基本法。(《人民日报》2014-12-20 第1版)

（9）北京、湖南、重庆、浙江、山东、湖北等地，组织专家学者、"百姓名嘴"、"草根宣讲员"等围绕《读本》内容，广泛开展小型化、分众化、互动化宣讲活动。(《中国新闻出版报》2014-12-19 第1版)

（10）"跳槽"、"鸟式"就业、"自由职业者"、"自己创业"，这些几年前还很陌生的名词，今天已成为我们身边每天都在发生的习以为常的事。(吴苾雯《哪把椅子是我的？》)

（11）加快建设文化大省的基本思路可以简要地概括为"两大战略"、"三个力"、"八项工程"和"四个强省"。(习近平《干在实处　走在前列——推进浙江新发展的思考与实践》)

例(7)中，带引号的并列成分之间夹杂至少一个括注；例(8)(9)中，带引号的成分与不带引号的成分并列；例(10)中，带引号的并列成分与另一种成分——带引号词语和不带引号词语构成的新词语——并列；例(11)中，带引号的同一层次并列成分之间有连词"和"（或"与""及"等）。遇有此类情况时，并列成分之间的顿号就应保留。

（12）五四运动以后，我国音乐界前辈如萧友梅、赵元任、黄自……也都致力于艺术歌曲的创作，并且留下了大量优美的作品。如萧友梅的《问》（易韦斋词），赵元任的《教我如何不想他》（刘半农词）、《卖布谣》（刘大白词），黄自的《玫瑰三愿》（龙七词）、《赋登楼》（王灼词）、《思乡》，青主的《我住长江头》，应尚能的《渔夫》（苏轼词），刘雪庵的《红豆词》（曹雪芹词）、《长城谣》（潘子农词），等等，至今都令我们不能忘怀。(李岚清《李岚清教育访谈录》)

（13）《人民日报》、新华社、《人民政协报》、中国书法网、云南文艺网、《云南日报》、《春城晚报》、《云南政协报》先后用专版或专栏介绍过他，许多政要名人同行都收藏他的书法作品。(《中国新闻出版报》2015-04-16第4版)

例(12)中，处于同一层次的并列书名号之间带有至少一个括注，如"《教我如何不想他》(刘半农词)""《卖布谣》(刘大白词)"；例(13)中，并列书名号与不带书名号的词语并列，如"中国书法网"。遇有上述情形时，同一层次的并列书名号之间应使用顿号分隔。

*(14)他所说的八部书，乃《毛诗》《左传》《周礼》《说文解字》《广韵》《史记》《汉书》和《昭明文选》。(D期刊2013年第19期)

*(15)此后，我又拍摄了三部纯美国题材的影片：《理智与情感》《冰风暴》和《与魔鬼共骑》。(D期刊2015年第3期第29页)

例(14)中，八个书名号均属于同一层次的并列，最后用了连词"和"，故前面的相邻书名号之间都应使用顿号。

例(15)存在的问题同例(14)。其改法有二：

(15)此后，我又拍摄了三部纯美国题材的影片：《理智与情感》、《冰风暴》和《与魔鬼共骑》。

或者

(15)此后，我又拍摄了三部纯美国题材的影片：《理智与情感》《冰风暴》《与魔鬼共骑》。

第三讲 逗号

一、逗号的误用情形

逗号的误用主要有以下七种情形。

(一) 不该用逗号之处而误用

这包括两种情形：一是，在本不该用标点符号的地方，误用了逗号［如例(1)～(4)］；二是，在应该用其他标点符号的地方，误用了逗号［如例(5)～(19)］。例如：

＊(1)卸任回避是指国家公务员在离退休后，有子女、亲戚和朋友试图利用其任职期间的关系或影响力，谋取个人利益时，对离退休公务员行为所作的必要限制。

＊(2)下午，当探望他的人，推开病房的门时，不禁愣住了，原来他正在床上翻译《手稿》呢。

＊(3)任职回避一般采取从工作需要出发，以低避高的方法，即尽量调整那些在本部门中担任职务较低和承担责任较小的亲属一方。

＊(4)对市场检查中发现的病猪肉，王小平未按该工商管理所所长的意图，加盖"合格肉"戳记，以致遭到迫害。

*(5)小道理，是指站在个人的立场，局部的立场，眼前的立场上看有道理；而大道理，是指站在大多数人的立场，整体的立场，长远的立场上看有道理。

*(6)他（霍永诚）问："有事？"

"有事。"高旭初答，这两个字吐得很重，像两块石头，砸得霍永诚有些发蒙。

*(7)在贾府，林黛玉是贾母的外孙女，王熙凤是贾母的孙媳妇，是宝玉和黛玉二人的"嫂子"。

*(8)回到家里，他倒头便睡，我可怜巴巴地趴在痰盂上哇哇地呕吐，吐出的全是嚼烂了的核桃仁！（D期刊2015年第2期第17页）

*(9)的确，善于运用语言，只言片语足以打动人，不善于挖掘语言的魅力，越是滔滔不绝越可能招致反感。（R日报2015-03-27第4版）

*(10)在政府的帮助下，我自己在小区当保安，每月工资950元，老伴在附近一家餐馆洗菜，每月也有900多元的收入。（R日报2012-03-22第5版）

*(11)父亲给儿子定下的伙食标准是：80分吃米饭，70分吃馍，60分吃面条，不及格只能喝稀饭，如果想吃饺子，必须考到90分以上。（D期刊2011年第19期第34页）

*(12)50年前，一个年轻人在那里喝咖啡，50年后，他的孙女漂洋过海还是在那里喝咖啡。（D期刊2013年第8期）

*(13)妈妈高兴的时候，管爸叫"酒仙"，不高兴的时候，爸又变成了"酒鬼"。（D期刊2015年第2期第16页）

*(14)人们常说人生有三种境界，一是"看山是山"，二是"看山不是山"，三是"看山还是山"。（D期刊2015年第5期第51页）

*(15)在毕奇的回忆录里，我们可以看到很多熟悉的名字，海明威、菲茨杰拉德、庞德、艾略特、亨利·米勒，等等。（D期刊2016年第4期第55页）

*(16)我妈卖烟卖得风生水起，因为见多识广，所以一直走在时尚前沿，逛赛特，烫卷发，穿短裙，背名牌包。（D期刊2015年第8期第14页）

*(17)这位艺术家在回忆录里写到当老之将至，他害怕变成两种老人，一种是俨然以师长面目出现，动不动就以教训青年为乐事的老人；另一种是唯恐被旁人称"老"，便没有名堂地奉迎青年，以证实自己青春常在的老人。（D期刊2015年第11期第14页）

*(18)桃花开了，红得像火；梨花开了，白得像雪；郁金香也开了，黄

色、紫色交相辉映，好一派万紫千红的灿烂春光。

*（19）萨莎是一只纯白色的猫，而米夏是纯黑色的，它们都是很漂亮的纯种波斯猫。(D 期刊 2015 年第 5 期第 45 页)

【简析】 例（1）中"谋取个人利益"前不该用逗号，以免使人误以为其主体是国家公务员。实际上，"利用其任职期间的关系或影响力"和"谋取个人利益"都是同一个主体——国家公务员的子女、亲戚和朋友——的行为，故应删掉这个逗号。

例（2）中，"探望他的人"与"推开病房的门"共同构成时间状语，两者衔接紧密，中间无须停顿，故应删除句中的第二个逗号。

例（3）中，"以低避高的方法"是谓语"采取"的宾语，它与"从工作需要出发"衔接很紧密，两者中间无须停顿，故应删掉句中的第一个逗号。

例（4）中"未按该工商管理所所长的意图"后不能用逗号，以免产生歧义，让人误认为王小平自作主张加盖了合格戳记，而所长不同意盖。其实，作者原意是，所长徇私枉法要求盖"合格肉"戳记，但王小平没有照办，因而招致迫害。可见，一"逗"之差，意思迥异。

例（5）的前一分句中，"个人的立场""局部的立场""眼前的立场"三个并列短语做状语，其间误用逗号，应改为顿号；同理，后一分句中，"大多数人的立场""整体的立场""长远的立场"之间的逗号也应改为顿号。

例（6）中引用的话语结束后，在"说""道""讲""问""答"等之后只能用句号，不能用逗号或其他标点符号；因此，例（6）中第一个逗号应改为句号。

例（7）是一个并列复句。并列的分句之间的停顿应使用分号。故应将句中第二个逗号改为分号。另外，"嫂子"一词无须强调，也无特殊含义（虽然王熙凤是林黛玉的表嫂，但称嫂子亦无妨），不应使用引号，否则容易产生歧义。

例（8）是一个并列关系的复句。并列的分句之间的停顿要使用分号，故应将句中的第二个逗号改成分号。

例（9）也是一个并列关系的复句。并列的分句之间的停顿应使用分号，故应将句中的第三个逗号改成分号。

例（10）是由两个分句构成的并列复句，且分句内部已有逗号，按照标点符号的用法，表示并列关系的分句之间的停顿应用分号；因此，第三个逗号应改为分号。

例(11)中,冒号后的句群是由五个并列分句构成的复句,分句之间应使用分号;因此,应将复句中的前四个逗号均改为分号。

例(12)由两个并列分句组成,分别讲50年前和50年后的情况,故应将第二个逗号改为分号。

例(13)中,"妈妈高兴的时候,管爸叫'酒仙'"与"不高兴的时候,爸又变成了'酒鬼'"两个分句之间是并列关系。因分句内部有逗号,分句之间的停顿要用分号,故应将"管爸叫'酒仙'"后紧接的逗号改成分号。

例(14)中的"有三种境界",例(15)中的"可以看到很多熟悉的名字",例(16)中的"一直走在时尚前沿",例(17)中的"害怕变成两种老人",都是总说性词语,其后面应该用冒号提示下文,但却误用了逗号,致使句子的结构关系模糊不清。另外,例(14)中改完的冒号后的内容是分项列举,故第二、第三个逗号均应改成分号。例(17)中,"在回忆录里写到当老之将至,……"就改为"在回忆录里写道,当老之将至,……"。

例(18)的前面是三个并列关系的分句,前两个分句之后都用了分号,用得恰如其分;但是第三个分句之后的停顿用了逗号,显得欠妥。若改用句号,则割裂了与下文的关系;如改用分号,又因下文是总括性话语而显得轻重失当。因此,只有在第三个分句之后使用冒号最合适,这样才能把前三个分句与后面一句总括性话语的结构关系恰当地表现出来。

同理,例(19)中,最后一个分句与前两个分句之间也具有总括性的关系,因此应将句中第二个逗号改为冒号。

(二) 该用逗号之处而不用或少用

*(1)魏源在鸦片战争后明确提出中国要想避免这样的战争结局重演,第一必须放下老大的架子,必须重新审视自己和他人;第二,必须确立向西方学习这样的大原则,不能因为"非我族类"而拒绝人家好的东西;第三,退一万步说,假如中国还准备君子报仇十年不晚的话,那么也必须卧薪尝胆十年再来。(BJ日报 2014-03-03 第19版)

*(2)我们应该清醒地看到当前在各个方面,仍然存在不少需要下大力气才能解决的问题。

【简析】例(1)中,全句的谓语是"提出",其后的语段是宾语(由分项列举的并列分句构成)。在谓语与长宾语之间,要用逗号隔开;因此,应在"提出"之后、"中国"之前加一个逗号。

例(2)是单句,全句谓语"看到"之后是一个长宾语,应该用逗号将谓语和长宾语分开,故应在"看到"和"当前"之间加一个逗号。

标点趣闻3-1

抗战时期,日寇在沦陷区搞"强化治安",在大街的墙上写了一条标语"有粮食不卖给八路军吃"。意思是:有粮食,不卖给八路军吃!企图饿死八路军将士。但是,写标语者未加标点。

次日晨,这条标语被加了一个逗号,意思变成:有粮食不卖,给八路军吃!

一"逗"之差,意思迥异。这位加标点者,既是一位赤诚的爱国人士,又是一位出色的语文大师。

(资料来源:康桥、雷智勇《标点符号规范使用手册》)

(三) 不顾内容层次而滥用逗号

*(1)这是一条幽僻的路,白天也少人走,夜晚更加寂寞。

*(2)平庸的企业文化,损坏企业原有的业务,良好的企业文化,凝聚企业现有的员工,卓越的企业文化,促进企业未来的发展。

*(3)只有这样,社会主体才能在实现自己的利益预期的同时,建立起对政府的信任,政府也才能够从一以贯之的政策实施中,体现出它的言行一致,从而形成政府的诚信形象。

*(4)苏菲无法作出选择,她本能的选择就是不选择,但是,这便等于她选择了纳粹军官的选择,即将两个孩子都送进焚尸炉。

【简析】例(1)虽是三个分句,却表述两层意思(前因后果),故应将第一个逗号改为分号,否则显示不出层次。

例(2)是一个三重复句,其分句之间应使用分号却误用了逗号,应将句中第二个、第四个逗号均改为分号。

例(3)是一个二重复句,其分句之间应使用分号却误用了逗号,应将"建立起对政府的信任"之后紧接的逗号改为分号。

例(4)是转折关系的复句,复句中第一层次之间的停顿应使用分号;因此,应将句中的第二个逗号改为分号。

(四) 在连接独立句子的连词前边误用逗号

＊(1)古今中外有不少科学家,他们的先天素质并不太好,但却作出了重大贡献,可是,我们有些人先天素质很好,却由于个人不努力,最终也没作出什么贡献。

＊(2)马克思主义历来认为,社会主义要优于资本主义,它的生产发展速度应该高于资本主义,所以,林彪、"四人帮"完全背离了马列主义、毛泽东思想的根本原则。

【简析】例(1)中,"可是"连接的是相互对比、完全独立的两个句子,故"可是"前边的第三个逗号应改为句号。

例(2)中,"所以"之后的文字不是"马克思主义历来认为"所提示的内容,"所以"连接的是前因后果、完全独立的两个句子,故"所以"前边的第三个逗号应改成句号。

(五) 误将多个句子当成一个句子而一"逗"到底

＊(1)她们也有的用西瓜空壳,内点一盏小油灯,放进河内,随波逐流,俗称"西瓜灯",中元放灯,于南宋已经成俗。

＊(2)医生诊断,王某中枢神经严重受损,一星期后,他在医院不治身亡。

＊(3)提到这一首《蝴蝶》,我不由得记起一件事情,大约是民国六七年的时候,我在武昌第一师范学校里念书,有一天我们新来了一位国文教师,我们只知道他是从北京大学毕业回来的,又知道他是黄季刚的弟子,别的什么都不知道,至于什么叫作新文学什么叫作旧文学,那时北京大学已经有了新文学这么一回事,更是不知道了。

＊(4)街上的小吃也不过是烤鱿鱼之类,我问烤鱿鱼的,珲春哪儿老外比较多,他很奇怪地看了我一眼,说,哪儿老外都挺多的。(D期刊2015年第5期第50页)

【简析】例(1)可分为两句话:第一句话讲做"西瓜灯"的事情,第二句话讲中元放灯在南宋时代的民间已经成为习俗。故应将全句的第五个逗号改为句号。

例(2)中,第二个逗号的使用让人产生歧义,误以为"一星期后,他在医院不治身亡"也是医生的诊断结果(这显然不是作者的原意)。所以,应将第二个逗号改为句号。

例(3)实际上包括五句话:第一句话讲"我"记起一件事情;第二句话交代民国六七年时,"我"在武昌第一师范学校读书;第三句话说学校新来了一位国文教师;第四句话介绍国文教师毕业于北大,是黄季刚的弟子,其他情况不详;第五句话说明"我们"对新文学与旧文学的区别一概不知。修改后的情形如下:

> 提到这一首《蝴蝶》,我不由得记起一件事情。大约是民国六七年的时候,我在武昌第一师范学校里念书。有一天,我们新来了一位国文教师。我们只知道他是从北京大学毕业回来的,又知道他是黄季刚的弟子,别的什么都不知道。至于什么叫作新文学什么叫作旧文学——那时北京大学已经有了新文学这么一回事——更是不知道了。

例(4)其实由三句话构成:第一句叙说烤鱿鱼是珲春街上常见的小吃;第二句交代引文作者向"烤鱿鱼哥"的问话;第三句叙述对方听见问话后的动作及答话。因此,应将例(4)中第一、第三个逗号均改为句号。另外,第四个逗号的使用,致使原本衔接紧密的句子被迫停顿,破坏了语气的连贯性;故应删去这个逗号。

(六)独立的引文前误用逗号

*(1)中国跳水队领队在出征雅典世界杯赛前表示,"这次奥运会前的热身赛预定完成三项任务:感受场馆,观察对手,摸清自身。"

*(2)刘勰说得好,"句有可削,足见其疏;字不得减,乃知其密。"

【简析】完整的直接引用(句末点号在引号内)之前,应该使用冒号;因此,例(1)(2)中的第一个逗号均应改为冒号。

(七)在由动词"使"或某些介词构成的句子成分中间误用逗号

有些文稿,在由动词"使……"或介词"把(将)……""被……""对(于)……""以……"等构成的句子成分中间误用逗号。例如:

＊(1)要使"创业"在一个相当长的时期内,成为沈阳市的最强音……

＊(2)逆境不见得就是坏事。逆境能使我们每一个人,更快地成熟,更好地成长。

＊(3)此外,我还把许多不用的书和杂志,送给了上海郊区一位文友……

＊(4)中国共产党和中国政府一直把解决台湾问题、实现祖国完全统一,作为自己神圣的历史使命,并根据国内外形势的发展变化,适时制定和实施了对台方针政策。

＊(5)……注重实践探索和制度创新,及时将行之有效、较为成熟的做法,上升为法规,提升制度约束力。

＊(6)境外敌对势力的这些谬论都已经被我国现代化建设事业的伟大成就,驳斥得体无完肤。

＊(7)学校开展了校内"双聘教授"聘任工作,对推动学科交叉和教师在不同学科领域之间的交流与合作,起到了积极的作用。

＊(8)尊重群众必须尊重群众的利益和愿望,要以人民群众拥护不拥护、赞成不赞成、高兴不高兴、答应不答应,作为党的全部工作的出发点和归宿……

【简析】例(1)(2)中,由使令性动词"使"构成的"使什么怎么样"的句子中间一般不应停顿,故应将这两例中第一个逗号删除。

例(3)中,由介词"把"构成的"把什么怎么样"的句子中间不能停顿,故应将"杂志"后的逗号删去。同理,例(4)中应将"统一"后的逗号删去。

例(5)中,由介词"将"构成的"将什么怎么样"的句子中间不应停顿,故应将"做法"与"上升为法规"之间的逗号删掉。

例(6)中,用介词"被"构成的"被什么怎么样"的句子中间不应停顿,故应删掉"伟大成就"后的逗号。此外,可以在"谬论"之后加个逗号。

例(7)中,由介词"对"构成的"对什么怎么样"的句子中间不该停顿,故应把"交流与合作"后的逗号删除。

例(8)中,由介词"以"构成的"以什么怎么样"的句子中间不该停顿,故应把"答应不答应"后的逗号删除。

二、逗号的使用场合

逗号表示句子或语段内的一般性停顿。现将其使用场合归纳如下。

(一) 用在主语与谓语之间

这种情况又分为以下几种情形。

1. 句子主语较长时，其后用逗号与谓语隔开。例如：

(1) 富强、民主、文明、和谐，自由、平等、公正、法治，爱国、敬业、诚信、友善，传承着中国优秀传统文化的基因，寄托着近代以来中国人民上下求索、历经千辛万苦确立的理想和信念，也承载着我们每个人的美好愿景。(习近平《习近平谈治国理政》第169页)

"富强、民主、文明、和谐""自由、平等、公正、法治""爱国、敬业、诚信、友善"这12个词是句子的主语，其中：前4个词是国家层面的价值要求，中间4个词是社会层面的价值要求，后4个词是公民层面的价值要求。由于三个词组内词的并列用顿号分隔，因此并列词组之间用逗号隔开。

句子主语较长，比较常见的情形是：并列的偏正短语（并列短语之间用逗号）做主语，或者复杂短语做主语。例如：

(2) 不可一世的拿破仑，在战场上所向披靡。(魏雅华《一个小故事改变历史》)

(3) 在这17年里，因为长期卧床生出的褥疮，糟糕的脾气，莫名的猜疑，时时折磨着爷爷。(李丛《我的爷爷奶奶》)

(4) 战鼓声，金锣声，呐喊声，叫号声，啼哭声，马蹄声，车轮声，机翼声，掺杂在一起，像千军万马混战了起来。(鲁彦《听潮》)

(5) 情况的了解，任务的确定，兵力的部署，军事和政治教育的实施，给养的筹划，装备的整理，民众条件的配合，等等，都要包括在领导者们的过细考虑、切实执行和检查执行程度的工作之中。

(6) 苏州园林建筑各种门窗的精美设计和雕镂功夫，都令人叹为观止。(2011年《标点符号用法》示例)

例(2)~(5)中,并列的偏正短语做主语;例(6)中,复杂短语做主语。

2. 句子主语虽然较短,但需要强调时,其后用逗号。例如:

(7)青,取之于蓝,而青于蓝;冰,水为之,而寒于水。(荀子《劝学》)

(8)人,每天除了要吃进一定分量的水和盐之外,还要吃淀粉、蛋白质、脂肪。(《食物从何处来》)

(9)宗教,作为一种社会意识形态,几乎与人类同时产生,继而产生了图腾崇拜、原始宗教、魔法巫术和祭祀礼仪等活动。(姚泳全等《满族舞蹈发展史》)

例(7)中的"青""冰",例(8)中的"人",例(9)中的"宗教",都是较短的主语,但为了强调它,其后要用逗号。

3. 较长的主谓短语充当全句的谓语成分时,主语与谓语之间用逗号隔开。例如:

(10)党八股也就是一种洋八股。这洋八股,鲁迅早就反对过的。(毛泽东《反对党八股》,《毛泽东选集》第2版第3卷第830页)

例(10)中的"鲁迅早就反对过的"是主谓短语,充当句子的谓语成分,故主语"这洋八股"后面要用逗号。

(二) 用在谓语和较长的宾语之间

当宾语是较长的主谓短语或复句形式时,通常全句的谓语与宾语之间用逗号。例如:

(1)有的考古工作者认为,南方古猿生存在第三纪之末与第四纪之初。(李四光《人类的出现》)

(2)可见,人生在世,好的东西不一定是合适的,而合适的东西也不一定就是好的。(蓝冰《半边碗》)

(3)我曾听说,一个女人若是有了孩子,那她就再也不会有其他的东西了。(陈染《一切是怎样忘记的》)

上述三例中,第一个逗号后的内容都是宾语。其中,例(1)的宾语由单句构成,例(2)(3)的宾语以复句形式出现。

(三) 用于并列的偏正短语之间

并列的偏正短语在句中一般做宾语［如例(1)(2)(3)］，或者做主语［如(一)中的例(3)(4)］。当需要强调时，并列的偏正短语之间要使用逗号。例如：

(1)屋子和读者渐渐消失了，我看见怒涛中的渔夫，战壕中的兵士，摩托车中的贵人，洋场上的投机家，深山密林中的豪杰，讲台上的教授，昏夜的运动者和深夜的偷儿……（鲁迅《伤逝——涓生的手记》）

(2)他解释说："我做事情，凡事都要有根有据。邓小平同志的论述，江泽民同志的指示，科教兴国战略，国家的法律、法规，中央的文件，国务院的决定等，我都认真学习并贯彻落实，视作'尚方宝剑'。……"（李岚清《李岚清教育访谈录》）

(3)生活中，常常能看到这样的女人：天不亮就满城跑的送报工，满面尘土的清洁工，摇着铃铛收破烂的师傅，被城管撑得到处跑的水果小贩……（卫宣利《那些卑微的母亲》）

例(1)中，八个并列的偏正短语做动词"看见"的宾语。例(2)中的复杂宾语提前了，"邓小平同志的论述……国务院的决定等"六个并列的偏正短语做"学习"和"贯彻落实"的宾语。例(3)中，"……送报工""……清洁工""……师傅""……水果小贩"等偏正短语是"女人"（宾语）的同位语。

(四) 用于句首状语之后或后置的状语之前

句首状语用于修饰限制整个句子，句首状语之后、并列的句首状语之间一般用逗号。常见的句首状语分为以下七类。

1. 时间状语。例如：

(1)母亲9岁那年，家里房子被日本飞机投弹炸掉了，从此无家可归。（摩罗《母亲的神灵》）

(2)每当他开始感到泄气的时候，他就提醒自己正在做什么。（〔美〕斯宾塞·约翰逊《谁动了我的奶酪》）

(3)在与罗斯福总统共进早餐时,奥本海默给他讲了一个故事。(魏雅华《一个小故事改变历史》)

2. 地点状语。例如:

(4)在挹娄遗址中,考古工作者发现大量的石镞、原始农业生产工具、农作物籽粒……(姚泳全等《满族舞蹈发展史》)

(5)在纽约时代广场,一些反对持枪的人士曾在特定的日子举行集会……(白岩松等《岩松看美国》)

(6)山坡的顶上,3座荒坟。(三毛《夜半逾城》)

3. 目的状语。例如:

(7)为了向罗斯福总统讲明什么是原子弹,什么是原子,什么是原子核,什么是核裂变,他真的已经黔驴技穷了。(魏雅华《一个小故事改变历史》)

(8)为了挽回影响,外交部派专人陪同小尼赫鲁到上海改制西服。(黄加佳《五十年前上海名店大迁京》)

(9)为了提高书橱的容书量,我密密麻麻地放两排书。(叶永烈《历史在这里沉思》)

4. 方式状语。例如:

(10)在厅长的介绍下,叶新到了省高招办普招科。(中澜《鹰从天桥下起飞》)

(11)沿着国道,他边走边拦车,走了半个多小时,进了路边一座加油站。(刘子倩《一个人的"春运"》)

(12)透过这些画作,我看到了安德烈·鲁勃廖夫故乡的泥土、树木、河流、风雨雷电和那一缕缕炊烟……(迟子建《迟子建散文》)

5. 原因状语。例如:

(13)因之,我一向十分珍视自己的画作,不肯拿它去换钱。(冯骥才《散花》)

(14)有一天,诺瓦克突然搬走了,丢下两只小猫。由于饭馆换了主人,它们不得不露宿街头,喝排水沟里的脏水,"啃几口人们扔掉的冰冷的、有

时冻得邦邦硬的残羹剩菜"。(徐强《小说说小》)

（15）那时蒋琬投笔从戎，追随刘备入蜀，因为年纪轻，资历浅，只得到一个相当于秘书性质的左史差使，后来出任广都县县令。(清风慕竹《气度决定高度》)

6. 评述性状语（"果然""当然""显然""其实""不过""事实上""由此可见""一般说来""通常来说""严格地说""综上所述"等）。例如：

（16）不过，上海名店在北京也有水土不服者。(黄加佳《五十年前上海名店大迁京》)

（17）当然，要达到"淡定"的境界很难，大多数人都不会控制自己的情绪。(柳恒超等《改变生活的心理学常识》)

（18）事实上，英国这个四点钟喝下午茶的传统，是在1840年时由一位贝德佛公爵夫人所创立。(周芬娜《绕着地球吃》)

7. 关联性状语（"所以""但是""原来""后来""相反""从此""于是""总之""此外""那么"等）。例如：

（19）原来，此前有一位鞋店老板，曾经向他定做了一批鞋柜，式样跟我定做的柜子差不多。于是，家具公司老板就以为我也是开鞋店的。(叶永烈《历史在这里沉思》)

（20）在与别人交往的时候，难免会有擦枪走火的状况；但是，聪明人有把不良情绪马上收回来的本事。(柳恒超等《改变生活的心理学常识》)

（21）那么，怎样才能够不受别人坏脾气的影响，始终保持一种"淡定"的心态呢？(柳恒超等《改变生活的心理学常识》)

后置的状语也可以修饰限制整个句子。后置的状语之前，并列的后置状语之间，要用逗号。例如：

（22）……我感谢他的好意，为我，为中国。(鲁迅《致台静农》)

（23）她总是手脚不停地忙碌，在卫生间，在电梯口，在过道。(卫宣利《那些卑微的母亲》)

（24）如果我能够，我要写下我的悔恨和悲哀，为子君，为自己。(鲁迅《伤逝——涓生的手记》)

(25)他不想回家,尽管家中那样温暖,还有他的爱妻在等他。(魏雅华《一个小故事改变历史》)

(26)后来他一直认为自己的运气真好,因为在某一个早晨,鸽子真的回来了,在这事已经过去好几个月,父子俩几乎不抱希望的时候。(莫小米《古老词汇的复活》)

(五) 用于复句中衔接紧密的并列单句之间

(1)我是戏工室的专业作家,曾写过几出古装戏,颂扬的是封建王朝的贤臣良将,属"阶级立场有严重错误",被批得昏天黑地。(聂鑫森《口戏》)

(2)经历千辛万苦出现在唐肃宗面前的杜甫,蓬头垢面,鞋子豁口,露着脚丫,体面全无。(六神磊磊《盛唐诗人的朋友圈》)

(3)你看,在最大分类上,普洱茶有"号级茶""印级茶""七子饼"等代际区分,有老茶、熟茶、生茶等制作贮存区分,有大叶种、古树茶、台地茶等原料区分,又有易武山、景迈山、南糯山等产地区分。(余秋雨《普洱茶吸引人的核心秘密》)

(4)78岁的温顿缓缓地站了起来,回过身望了望这些如今都已年过半百的"孩子",又缓缓地坐下,什么都没说,只是把食指伸到镜片后抹了一下左眼,又抹了一下右眼,紧紧抿着嘴,强迫自己的脸保持平静。(陈墨《"温顿列车"》)

上述四例中,总体上是单句的并列。其中,例(1)~(3)的谓语(由动宾短语或主谓短语充当,或两者兼而有之)是并列的。

(5)有人发出"中国人心安何处"的疑问,那是因为,今天的国人,内心深处的欲望确实是空前膨胀的,每一个人都在欲望中生活。(阎连科《注定无法心安》)

(6)吃了许多天的意大利菜,虽然美味得很,但是,我实在有点腻了,只想吃一顿清淡的中国菜。(张小娴《当我们怀念旅行时,我们在怀念什么》)

(7)……但即使我们垂垂老矣,即使我们一无所有,即使我们正承受着身心两方面的痛苦和折磨,我们仍旧可以活出轰轰烈烈的人生,活得顶天立地。(王者归来《不曾老去》)

(8)有的茶天资平平,却因藏茶人珍视,多少年过去后,火气褪尽,干净澄明,虽非至宝,却已成难得的珍品。(崔曼莉《不污染,常持心》)

例(5)是倒装的因果复句,例(6)(7)(8)是转折复句。每个复句的内部,是衔接紧密的单句的并列。

(9)它们（指稻草人——引者注）大都头上戴一项旧草帽,身上穿着破旧衣服,有的扬起手臂,仿佛正在用力抛掷什么厉害物件;有的手举竹竿,仿佛正向可疑的目标用力挥去,却迟迟没有挥下去。(李汉荣《寂寞的稻草人》)

(10)第二天,……馒头是新蒸的,白得像雪花膏似的;猪肉炖得稀烂,入口就会融化。(莫言《吃在少年时》)

(11)他开始用功读书;他吵着要耐克的球鞋;他敞开校服双手撒把,把自行车骑得飞一样;他对着厕所的镜子,一遍遍地,把沾水的头发梳理成郭富城的模样。(路明《青梅竹马》)

(12)我不敢说同意,也不敢说不同意。我要是同意卖呢,就等于没听母亲的话,没把价钱咬住;要是不同意卖呢,我担心如果再错过机会,烟叶儿真的就卖不掉,学费就缴不成。(刘庆邦《卖烟叶儿》)

(13)父亲沉默良久,给孙正义开出了两个条件:第一,必须每年回家一次,看望家人;第二,无论你在美国混得怎样,也得娶一个亚洲媳妇。(陈伟《孙正义鲜为人知的早期创业史》)

例(9)~(13)中,在并列的分句内部,是衔接紧密的单句的并列。

标点趣闻 3-2

《水浒全传》中有这样一个故事:太尉高俅统兵攻打梁山,连连受挫,被迫退至济州。此时,宋徽宗接受大臣建议,拟对宋江等梁山好汉进行招安,并送来诏书。高俅担心一旦招安成功,自己回京城将颜面尽失。一时间,他进退两难。

济州一奸吏王瑾摸透了高俅的心思,遂献一条奸计,说:"诏书上最要紧的是中间一行。道是:'除宋江、卢俊义等大小人众,所犯过恶,并与赦免。'这是一句囫囵话。如今开读时,可分作两句读,将'除宋江'作一句,'卢俊义等大小人众,所犯过恶,并与赦免'另作一句,诱骗他们到城里,拿下为首的宋江并杀头,而将他手下的众人'尽数拆散,分调开去'。自古道:'蛇无头不行,鸟无翅不飞。'一旦没有了宋江,其他人还能做什么?"

> 王瑾的奸计,奸就奸在:一是利用了停顿的不同;二是偷梁换柱,利用了一词多义——诏书中的"除"有"不包括"之义,而分作两句读后,"除"义就变成了"清除"。
>
> 后来,因梁山好汉拒绝招安,高俅的诡计才未能实施。
>
> (资料来源:武晓兰、江海燕《标点,跳动的文字音符》)

(六) 用于后置的句子成分之前和后置的并列成分之间

(1)出来吧,你们!(孙犁《荷花淀》)

(2)小草偷偷地从土里钻出来,嫩嫩的,绿绿的。(朱自清《春》)

(3)你们到哪儿去了,昨天下午?

例(1)是主语后置,例(2)是并列的定语后置,例(3)是时间状语后置。

(4)大致一看,屋子里还是空虚;但偶然看到地面,却盘旋着一匹小小的动物,瘦弱的,半死的,满身灰土的……。(鲁迅《伤逝——涓生的手记》)

(5)从立秋回来的第二天起谷子一担一担地由田中挑回来,壮壮的,黄黄的,真像金子。(叶紫《丰收》)

(6)大家想出了各种各样五花八门的办法:老套的,实用的,浪漫的,机灵的,新潮的……应有尽有。(孙道荣《共同经历一场爱情》)

在倒装的复句中,逗号用于后置的关联词之前。例如:

(7)世界上并非没有为了奋斗者而开的活路;我也还未忘却翅子的扇动,虽然比先前已经颓唐得多……(鲁迅《伤逝——涓生的手记》)

(8)英国文豪约翰逊说:"写作的唯一目的,是帮助读者更能享受或忍受人生。"倒过来说,读书的目的也在加强对人生的享受,如果你得意;或是对人生的忍受,如果你失意。(余光中《开卷如开芝麻门》)

(七) 用在被强调的关联词之后

(1)由于事物范围的极其广大,发展的无限性,所以,在一定场合为普遍性的东西,而在另一一定场合则变为特殊性。(毛泽东《矛盾论》,《毛泽东选集》第2版第1卷第318页)

(2)花木灿烂的春天固然可爱,然而,瓜果遍地的秋色却更加使人欣喜。

(3)就算你的是"阳春白雪"吧,这暂时既然是少数人享用的东西,群众还是在那里唱"下里巴人",那末,你不去提高它,只顾骂人,那就怎样骂也是空的。(毛泽东《在延安文艺座谈会上的讲话》,《毛泽东选集》第3卷第865页)

(4)如果现在还有人谈信心问题,对中华人民共和国、对中国政府没有信任感,那末,其他一切都谈不上了。(邓小平《一个国家,两种制度》,《邓小平文选》第3卷第60页)

(5)现在中党八股毒太深的人,对于民间的、外国的、古人的语言中有用的东西,不肯下苦功去学,因此,群众就不欢迎他们枯燥无味的宣传,我们也不需要这样蹩脚的不中用的宣传家。(毛泽东《反对党八股》,《毛泽东选集》第3卷第838页)

上述5例中的"所以""然而""那末""因此",都是被强调的关联词,故其后用逗号。

(八) 用于句中插说成分之后

(1)也许,这正是绿色爬上窗台的唯一心愿吧。

(2)确切地说,这束绿色来自一株黄瓜和一株莓豆。

(3)自然,黑珍珠从此晋升为名贵的珠宝。

(4)的确,那时的欧洲已沦为野蛮大陆。

(5)当然,他的照片果然上了头版头条。

(6)不客气地说,大多数人在消费时并不清楚货物本身的价值。

(7)总之,我们永远无法在购物时了解每一个商品的市场价值,完全理性的购物是不存在的。

这类插说成分还有"此外""另外""显然""前已述及""如前所述""众所周知""总而言之",等等。

(九) 用在带句内语气词的主语(或谓语、宾语)之后或并列成分之间

带句内语气词的主语(或谓语、宾语)之后,或带句内语气词的并列成分之间,应使用逗号。这类句内语气词常见的有"啊""呀""着""了"等。

例如:

(1)你啊,简直是朽木不可雕也。(钱文忠《钱文忠解读〈弟子规〉》)

(2) 她丈夫呢，就想着十点钟得到部里去。（〔法〕莫泊桑《项链》）

(3) （那是个没有月亮的夜晚。）可是整个村子——白房顶啦，白树木啦，雪堆啦，全看得见。(2011年《标点符号用法》示例)

(4) 柔嘉道："我利害？没有你方家的人利害！全是三头六臂，比人家多个心，心里多几个窍，肠子都打结的。我睡着做梦给她们杀了，煮了，吃了，我梦还不醒呢。"（钱锺书《围城·九》）

(5) 在初冬，农民也变得从容。什么适时播种呀，龙口夺粮呀，颗粒归仓呀，那属于昨天，也属于明天。（王蒙《清明的心弦》）

(6) 当然一些医生还在苦苦劝说：此药有很多副作用，比如会让人失眠啦，烦躁啦，过度活跃啦……（黄昉苨《巧克力入宫》）

(7) 我和二牛干脆下了水，摸呀，捉呀，追呀，堵哇。一条条小鱼被甩上岸，二兰和石花就用柳条把它们一条一条地穿起来……（邹德学《永远的歌声》）

(8) 它（指那只被黄牛用角扎成重伤的老虎——引者注）在黄牛的头上挣扎着，喘息着，哀号着，嘴里吐着血沫……（沈石溪《野牛传奇》）

(9) 乌鲁木齐的大街上到处摆着水果摊，甜瓜啊，西瓜啊，伊犁苹果啊，库尔勒香梨啊……走到哪儿都闻得到诱人的香味。

(10) 小动物们一听都来帮忙了。他们洗啊，擦啊，扫啊，费了不少的工夫，房子终于变了样儿。（〔美〕迪士尼公司《白雪公主》）

请注意：当并列的词后不带有语气词时，则并列词之间的停顿通常用顿号。试比较以下两例：

(11) （场长）介绍给我们看董昆他们打的野物皮子：狐狸、水獭、野猫……种类实在不少。

(12) （场长）介绍给我们看董昆他们打的野物皮子：狐狸呀，水獭呀，野猫呀……种类实在不少。

（十）用于并列的谓语之间

在这种场合，并列的谓语通常是形容词〔如例(1)(2)〕，或者是带宾语或不带宾语的动词〔如例(3)〕，或者是动宾短语〔如例(4)(5)(6)〕，或者是主谓短语〔如例(7)(8)(9)〕。

(1)……每一块泥土都很自然,平静,从容,所以才如此博大,深厚。(查一路《听泥土说话》)

(2)但是它伟岸,正直,朴质,严肃,也不缺温和,更不用提它的坚强不屈与挺拔,它是树中的伟丈夫。(茅盾《白杨礼赞》)

(3)我的路也铸定了,每星期中的六天,是由家到局,又由局到家。在局里便坐在办公桌前钞,钞,钞些公文和信件;在家里是和她相对或帮她生白炉子,煮饭,蒸馒头。(鲁迅《伤逝——涓生的手记》)

(4)所以,投票前我始终在使馆里不出来,听取汇报,分析形势,研究对策,认真准备;记者根本就找不到我。(李岚清《李岚清教育访谈录》)

(5)幸好党组织和同志们不断地来安慰她,帮助她,鼓励她,使她渡过了这个难关。

(6)发挥"能人效应",通过各种途径帮助农民更新观念,转换脑筋,增强本领,参与竞争,尽快致富。

(7)西安世园会举办地——浐灞之滨的广运潭,翠柳含烟,河道蜿蜒,天水一色,白鹭盘旋。(《人民日报》2011-03-15第8版)

(8)激光打印机噪声小,速度快,打印质量高;但是售价和打印成本较高。

(9)那姑娘头戴一顶草帽,身穿一条绿色的裙子,腰间还系着一根橙色的腰带。(2011年《标点符号用法》示例)

需要指出,当并列的谓语接同一个宾语时,其间要用顿号。例如:

(10)他们选拔、培训了36名志愿者到敬老院为老人服务。

(11)这些"粉丝"早早来到活动现场,盼望、期待、坚信那一欢乐时刻的到来。

(十一) 用于需要强调的并列补语之间

(1)这个故事他讲得真实,感人,栩栩如生。

(2)她微微一笑,笑得极其完美,无懈可击,并且这样应道:"男人嘛,总喜欢这样说话,说法倒是蛮别致的。"(〔日〕村上春树著,林少华译《青春心境的终结》)

(3)那种叫"水晶"的,长得长长的,绿绿的,晶莹别透,真像是用水晶和玉石雕刻出来的。

(4)法国的海军被英国海军打得丢盔卸甲,浮尸满海,如枯枝败叶,惨不忍睹。(魏雅华《一个小故事改变历史》)

当并列的补语不需要强调时,补语之间用顿号。

(十二) 用于两层并列成分的第一层之间

有的句子并列短语中还有并列成分,此时,并列短语之间用逗号,而并列成分之间用顿号。例如:

(1)上下、左右,中国、外国,过去、现在、未来,都是相互联系、相互影响、相互制约的。

(2)原子弹、氢弹的爆炸,人造卫星的发射、回收,标志着我国科学技术的发展达到了新的水平。

(3)这个经济协作区,具有大量的科技信息,较强的工业基础,巨大的生活资料、生产资料市场,较丰富的动植物、矿产、海洋和旅游等资源。

(4)学校承担国家统一考试的主管部门人员,命题人员,试题印刷、运送、保管人员,监考人员,阅卷人员均为涉密人员,必须保守国家秘密。

(十三) 用在某些序次语之后

"第一,第二,第三""其一,其二,其三""首先,其次,再次"等序次语后面有停顿时,用逗号表示。例如:

(1)人才问题,别的不说了,今天就讲两点。第一,能不能每年给知识分子解决一点问题,要切切实实解决,要真见效。第二,要创造一种环境,使拔尖人才能够脱颖而出。改革就是要创造这种环境。(邓小平《改革科技体制是为了解放生产力》,《邓小平文选》第3卷第108~109页)

(2)考察这一群体的创造性贡献,我们不难发现他们共同具有的一些特点。

首先,是善于发现和提出问题。……

其次,就是注意观察,善于总结。……

再次,就是大胆设想,谨慎实践。……(郭淑英、戴万津主编《高素质创新人才研究》)

（十四）用在插入人物语言中间的提示语之后

行文中，在引用别人说的话时，常常要说明说话者是谁，其说话时的神态、语气、动作是怎样的，这样的说明叫"提示语"。提示语的位置不同，其后所用的标点符号也不同：当提示语位于人物语言的前面时，其后用冒号［如例(1)］；位于人物语言的后面时，其后用句号［如例(2)］；位于人物语言的中间时，其后用逗号［如例(3)～(10)］。

(1) 苏轼幽默地告诉来人："回去告诉韩宗儒先生，本官今日断屠！"（孟祥海《文人"羊"事》）

(2) "是啊，金奖章非大王莫属！"大伙儿异口同声地说。（盛如梅《金奖章》）

(3) "那姑娘没有罪，她是一时糊涂，"好心肠的商人说，"应该从轻发落才是。"

"这正是我们要讨论的，"首席陪审员说，"我们不能凭个人印象办事。"（〔俄〕列夫·托尔斯泰《复活》）

(4) "妈妈看到这么漂亮的卡片，一定会好高兴！"小敏心想，"这是我长到18岁以来，送的最贵的一张了！"（刘墉《永远的小女儿》）

(5) 乌苏拉再也忍不住了。"你要发神经，就一个人去发！"她吼叫着，"别拿你那吉卜赛式的怪想法往孩子们脑袋里灌！"（〔哥伦比亚〕马尔克斯《百年孤独》）

(6) "那么，"被激起好奇心的茹瓦永有些迫不及待地问起了下一个问题，"您爱自己的妻子吗？"

"爱。"尼维尔的回答很干脆，"她是我生命中不可缺少的一部分。"（李月辉《只要真相》）

(7) "既然你很想知道，又请我喝咖啡，那我就告诉你吧。"老板说，"昨天你来时，我正跟客户谈生意，你的莽撞影响了我们的谈话。"

"噢，那太对不起了，请你原谅。"他拿出包里的领带，"不知你现在有没有空闲，听我介绍一下我们生产的领带？"（高兴《决心是一粒种子》）

(8) "我的老天爷！"他想，"难道我是愚蠢的吗？我从来没有怀疑过自己。这一点决不能让任何人知道。难道我是不称职的吗？不成！我决不能让人知道我看不见布料。"（〔丹麦〕安徒生《皇帝的新装》）

(9) "在四川，我喝了白酒。"爸费力地抬起插着输液管的手，用拇指和食指比划着，"这样大的杯子，一共六杯。"（汪明《泡在酒里的老头》）

(10)"我给你做。"女孩子洗好菜站起来,"我家就住在那个坡子上,"她用手一指,"你要没有布,我家里有点儿,还够做一双袜子。"(孙犁《山地回忆》)

当然,也有不用提示语的情形。当说话的双方连续对话时,可以不加提示语。例如:

(11)"吃什么?"

"先不吃。我问你,我不在家,你都干什么了?"

"开门,撅火,喂鸡,择菜,坐锅,煮饭,做针线活,和街坊闲磕牙,说会子话,关门,放狗,挡鸡窝……"

"家里没人来过?"

"隔壁李二嫂来看过鞋样子,对门张二婶借过筐笤……"

"没问你这个!我回来的时候,在胡同口仿佛瞧见一个人打咱们家出去。那是谁?"

"你见了鬼了!吃什么?"

"给我下一碗热汤面,煮两个咸鸡子,烫四两酒。"

……(汪曾祺《捕快张三》)

这是捕快张三疑妻红杏出墙,公出归来、进了家门后"审妻"的一段对话。两人你有问话,我有答语,对话甚是连续。为了突出当时的紧张气氛,故所有对话前后均不加提示语。

(十五) 用在分句与分句之间

复句内各分句之间的停顿,除了用分号的情形,一般都用逗号。例如:

(1)与其跪着生,不如站着死。

(2)有风度的运动家,不但有服输的精神,而且更有超越胜败的心胸。(罗家伦《运动家的风度》)

(3)黄昏,她站在路边等着打车回家,可每位司机听到要去的地点都拒载。(辉姑娘《一切都是最好的安排》)

(4)因为我们是为人民服务的,所以,我们如果有缺点,就不怕别人批评指出。(毛泽东《为人民服务》,《毛泽东选集》第2版第3卷第1004页)

例(1)是选择关系;例(2)是递进关系;例(3)是转折关系;例(4)第一层是

因果关系,第二层条件关系。

(十六) 用于语气舒缓的感叹语、称谓语或呼唤语之后

(1) 只见詹先生摇了摇头说:"唉,秦老板,你就有所不知了。通常台湾的女孩子写信给有过一段露水姻缘的日本观光客,十个里有八个都是贪图对方钱财的。……"(秦嗣林《跨国姻缘》)

(2) "哎哟,妈,你与张爱玲是同学,你怎么一点也不激动?"(程乃珊《蓝血张爱玲》)

(3) 他说:"老婆,我好想下半生也能这样爱着你,我想一辈子都这样幸福地生活下去。"(〔新加坡〕W小姐《被检阅的爱》)

(4) 有一天她突然问我:"老板,你认不认识会写日文信的?"(秦嗣林《跨国姻缘》)

(5) "纪美子,纪美子,阿启来了。"母亲大声喊道。(〔日〕川端康成,叶渭渠译《石榴》)

(6) 她大声招呼他们:"喂,别站在那儿了,过来看看房子吧。"(〔俄〕拉丽萨·普罗斯库林娜著,刘小满译《遇见》)

(7) 喂,你是哪个单位的?(2011年《标点符号用法》示例)

例(1)中的"唉",例(2)中的"哎哟",都是语气舒缓的感叹语;例(2)中的"妈",例(3)中的"老婆",例(4)中的"老板",都是称谓语;例(5)中的"纪美子",例(6)(7)中的"喂",都是"呼唤语"。

在称谓语或呼唤语后置的倒装句中,逗号通常用在它们之前。例如:

(8) "您说什么呀,爷爷?"(莫言《金鲤》)

(9) 到了家里,她就扑在徐悲鸿的怀里,哽咽着说:"对不起,悲鸿,我没有借到钱。"(李舒《借钱》)

(10) "你今年几岁,妈?"我轻声问她。(龙应台《一分明白,如月光泻地》)

(十七) 用于单独成句的叹词之后,表示特殊的感情

这样的叹词主要有"啊""唉""哎""嗳""哎呀""嘻""喏""哦""噢"等。

1. 表示赞叹。例如:

(1)啊（ā），今年的收成真好哇！

(2)啊（à），真没想到你的英语成绩这么棒！

(3)噢（ōu），他们俩倒挺般配。

2. 表示应诺、应答、同意、答应。例如：

(4)啊（à），好吧。（音较短）(《现代汉语词典》第6版)

(5)唉（āi），我知道了。(《现代汉语词典》第6版)

(6)欸（èi），就这么办！(《现代汉语词典》第6版)

(7)欸（èi），我们这就去！

(8)嗯（ng），就照你说的办吧。(《现代汉语词典》第6版)

3. 表示悔恨、懊恼。例如：

(9)嗳（ài），早知如此，我就不去了。(《现代汉语词典》第6版)

(10)嗐（hài），我当初真不该这么做。(《现代汉语词典》第6版)

4. 表示伤感或惋惜。例如：

(11)唉（ài），好好儿的一套书弄丢了两本。(《现代汉语词典》第6版)

(12)哎呀（āiyā），时间都白白浪费了。(《现代汉语词典》第6版)

5. 表示提醒、醒悟、领会、明白过来。例如：

(13)哎（āi），我倒有个办法，你们大家看行不行？(《现代汉语词典》第6版)

(14)哦（ò），我想起来了。(《现代汉语词典》第6版)

(15)噢（òu），原来如此。

(16)我正在纳闷，不一会哥哥和妹妹都来了，手里拿着一副类似羽毛球拍的拍子，说："Let's play！"哦（ò），原来是我听错了，不是pray（祈祷），而是play（玩），他们希望我陪他们一起玩！（扎西拉姆·多多《兄弟》）

(17)啊（à），原来是你，怪不得看着面熟哇！（音较长）(《现代汉语词典》第6版)

6. 表示埋怨、不耐烦。例如：

(18) 哎呀（āiyā），你怎么来得这么晚呢！(《现代汉语词典》第6版)

(19) 哎呀（āiyā），你就少说两句吧！(《现代汉语词典》第6版)

7. 表示不同意、不认可。例如：

(20) 嗳（ǎi），话可不能那么说。(《现代汉语词典》第6版)

(21) 欸（ěi），你这话可不对呀！(《现代汉语词典》第6版)

8. 表示诧异、惊讶。例如：

(22) 欸（éi），他怎么走了！(《现代汉语词典》第6版)

(23) 噢（óu），她也感冒了?

(24) 噢（óu），你怎么也来了?(《现代汉语词典》第6版)

(25) 噢（ǒu），您也是沈阳人啊！(语气较重)

9. 其他。例如：

(26) 唉（āi），有什么办法呢?

(27) 哎呀（āiyā），这事不好办哪！

(28) 欸（ēi），你快过来！

(29) 嘿（hēi），咱们生产的机器可实在不错呀！

(30) 哦（ó），她也要来参加我们的晚会?

(31) 喏（nuò），这不就是你的那把雨伞?

例(26)表示叹息。例(27)表示为难。例(28)表示招呼。例(29)表示得意。例(30)表示将信将疑。例(31)表示让人注意自己所指示的事物。

（十八）用于科技书刊中并列的外文字符或阿拉伯数字之间

(1) 化学元素 H，O，Na，Ca，Fe，Cu 的相对原子质量分别为 1，16，23，40，56，64。

(2) x 的正弦、余弦、正切、余切、正割、余割函数符号分别为 $\sin x$，$\cos x$，$\tan x$，$\cot x$，$\sec x$，$\csc x$。

(3) 设有函数 $u = f(x,y,z)$，$v = g(x,y,z)$，$w = h(x,y,z)$，$F(x,y,z) = u + v + w$。求 $F(x,y,z)$ 分别关于 x,y,z 的偏导数。

第四讲　分号

一、分号的误用情形

《图书编校质量差错认定细则》指出，判别分号用法正误要掌握三条原则：

其一，从层次上看，句号＞分号＞逗号＞顿号；

其二，分号不用在普通单句中；

其三，分号一般用在并列复句里，被分号隔开的各分句中，至少应当有一组内部有逗号。

分号的误用主要有以下两种情形。

（一）不该用分号之处而误用

这里主要是指复句中无逗号而径直用分号的情况，兹举例说明。

＊(1)他对待同志像春天般的温暖；对待工作像夏天般的火热；对待敌人像严冬一样寒冷；对待个人主义像秋风扫落叶一样残酷无情。

＊(2)打好这一仗的关键是，一要发动群众；二要找准目标；三要速战速决。

＊(3)除有特殊规定外，一般绝密级事项的保密期限不超过30年；机密

级事项不超过 20 年；秘密级事项不超过 10 年。

＊（4）《茶馆》中人物的对话；《红旗谱》中环境的点染；《创业史》中的铺叙议论，都十分富有特色。

＊（5）在我国，实行地区回避的主要是在县级以下的地方人民政府担任主要领导职务的公务员，包括县长、副县长；县人事局长；县公安局长；乡镇长、副乡镇长等。

【简析】根据分号使用规则，并列复句内被分号隔开的各分句中，至少应当有一组内部有逗号。

例(1)是单句排比，要求气势贯通，应将分号改为逗号。

例(2)中，逗号后的三个单句较短，故应使用逗号。但是，如果将句中逗号改为冒号，则该句中的分号无须改动。

例(3)是一组并列的单句，故应将分号改为逗号。

例(4)中，并列短语做全句的主语，故应将分号改为逗号。

例(5)中，在顿号与分号之间无逗号，故分号使用不当，应将分号改为逗号。

温馨提示：顿号、逗号、分号、冒号虽同为句内点号，但停顿的时间有长短之分。应先用停顿较短的逗号，再用停顿较长的分号，不能乱了先后次序。例如：

(6) 总之，对于国际局势，概括起来就是三句话：第一句话，冷静观察；第二句话，稳住阵脚；第三句话，沉着应付。不要急，也急不得。（邓小平《改革开放政策稳定，中国大有希望》,《邓小平文选》第 3 卷第 321 页）

一般来说，表示句中停顿的点号按照停顿时间由短到长依次是：顿号、逗号、分号。三个标点通常不越级使用。只有在"分行列举的各项之间"才能直接用分号。

（二）分号误用于句号后

分号是句内点号，而句号是句末点号。一句话中既然已经用了句号，就表示整个句子业已结束。若在句号后再用分号，就有悖于标点符号使用的基本规则了。

＊（1）处理不同意见既常见又复杂，在具体使用上述方法时还要注意以

下几点：一是避免争论。一般不要直截了当地驳斥对方，因为赢了对方而丢了生意反而得不偿失；二是分析原因。分析对方提出不同意见的意图何在；三是欢迎不同意见。因为谈判的一个重要使命就是要答复对方的不同意见，所以应当欢迎、理解和体谅对方；四是认真倾听。……

＊(2)提纲的拟写应注意以下几点：一是观点要明确。说明什么问题，达到什么目的，必须清楚明白；二是纲目要详细。提纲中要详细地列出公文的观点以及引文、情况、数字等；三是依据要充分，层次要合理。提纲拟定完备后，要送主管领导审阅。

【简析】根据标点符号的使用规则，比较恰当的改法是：例(1)中，将五个分号都改为句号；例(2)中，将前两个句号均改为逗号。

二、分号的使用场合

分号表示复句内部并列关系分句之间的停顿，以及非并列关系的多重复句中第一层分句之间的停顿。兹举例说明分号的九种使用场合。

(一) 用于复句内部并列关系的分句（尤其当分句内部还有逗号时）之间的停顿

(1)这两种人都凭主观，忽视客观实际事物的存在。或作讲演，则甲乙丙丁、一二三四的一大串；或作文章，则夸夸其谈的一大篇。……这种作风，拿了律己，则害了自己；拿了教人，则害了别人；拿了指导革命，则害了革命。(毛泽东《改造我们的学习》，《毛泽东选集》第2版第3卷第800页)

(2)古往今来，许多有作为的"官"，都以关心百姓的疾苦为己任。从范仲淹的"先天下之忧而忧，后天下之乐而乐"，到郑板桥的"些小吾曹州县吏，一枝一叶总关情"；从杜甫的"安得广厦千万间，大庇天下寒士俱欢颜"，到于谦的"但愿苍生俱饱暖，不辞辛苦出山林"，都充分说明心无百姓莫为官。(习近平《干在实处　走在前列——推进浙江新发展的思考与实践》)

(3)中国是一个巨人，只要稳步走，步子就是大的；只要不摔跤，就是一个了不起的成绩。最可怕的是自己折腾自己，自身先发起烧来。(李瑞环《学哲学　用哲学》)

（4）一个人对于自己的职业不敬，从学理方面说，便亵渎职业之神圣；从事实方面说，一定把事情做糟了，结果自己害自己。(梁启超《敬业与乐业》)

（5）"以放大镜来看人生，人生是一场悲剧；以望远镜来看人生，人生未尝不是一场喜剧。"(吴淡如《向光性的远见》)

（6）孙柔嘉虽然跟着方鸿渐同到湖南又同回上海，我却从未见过。……但和她稍多接触，就发现她原来是我们这个圈子里最寻常可见的。她受过高等教育，没什么特长，可也不笨；不是美人，可也不丑；没什么兴趣，却有自己的主张。(杨绛《记钱锺书与〈围城〉》)

（7）在玻璃杯中冲龙井茶，水不要太烫，不要盖盖子，这是杭州人教给我的；在泥壶或紫砂壶中泡乌龙茶，水要开要烫，壶要盖严，这是福建人教给我的。(妙华《佛手茶》)

（8）这张照片很美，但是它最让人印象深刻的地方在于，它淋漓尽致地表现了纽约这个城市的复杂性：一边是高耸的建筑，一边是秋意渐浓的中央公园；一半自然，一半尘世；一半风景，一半繁华。(假装在纽约《被公园改变的城市》)

（9）我站在这孑然凄立的胡杨林中，祈求上苍的泪，哪怕仅仅一滴；我祈求胡杨，请它们再坚持一会儿，哪怕几十年；我祈求所有饱食终日的人们背着行囊在大漠中静静地走走，哪怕就三天。(潘岳《西风胡杨》)

（10）世上有很多事，是怎么求也求不到的；有不少事，是经过一番努力之后，求得到和求不到的机会参半；也有一些事，大抵是可以求得到的；更有许多事，只要去求，必然可得。自求烦恼，便是其中之一。(倪匡《烦恼》)

（11）古往今来，经不住金钱诱惑，利令智昏而巧取豪夺、伤天害理者不在少数；经不住美色诱惑，纵情享乐而怠政失职、坏家败德者大有人在；经不住名誉诱惑，追慕虚荣而弄虚作假、欺世盗名者并不鲜见。(《人民日报》2014-12-26第4版)

（12）不论是星际还是人际，距离都是个问题。距离太近，会产生不安全感；距离太近，易生摩擦；距离太近，容易看清身边事的不足、身边人的瑕疵。(杨子明《相处的距离》)

(二) 用于非并列关系的多重复句中第一层分句之间的停顿

这里的非并列关系主要指转折关系［如例(1)~(9)］、因果关系［如例(10)~(13)］、递进关系［如例(14)(15)］等。

(1) 可能有这样一些共产党人,他们是不曾被拿枪的敌人征服过的,他们在这些敌人面前不愧英雄的称号;但是经不起人们用糖衣裹着的炮弹的攻击,他们在糖弹面前要打败仗。(毛泽东《在中国共产党第七届中央委员会第二次全体会议上的报告》,《毛泽东选集》第2版第4卷第1438页)

(2) 四叔家里这回须雇男短工,还是忙不过来,另叫柳妈做帮手,杀鸡,宰鹅;然而柳妈是善女人,吃素,不杀生的,只肯洗器皿。(鲁迅《祝福》)

(3) 当然,我知道像这种道德不健全的人,并不会比一个四肢不健全的人更值得同情;但是,我们也应该同情那些努力去经营一个大企业的人,他们不会因为下班的铃声而放下工作。(〔美〕艾尔伯特·哈伯特《把信带给加西亚》)

(4) 一犯讳,不问有心与无心,阿Q便全疤通红的发起怒来,估量了对手,口讷的他便骂,气力小的他便打;然而不知怎么一回事,总还是阿Q吃亏的时候多。(鲁迅《阿Q正传·第二章　优胜记略》)

(5) 这时候最热闹的,要数树上的蝉声与水里的蛙声;但热闹的是它们的,我什么也没有。(朱自清《荷塘月色》)

(6) 我所说是否与《礼记》《老子》原意相合,不必深求;但我确信"敬业乐业"四个字,是人类生活的不二法门。(梁启超《敬业与乐业》)

(7) 鳖接受了青蛙的邀请,准备下井去看看;但是,它左腿还没有迈进去,右腿已经被绊住了。(寓言《井底之蛙》)

(8) 有一回,邻近的洋人说了几句洋话,她们也不理;但那洋人就奔出来了,用脚向各人乱踢,她们这才逃散,会议也收了场。(鲁迅《阿金》)

(9) 这世间的许多声音,有动听的,有刺耳的,有美妙的,有聒噪的。这些声音全部入耳,可以让你觉得是一种享受,也可以让你觉得是一种折磨;但如果用爱去听,这世界上就只有一种声音,那就是,美妙与和谐,让人觉得欣喜和欣慰。(方冠晴《用爱倾听》)

(10) 一个人如果做不到"不得贪胜",即使才智绝高,也无法承担重大使命;因为你要驾驭天下,首先要驾驭得了自己的心。(姜仲华《不得贪胜》)

(11) 那半年多,在我的记忆里,我们几乎没有吃过粮食;因为没有食盐,顿顿吃的是白水煮鱼。(赵万里《父亲快跑》)

(12) 这是一条幽僻的路;白天也少人走,夜晚更加寂寞。(朱自清《荷塘月色》)

(13) 这约上并没有允许你取他的一滴血,只是写明着"一磅肉";所以你可以照约拿一磅肉去,可是在割肉的时候,要是流下一滴基督徒的血,你的土地财产,按照威尼斯的法律,就要全部充公。([英]莎士比亚《威尼斯商人》)

(14)如果有人真正想诊治自己的毛病的话,我劝他把这副对子①记下来;或者再勇敢一点,把它贴在自己房子里的墙壁上。(毛泽东《改造我们的学习》,《毛泽东选集》第2版第3卷第800页)

(15)而于狗,却不能引此为例,与对等的敌手齐观,因为无论它怎样狂嗥,其实并不解什么"道义";况且狗是能浮水的,一定仍要爬到岸上,倘不注意,它先就耸身一摇,将水点洒得人们一身一脸,于是夹着尾巴逃走了。(鲁迅《论"费厄泼赖"应当缓行》)

(三) 用于并列的多重复句中第一层分句之间的停顿

(1)所以我们在对青年学生进行培养时,不但要向他们传授知识,还要教会他们善于学习掌握知识;不但要教他们会做事,还要教他们善于与人共事,不能"天马行空,独来独往",而且要有"团队精神",这样才会有所作为并创造更大的成就。(李岚清《李岚清教育访谈录》)

(2)始终微笑的和蔼的刘和珍君确是死掉了,这是真的,有她自己的尸骸为证;沉勇而友爱的杨德群君也死掉了,有她自己的尸骸为证;只有一样沉勇而友爱的张静淑君还在医院里呻吟。(鲁迅《纪念刘和珍君·五》)

(3)有人说,80年代,最吃香的是一张金光灿灿的大学毕业文凭,有了它,"皇帝的女儿不愁嫁";90年代,最吃香的是经验,"是骡子是马,拉出来遛遛"成为用人单位响亮的口号;21世纪,新经济赋予创新以至高无上的价值,最吃香的将是有创新潜质的人。(吴雯《哪把椅子是我的?》)

(4)……庄子时常告诫我们,不要太著名,也不可太有用。太肥的猪要被人杀死,去供神;羽毛太美丽的飞禽,易遭猎户的注意。(林语堂《为什么不去过悠闲的生活呢》)

(5)那时,他年少得志,是将门之后,是意气风发的东北少帅;她金枝玉叶,才貌兼备,是"福禄深厚,乃是凤命"的千金小姐。(贾孟影《于凤至,此生只为一个人》)

(6)有的干部真干事,坚持原则,得罪了人,但事后群众仍然会认识到他

---

① 毛泽东同志这里所说的"对子",是指"墙上芦苇,头重脚轻根底浅;山间竹笋,嘴尖皮厚腹中空"。

的可贵；有的干部当老好人，左右逢源，当时群众认可他，事后就会明白他是个无所事事的庸官；有的干部开展工作，当时看起来轰轰烈烈、振奋人心，事后就现出"形象工程"的原形。(刘福奎《多关注领导干部离任后的口碑》)

(7)那里的河流，确已经干了，但风沙还是熟悉的；屋顶上的炊烟不见了，灶下做饭的人，也早已不在。(孙犁《老家》)

(8)在一时期中，幸的遭遇比不幸的遭遇多，是运好；在一生中，幸的遭遇比不幸的遭遇多，是命好。(冯友兰《论命运》)

(9)别人死缠烂打，你却一字不答，这叫高傲；别人缠你半天，你便回他两句，这叫应付；别人问你什么，你就回答什么，这叫坦率；别人理你一下，你马上话匣子大开，这叫孤独。

——对孤独的解释(《读者》2015年第1期)

(10)苟活者在淡红的血色中，会依稀看见微茫的希望；真的猛士，将更奋然而前行。(鲁迅《纪念刘和珍君·七》)

(11)它的干呢，通常是丈把高，像是加以人工似的，一丈以内，绝无旁枝；它所有的丫枝呢，一律向上，而且紧紧靠拢，也像是加以人工似的，成为一束，绝无横斜逸出；它的宽大的叶子也是片片向上，几乎没有斜生的，更不用说倒垂了；它的皮，光滑而有银色的晕圈，微微泛出淡青色。(茅盾《白杨礼赞》)

(12)你听这孩子的声音，很刺耳，很不舒服，那是因为你用耳朵在听；而我们听这孩子的声音，很动听，很欣慰，那是因为我们是用爱在听。(方冠晴《用爱倾听》)

(13)当大总统是一件事，拉黄包车也是一件事。事的名称，从俗人眼里看来，有高下；事的性质，从学理上解剖起来，并没有高下。(梁启超《敬业与乐业》)

(14)小时候，幸福是一件东西，拥有就幸福；长大后，幸福是一个目标，达到就幸福；成熟后，发现幸福原来是一种心态，领悟就幸福。(《读者》2013年第14期)

(15)攀附大树，可以貌似大树，但终归不是大树；依附别人，可以风光无限，但终究不是长久之计。(赵盛基《大树和爬墙虎》)

(16)于是，他对母亲尽孝，对长兄的遗腹子视如己出；他为人慷慨，经常周济别人；他恪守古礼，路上遇到年纪比自己大的人，一定要躬身等长者走过，才直起身子；每次去见师长，他都郑重其事地沐浴，然后穿戴整齐，

带上礼品……（波音《王莽的棋局》）

（四）用于分项列举的各项之间的停顿

分项列举时，无论每一项是词、短语还是句子，每一项内部有没有逗号，也不管每一项是连着书写还是分行书写，为了突出分项的性质，各项之间的停顿都可以用分号。例如：

（1）这个题目中，我想说明下列各问题：（一）积极防御和消极防御；（二）反"围剿"的准备；（三）战略退却；（四）战略反攻；（五）反攻开始问题；（六）集中兵力问题；（七）运动战；（八）速决战；（九）歼灭战。（毛泽东《中国革命战争的战略问题》，《毛泽东选集》第 2 版第 1 卷第 196～197 页）

（2）第六十三条　证据包括：

（一）当事人的陈述；

（二）书证；

（三）物证；

（四）视听资料；

（五）电子数据；

（六）证人证言；

（七）鉴定意见；

（八）勘验笔录。

证据必须查证属实，才能作为认定事实的根据。（《中华人民共和国民事诉讼法》）

（3）我在出访以色列与其前总理佩雷斯谈及教育问题时，他认为现代教育要教会学生三大本领：一是会继续学习；二是会与不同的人共事；三是在不同的环境中都能生存发展并作出贡献。（李岚清《李岚清教育访谈录》）

（4）今天我收到一位老同志的信，共 22 页，索性先来一个大纲：（1）自我介绍；（2）学术见解；（3）科研规划。最后才说出一点小小的要求。（王力《和青年同志们谈写信》）

（5）食品污染按性质分为 3 种类型：① 生物性食品污染；② 化学性食品污染；③ 放射性食品污染。

（6）一线员工可以选择的超越目标：

a. 坚持"三声"服务；

b. 坚持微笑服务;

c. 成交率提高;

d. 顾客表扬数上升;

e. 英语会话水平提高;

……

i. 其他。(张声雄、姚国侃《〈第五项修炼〉实践案例》)

分项列举中各项的序号还有其他一些形式,例如:(甲)(乙)(丙),1. 2. 3.,(1)(2)(3),(a)(b)(c),等等。

当分项列举的各项是词(不是短语或词组),且其前面有序号时,各项之间的停顿也可用分号。例如:

(7)词大致可分三类:(1)小令;(2)中调;(3)长调。(王力《诗词格律》)

(五)用在被冒号、引号、括号、破折号分隔出来的并列分句之间

被冒号、引号、括号、破折号分隔出来的并列分句有相对的独立性时,分句之间可根据需要使用分号。例如:

(1)生活中总会有这样的时刻:当你想念某些人时,你会在梦里念叨他们;当你开始痛恨某些人时,你也会在梦里遇见他。(《读者》2003年第15期)

(2)电子管的发明使长途通信得以实现;晶体管的问世为数字通信开辟了道路;电子计算机、集成电路的发展,使通信面貌发生了根本的、质的变化;通信发展的每一进程,都与电子技术的进步密切相关。

(3)他放进自己那间小房子里来的有:一个管林子的,他的小房子给漫上堤岸的河水冲走了;两个小伙子,他们要穿过国境线到邻国去谋生;一个小老头,因为再也干不动活儿,给主人赶出来了;最后一个来敲门的是国王的仆人,害着病,他一生病,就给赶出了王宫。(小学语文课文《"三颗纽扣"的房子》)

(4)此时,主持人上台郑重宣布:刚才为大家表演节目的,是与史密斯先生外貌相像的史密斯先生的胞弟,他本是一位喜剧演员,今天受哥哥之邀特来博取大家一笑;现在由真正的史密斯先生为大家表演。(沈岳明《策划的艺术》)

(5) 另一方面，魏源等人借用孔子"礼失求诸野"原理，倡导"善师四夷者，能制四夷；不善师外夷者，外夷制之"。(《北京日报》2014-03-03 第 19 版)

(6) 《资治通鉴》有一段记载刘邦与群臣论天下得失时说的话。他说："夫运筹帷幄之中，决胜千里之外，吾不如子房；镇国家，抚百姓，给馈饷，不绝粮道，吾不如萧何；连百万之众，战必胜，攻必取，吾不如韩信。……"(王诚《从政明镜——与干部谈修养》)

(7) 在介绍冰川的特性时，通过两个典型例子（流速慢的天山、祁连山冰川，年流速很少超过 30 米；流速最快的阿扎冰川，年流速不过 300 米左右），具体说明了冰川流速缓慢的特点。(韩爱敏《漫话冰川》)

(8) 看着看着，他就仿佛看到已经长大的女儿——她更加漂亮乖巧，学会了自己照顾自己；她穿上了黑色的练功服、白色的舞蹈鞋，黑黑的头发盘得高高的，用发光的发带束了起来；她时刻微笑着，那是汇集在她嘴角的点点明媚春光；她变得坚强睿智，能够自食其力，如她所愿，果真成了一名受欢迎的舞蹈老师……(孙君飞《看着前方》)

(9) 小划子远远地出现了，像一只小小的黑甲虫，急匆匆地、慌里慌张地贴着江边爬过来——说它急匆匆，是因为它速度极快；说它慌里慌张，是因为它走得毫无规律，一忽儿左一忽儿右。(赵丽宏《三峡船夫曲》)

例(1)(2)是总分复句：例(1)冒号前是总说，冒号后为分说；例(2)冒号前是分说，冒号后为总说。例(3)(4)冒号后的并列分句作整个句子的宾语，分句之间用分号。例(5)(6)中引号内的话，例(7)中括号内的话，例(8)(9)中破折号引出的解释说明部分，都是并列分句，故可用分号分隔。

（六）用于辞书中同一条目的不同释义之间的分隔

(1) **妃** 皇帝的妾，地位低于皇后；太子、王侯的妻子 (李行健《现代汉语规范词典》)

(2) **旅行社** travel agency; travel bureau; tourist agency (黄关福等《实用汉英情景分类词典》)

(3) **wistful** 惆怅的，怅惘的；渴望的；思念的，怀旧的 (〔英〕萨默斯《朗文当代英语大辞典》)

(4) **fudge and mudge** avoidance of definite commitment; equivocation; fudging 不表态；态度暧昧；推诿；推托 (〔英〕萨默斯《朗文当代英语大辞典》)

（七）用于科技书刊图注中各项之间的停顿

(1) 1—钢板；2—铅柱；3—钢片；4—受试炸药；5—雷管

(2) ◇—体积密度；○—闭口气孔率；△—显气孔率

(3) (a) 串联；(b) 分段并联；(c) 并簇联；(d) 闭合反向分段并联；(e) 串并联

（八）用于科技公式中量符号物理意义说明项之间的分隔

(1) 式中，C_h 为出口板凸度；C_H 为入口板凸度；C_0 为轧制力均匀分布时的机械凸度；ξ 为机械凸度转化系数。[《东北大学学报》（自然科学版）2004 年第 6 期]

(2) 式中，Q——耙斗装岩机小时生产率，m^3/h；

V——耙斗容积，m^3；

φ——耙斗装满系数；

L——岩堆中心距装岩机的距离，m；

v_P，v_m——耙斗往返运行速度，m/s；

t_1，t_2——耙斗往返转换停歇时间，s。

（九）用于科技论文关键词的并列词组之间的停顿

(1) 关键词：Nocardia；超声波法；自溶液；破碎；红外光谱 [《东北大学学报》（自然科学版）2007 年第 12 期]

(2) 关键词：冷轧 Mg-9Li-1Zn 合金；退火温度；退火时间；球化；硬度

第五讲　冒号

一、冒号的误用情形

冒号的误用主要有以下八种情形。

（一）应该用冒号之处而没有用

　　＊(1)有人做了一个有趣的实验，发现人在心情愉快时，动脉血压可降低20毫米汞柱，每分钟的脉搏可减少七八次；反之，精神忧郁，血压在短时间内迅速上升，胆固醇含量相应提高。

　　＊(2)呜呼，有道是天若有情天亦老，人间正道是沧桑。

【简析】例(1)的"发现"后面应加冒号，以便在结构上显示出后面的长宾语是并列分句；否则，会使人误认为全句是两个并列分句。

　　例(2)中的"有道是"是指示性词语，表示提起下文，故应在"有道是"与"天若有情"之间加上冒号。

（二）应该用破折号的地方误用冒号

　　破折号表示说明或注释的用法，极易与冒号表示总说和分说的用法混淆。两者的区别如下：凡是用破折号表示说明或注释的，如果把说明或注释的文字删去,那么句子的内容和形式仍是完整的;而用冒号表示总说和分说的句子,则不能把分说部分删去。

＊(1)我国的四大发明:火药、印刷术、指南针、造纸术对世界历史的发展有伟大的贡献。

＊(2)上述其他决胜负机制,如今都有了自己的"科学":武斗机制有兵法学,市场机制有经济学,选举机制有政治学,钩心斗角机制有"厚黑学",但赌博的科学则迄今未成型。

＊(3)石斌是在抗战后期参加中共的地下党员,1948年奉命撤退到解放区,参加了新四军,随军到江淮地区并和曹荻秋结婚,生有五个女儿:曹琦、曹宁宁、曹琤、曹琼、曹莉莉和一个男孩曹嘉扬。

【简析】例(1)中的冒号应改为破折号,并在"造纸术"之后、"对"字之前加上逗号。"火药、印刷术、指南针、造纸术"是对主语"四大发明"的解释说明。

例(2)中,应将冒号改成破折号,并将最后一个逗号改为破折号。两个破折号夹注的内容用于说明"'科学'"的含义。

例(3)中,"一个男孩曹嘉扬"不是对"五个女儿"的解释说明,前后两者是并列的关系;因此,应将冒号改为破折号,并在"曹莉莉"与"和一个男孩"之间加上一个破折号。两个破折号夹注的姓名是对"五个女儿"的解释说明。

下面例(4)中冒号的用法是正确的。

(4)今天晚会上有如下节目:舞蹈、独唱、二重唱、相声和杂技。

(三) 间接引述时误用冒号

＊(1)餐厅服务员走路时滑了一下,差点儿摔倒。他便问我:你知道这是什么道理吗?我说:不知道。他说:地板太滑了,摩擦系数太小。处处都有学问啊!(D期刊2013年第8期)

＊(2)大多数专业工作者——律师、会计师和其他咨询服务的专家——都异口同声地承认:"他们和委托人对相互之间的关系都很敏感,容易闹别扭。"

【简析】例(1)(2)中的冒号用法不符合冒号的使用规则,均应将冒号改为逗号；例(2)中的引号应同时删去。

间接引述时，"××说"之后要用逗号。例如：

(3)父亲说，蝉喜欢栖居在门前的树荫里，那是对生的向往，对人的信任。(汪焰祥《阳光下的绝唱》)

(4)我安慰他说，三年以后我自己就可以积起钱造屋了，还是等一等吧。(鲁彦《父亲》)

(5)德国经济评论家哈恩说，在这家银行，上到董事长，下到操作员，没有一个人是愚蠢的；可悲的是，几乎在同一时间，每个人都开了点小差，结果加在一起就创造出了"德国最愚蠢的银行"。(王伟《十分钟的悲剧》)

(四) 一句话中误用两层冒号

一般来说，一句话中只能用一个冒号，不能先后使用两个冒号，否则就是错的。例如：

*(1)"齐家"：古人云："老吾老以及人之老，幼吾幼以及人之幼"，这是"齐家"的精神实质。

*(2)事实证明：我们应该毫不动摇地坚持基本路线：一个中心，两个基本点。

*(3)一位网友发来邮件说：近来网上有"三多"：绯闻多、脏话多、病毒多。

*(4)董春宇在该文中指出：公共选择的出现主要有两方面原因：一是理论方面，长期以来传统的经济学理论对公共问题的忽视；二是现实方面，解决公共物品、市场失灵、"搭便车"等问题的需要。

*(5)这篇文章通篇贯穿着作者的两个思想：一个是：正视现实，一个是：心中始终装着灾区的人民群众。

*(6)张院长在全院大会上宣布：院里要实行两项改革措施：一是持证上岗，二是脱产培训。

*(7)经济学家做了这样一个实验：在一家超市里摆放了几十套价廉物美的餐具，每套餐具包括：8个菜碟、8个汤碗和8个点心碟，共24件，每件都完好无损。(D期刊2013年第11期)

【简析】例(1)中，可以将第二个冒号改为逗号。

例(2)(3)(4)中，应将第一个冒号改为逗号。

例(5)有两种改法：一是将句中的逗号改为分号，而将两个"是"字后的冒号都改成逗号；二是将两个"是"字后面的冒号都删去。比较而言，前者的语气有强调意味，而后者的语气则比较平淡。

例(6)中，两个冒号可任选其一，改为逗号。

例(7)中，删掉第二个冒号。

需要指出的是，"在列举式或条文式表述中，如不得不套用冒号时，宜另起段落来显示各个层次。"（GB/T 15834—2011《标点符号用法》）例如：

(8)第十条　遗产按照下列顺序继承：

第一顺序：配偶、子女、父母；

第二顺序：兄弟姐妹、祖父母、外祖父母。

（五）冒号提示的范围过宽或过窄

＊(1)通用电气公司前 CEO 杰克·韦尔奇说："我们造就了不起的人，然后，由他们造就了不起的产品和服务"，富有灵魂的名品就是这样诞生的。

＊(2)林则徐宣称："鸦片一日未绝，本大臣一日不回，誓与此事相始终，断无中止之理"，表示决心禁绝鸦片。

＊(3)艾滋病有三个传播途径：血液传播、性传播和母婴传播，日常接触是不会传播艾滋病的。(2011 年《标点符号用法》示例)

＊(4)为了充分利用这点儿业余时间，她给自己下了禁令：不看电视，不听音乐，不去逛街。此外，也不上网聊天或购物。经过 60 多天奋战，终于写完了这部中篇小说。

【简析】 例(1)中，动词"说"所提示的内容并不包括"富有灵魂的……"一句，故应将最后一个逗号改为句号，并放在引号内。

例(2)中，"表示决心禁绝鸦片"不是"宣称"提示的内容，且引文不是完全引用，而是仅引用林则徐的一部分话，故应将冒号改为逗号。

例(3)中，"日常接触是不会传播艾滋病的"不是"有三个传播途径"所提示的内容，故应将句中的逗号改成句号。

例(4)中，"禁令"所提示的内容，除"不看电视，不听音乐，不去逛街"之外，还包括"此外，也不上网聊天或购物"；因此，应将句中的第一个句号改为分号。

(六) 语气紧凑且无特别提示的必要时，中间误用冒号

＊(1)在会议间歇时，本市的三位女杰：郭静雯、戴碧云、林海瑛在一起谈笑风生。

＊(2)畅销海外的名贵药材：三七、天麻、红花、雪莲等，已被抢购一空。

＊(3)他也说过："文学史稿编制太草率""挂漏滋多"的话。

＊(4)这位老先生平素甚少交往，尽管他住在闹市区，但也称得上是："结庐在人境，而无车马喧"了。

＊(5)人的一生中有很多时候都少不了需要通过书面向别人介绍："我是怎样一个人？"或"我有一个怎样的方案？"这样的问题，因此现代人有更多的理由需要学好作文。

＊(6)《地质灾害防治条例》正式确立了："自然因素造成的地质灾害，由各级政府负责治理；人为因素引发的地质灾害，谁引发谁治理"的原则。

【简析】例(1)中，"三位女杰"与"郭静雯、戴碧云、林海瑛"是同位语，中间无须停顿，故"女杰"后的冒号应删去。同理，例(2)中的冒号也应删去。

例(3)中，谓语"说过"与宾语"话"之间语气紧凑，中间无停顿，故"说过"之后的冒号当删。

例(4)中，"是"字后也没有明显的停顿，故应删除冒号。

例(5)中，"介绍"后的2个引语是"问题"的定语，它与动词"介绍"之间衔接紧密无停顿，故"介绍"后的冒号要删掉。同理，例(6)中的冒号也应删掉。

(七) 提示语插入到人物话语中间时，其后误用冒号

＊(1)"来，我看看。"李班长接过零件看了一眼道："啊，是太毛糙了。这几条线还有些模糊……"(XD期刊2008年第5期)

＊(2)"祥子！"她往近凑了凑："我有啦！"

＊(3)"别忙，"希区柯克笑着说道："我只要问你三个问题，就可以证明你家这屋子就是旅店！"(RS期刊2014年第4期第13页)

＊(4)"那就行！"曹先生接着往下说，说得还是很快："万一有个动

静,你别去开门!我们都走了,剩下你一个,他们决不放手你!……"

*(5)"嗨!"她往前凑了一步,声音不高地说:"别愣着!去,把车放下,赶紧回来,有话跟你说。屋里见。"

*(6)"先生!"祥子低着头,声音很低,可是很有力:"先生另找人吧!这个月的工钱,你留着收拾车吧:车把断了,左边的灯碎了块玻璃;别处倒都好好的呢。"

【简析】例(1)~(6)中的"李班长……看了一眼道""她往近凑了凑""希区柯克笑着说道""曹先生接着往下说,说得还是很快""她往前凑了一步,声音不高地说""祥子低着头,声音很低,可是很有力"等提示语后面的冒号均属误用,都应改为逗号。

温馨提示:凡是在一段人物话语中间插入提示语的,则提示语之后、后一部分话语之前只能使用逗号,不可用冒号;否则,提示语前面的话语就没有着落,让人不知讲话者是谁了。

下面五例的使用场合是正确的。

(7)"不是我们想象的那么回事。"他叹了口气,"看来,是我想错了,把同学们的关系想得太复杂了。现在,我得向他们道歉。"(《读者》2015年第6期第48页)

(8)"不要紧,有我呢!"柚根子眨巴着眼睛,手一挥,"盆子摆在池塘边,是我刚从家里拖来的!"(孙海浪《柚子树下》)

(9)"你又装假了,"女孩子烧着火抬起头来,"你有钱吗?"(孙犁《山地回忆》)

(10)"先生,"他那灰白的抽动着的嘴唇里发出低微的声音,"没留心,踩在碎玻璃上,玻璃片插进脚底了。疼得厉害,回不了家啦!"(周晔《我的伯父鲁迅先生》)

(11)"啊?"一位风韵犹存的女游客显然很不满,"我们锻炼身体,怎么就成非法集会了?"(《读者》2015年第8期第4页)

(八) 在"即""如"等提示的字前面误用冒号

*(1)货舱通风的方式有三种:即自然通风、机械通风和干燥通风。

*(2)也有消极的一面:如裙带风以及拉关系、走后门等不正之风。

*(3)饮食有"三忌":即一忌吃得太饱;二忌挑食;三忌饭后剧烈

运动。

【简析】上述三例中,"即""如"等字已经起到提示下文的作用,其前面再加冒号纯属画蛇添足。例(1)(2)中,应将冒号改成逗号;或者将冒号改用逗号后,在"即""如"后面再加冒号。例(3)中,删掉"即"字即可。

二、冒号的使用场合

下面举例说明冒号的使用场合。

(一) 用在总说性词语之后,表示提示下文

(1) 她第一次来我家,我吓得赶忙躲开了。她丑得太可怕了:梭子脸,中间宽,两头窄,两块高颧骨夹着个小尖鼻子,一双肿泡眼;麻皮,皮色是刚脱了痂的嫩肉色;嘴唇厚而红润,也许因为有些紧张,还吐着半个舌尖;清汤挂面式的头发,很长,梳得光光润润,水淋淋地贴在面颊两侧,好像刚从水里钻出来似的。(杨绛《镜中人》)

(2) 一个人的钱包被窃了,周围的人无非有三种心理:一、有限的同情;二、为自己庆幸,因为被窃的不是自己;三、幸灾乐祸。(周国平《国民性缩影》)

(3) "五室婶"立刻做出决定:酒,给扒尸体的大哥们喝;板鸭和火腿,切下来炒菜;鸡蛋,给身体虚弱的退休工人和正在闹痢疾的青年工人。(钱刚《唐山大地震》)

(4) 虎妞脸上的神情很复杂:眼中带出些渴望看到他的光儿;嘴可是张着点,露出点儿冷笑;鼻子纵起些纹缕,折叠着些不屑与急切;眉棱棱着,在一脸的怪粉上显出妖媚而霸道。(老舍《骆驼祥子》)

(5) 唐太宗的朝堂之上可谓群星闪烁,人才济济:长孙无忌、杜如晦、房玄龄、尉迟敬德、秦叔宝……(郭灿金《挺住意味着一切》)

(6) 她还根据每个人的外貌特征猜出了他们的姓名:瞌睡虫、爱生气、开心果、万事通、糊涂蛋、喷嚏精和害羞鬼。(美国迪士尼公司《白雪公主》)

(7) 水光中轮转着石头们含蓄而神秘的色彩:有的莹绿如玉,有的深红似霞,有的暗黄如湿金,有的粉白如冰雪。(高立群《海边荒石》)

(8)纺线有几种姿势:可以坐着蒲团纺,可以坐着矮凳纺,也可以把纺车垫得高高的站着纺。(吴伯箫《记一辆纺车》)

(9)他们那县里人侨居在大都市的,干三种行业的十居其九:打铁,磨豆腐,抬轿子。(钱锺书《围城·一》)

(10)孩子小的时候,他忙碌一天后还要照顾孩子:孩子饿了,起来喂米糊;孩子尿了,立即换尿布;孩子病了,整夜地守护。(李耿源《只因多看了你一眼》)

(11)只有美国的西南航空公司比较"另类":它的飞机只飞商务城市,不飞度假地;只有经济舱,不提供头等舱或者商务舱;只飞国内,不飞国际。(《读者》2008年第21期)

(12)那一瞬间,我注意到母亲看上去十分狼狈:一身朴素的家常衣服上刮了两道很显眼的口子,平时梳理得很整齐的发髻也散落下来,右半边脸上还有一道血口子。(凌子叶《远处,那一盏灯》)

(13)员工迟到有两种可能:一是由于客观原因导致他们意外迟到,这是可以谅解的,不应该扣发他们的工资。二是员工刻意地迟到。……这必须向他指出,并且记录在案,给予警告。(刘晓莉《我的老外上司》)

例(1)中"丑得太可怕了"、例(2)中"有三种心理"、例(3)中"做出决定"和例(4)中"神情很复杂"是总说,分说部分都是并列分句,中间用分号分隔。

例(5)中"群星闪烁,人才济济"和例(6)中"他们的姓名"是总说,分说部分是并列的姓名,中间用顿号分隔。

例(7)中"色彩"、例(8)中"几种姿势"是总说,分说部分是并列分句,中间用逗号分隔。例(9)中"干三种行业"是总说,分说部分是并列短语。

例(10)中"照顾孩子"、例(11)中"比较'另类'"、例(12)中"十分狼狈"和例(13)中"有两种可能"是总说,分说部分是由并列句构成的句群。例(13)中有序次语"一""二",使读者对分说部分的范围一目了然。

(二) 用于提示性词语之后,表示提示下文

"问""答""说""想""是""有""指出""明白""证明""宣布""表示""强调""认为""提出""透露""例如"等动词后均可加冒号,使

其具有提示性，以引出宾语。例如：

(1)有人不禁要问：比利时公司凭什么会中标呢？(朱国勇《洞悉》)

(2)党八股的第四条罪状是：语言无味，像个瘪三。上海人叫小瘪三的那批角色，也很像我们的党八股，干瘪得很，样子十分难看。(毛泽东《反对党八股》，《毛泽东选集》第2版第3卷第837页)

(3)当着天空中出现乌云的时候，我们就指出：这不过是暂时的现象，黑暗即将过去，曙光即在前头。(毛泽东《目前形势和我们的任务》，《毛泽东选集》第2版第4卷第1245～1246页)

(4)很多中国人一辈子都没明白：钱花出去才是你的，没花出去是中国人民银行的。你看钞票上印的是不是？

——周立波（《领导文萃·采英拾贝》2011年第7期·上半月）

(5)进城以后，我已经感到：这种人物，这种生活，这种情感，越来越珍贵了。(孙犁《关于〈山地回忆〉的回忆》)

需要说明的是，"想"字之后的冒号使用分为以下两种情况。

如果"想"字之后的文字属于心理活动描写［表示"心里在估算（估测）"或"心里在嘀咕"］，则"想"字之后一般使用冒号和引号。例如：

(6)扁鼻子军官把书扔在地上，伸手往皮包里掏，雨来心里想："掏什么呢？找刀子？鬼子生了气要挖小孩眼睛的！"只见他掏出来的却是一把雪白的糖块。(小学语文课文《小英雄雨来》)

(7)一只青蛙想："完了，全完了！这么高的一只牛奶罐啊，我是永远也出不去了。"于是，它很快沉了下去。

(8)但是我还不服气，口头答应着，心里却想道："图还是我画的不错；至于实在的情形，我心里自然记得的。"(鲁迅《藤野先生》)

(9)这时，我的朋友又发出"嗒嗒"的声音，好像在严厉地责怪我。我也赌气一走了之，心想："我还有很多好朋友，少了你一个也不要紧。"(《我的新朋友——电话》)

(10)孤老头子睡着了，可三颗纽扣睡不着。他想："可怜的老头儿，晚饭也没吃就睡了，跟我一个样。"(小学语文课文《"三颗纽扣"的房子》)

如果"想"字之后的文字不属于具体的心理活动描写，而只是表示所想的内容（通常是作者的议论），则"想"字之后一般仅用冒号而不用引号。

例如:

(11)我想:这么迟了,还有谁来叫谁呢?(鲁迅《阿金》)

(12)等我长到18岁,我想:一定要把生日的确切日期搞清楚,怎么能让一个错误的生日伴我终生呢?(姚文冬《有一些错不必纠正》)

(13)我想:希望是本无所谓有,无所谓无的。这正如地上的路;其实地上本没有路,走的人多了,也便成了路。(鲁迅《故乡》)

(14)哦,一个女子。我想:月亮里,地该是银铺的,墙该是玉砌的,那么好个地方,配住的一定是十分漂亮的女子了。(贾平凹《月迹》)

(15)听着陈蕃这样的回答,薛勤心里暗想:此人年少而有大志,但连小事都不愿意做,怎么能做成大事呢?(小学语文课文《"扫一室"与"扫天下"》)

(16)枯燥的小学生活,让我痛苦不堪。那时就想:人还是不长大好,不长大就不用上学,不上学就不会有这么多痛苦。(石钟山《追逐幸福》)

(17)白雪公主甚至从一口锅里找到了鞋子。她心想:这屋子的主人可真够懒的。(美国迪士尼公司《白雪公主》)

(18)这位世界战争史上罕见的天才统帅听后,不以为然地一笑。他那天才的大脑想:木板改成钢板,船还能漂在水上吗?砍了布帆,船靠什么前进?就靠那把大茶壶吗?他想:他是工程师吗?一个疯子而已。(魏雅华《一个小故事改变历史》)

需要说明的是,"×想"("×"指人称代词)作插入语使用时,表示引起人们的注意,其后面要用逗号。例如:

(19)"你想,四周围黑洞洞的,还不容易碰壁吗?"(周晔《我的伯父鲁迅先生》)

(20)我想,这是因为他们都知道:正是这些老人们的流血牺牲换来了包括他们信仰自由在内的许许多多。(青白《捐诚》)

(21)我想,这么冷的天,那个拉车的怎么能光着脚拉着车在路上跑呢?(周晔《我的伯父鲁迅先生》)

(22)我想,不管我的心境会如何改变,我永远不会忘记自己静静地仰望星空的童年情景。(陶然《仰望星空》)

(三) 用在总括性词语之前,表示总结上文

(1)做,要靠想来指导;想,要靠做来证明:想和做是紧密联结在一起

的。(胡绳《想和做》)

(2)九斤老太自从庆祝了五十大寿以后,便渐渐的变了不平家,常说伊年青的时候,天气没有现在这般热,豆子也没有现在这般硬:总之现在的时世是不对了。(鲁迅《风波》)

(3)哪些是主要的,哪些是次要的;哪些是一般的,哪些是个别的;哪些是典型的,哪些是偶然的:都要区别清楚。

(4)直到十几天之后,这才陆续的知道她家里还有严厉的婆婆;一个小叔子,十多岁,能打柴了;她是春天没了丈夫的;他本来也打柴为生,比她小十岁:大家所知道的就只是这一点。(鲁迅《祝福》)

(5)考,是老师的法宝;分,是学生的命根:师生之间的"斗智斗勇"可谓由来已久。

(6)这就好比一人远远而来,最初我们只看到他穿的是长衣或短褂,然后又看清了他是肥是瘦,然后又看清了他是方脸或圆脸,最后,这才看清了他的眉目乃至音容笑貌:这时候,我们算把他全部看清了。(茅盾《谈〈水浒〉的人物和结构》)

(7)证券交易所内那些穿红马甲的人便是经纪人,穿黄马甲的人则是管理和服务人员:这是全世界都统一的。

(8)他们往往要亲眼看着黄酒从坛子里舀出,看过壶子底里有水没有,又亲看将壶子放在热水里,然后放心:在这严重监督之下,羼水也很为难。(鲁迅《孔乙己》)

(9)在海边,他写浪花,写礁石;在山顶,他写青松,写老藤;在田野,他写春花,写秋月:真可谓"远山近水皆有情"。

(10)她一手提着竹篮,内中一个破碗,空的;一手拄着一支比她更长的竹竿,下端开了裂:她分明已经纯乎是一个乞丐了。(鲁迅《祝福》)

例(1)中"想和做是紧密联结在一起的",例(2)中"总之现在的时世是不对了",例(3)中"都要区别清楚",例(4)中"大家所知道的就只是这一点",例(5)中"师生之间的'斗智斗勇'可谓由来已久",例(6)中"这时候,我们算把他全部看清了",例(7)中"这是全世界都统一的",例(8)中"在这严重监督之下,羼水也很为难",例(9)中"真可谓'远山近水皆有情'",例(10)中"她分明已经纯乎是一个乞丐了"等字样表明,冒号后的话语是带总括性的,对冒号前的话语——上文——予以总结。

（四）用在需要说明的词语之后，表示注释和说明

（1）　　　　　　　学术报告通知

报 告 题 目：利用微射流控制的超声速流动最新进展

报　告　人：史强　教授

报告人单位：美国佛罗里达州立大学工学院

报 告 时 间：2007年5月23日（星期三）上午9:30

报 告 地 点：工学部农水科学楼四楼重点实验室学术报告厅

（2）本市将举办首届大型书市。主办单位：市文化局；承办单位：市图书进出口公司；时间：8月15日—20日；地点：市体育馆观众休息厅。

（2011年《标点符号用法》示例）

例(1)(2)中，冒号表示后面的文字是解说前面的词语的，这里的冒号也可以用空格来代替。

（3）　　　　　　　中宁枸杞

品名：中宁枸杞

产地：宁夏·中宁

卫生许可证：宁卫食字〔2007〕第640521－002149号

产品标准号：GB/T 18672—2002

生产许可证：QS6403 1402 0034

保质期：18个月

生产日期：见封口处

例(3)中，这种分条列出的需要说明的词语，若用括号括起来，则其后面就不用冒号。例如：

（4）　　　　　　　双黄连颗粒

【成分】金银花、黄芩、连翘，辅料为蔗糖、糊精。

【性状】本品为棕黄色的颗粒；气微，味苦，微甜。

【功能主治】疏风解表，清热解毒。用于外感风热所致的感冒，症见发热、咳嗽、咽痛。

（五）用于书信、讲话稿中称谓语或称呼语之后，表示提起下文

冒号用在书信、请柬、讲话稿、述职报告、诉讼代理词、辩护词、投标

函、中标通知书等文种的称谓语之后，以及通知、通报、议案、报告、请示、批复、函等公文的主送机关名称之后，表示提起下文。例如：

(1)

雁冰兄：

别去忽又好几年了，听说近来多病，不知好一些否？回想在延时，畅谈时间不多，未能多获教益，时以为憾。……（上海古籍出版社《实用交际大全》）

(2)

×××先生：

诚挚地邀请您在5月30日上午9:27前，赴辽宁友谊宾馆会展中心（沈阳市皇姑区黄河北大街1号院内1号楼），参加新郎×××与新娘×××的婚礼。

(3)

尊敬的贾比尔首相殿下，

阿盟秘书长阿拉比先生，各位代表团团长，

女士们，先生们，朋友们：

萨拉姆——阿莱孔！大家好！今天，有机会同阿拉伯朋友欢聚一堂，共商中阿合作论坛建设和中阿关系发展大计，感到十分高兴。……（习近平《弘扬丝路精神，深化中阿合作》）

(4)

审判长、审判员：

在××省二轻厅因房屋租赁纠纷不服××市××区人民法院"（××××）×法民初字第××号"民事判决提出上诉的上诉案中，我受上诉人的委托，依法参加诉讼代理活动。（洪威雷、毛正天《应用文写作学新编》）

(5)

各省、自治区、直辖市人民政府，国务院各部委、各直属机构：

国务院同意发展改革委《关于2009年深化经济体制改革工作的意见》，现转发给你们，请认真贯彻执行。

国务院（印章）
二〇〇九年五月十九日

（邱向国《机关公文写作》）

在机关公文中，主送机关中标点符号的使用要求是：类内用顿号，类间用逗号，类尾用全角冒号。像例(5)即是这样。

（六）用在言谈记录中的说话者姓名之后，以引出讲话的内容

在采访、座谈、辩论、法庭审讯、剧本对白等言谈记录中的说话者姓名之后使用冒号，以引出讲话的内容。例如：

(1)**人民日报记者**：很多人都认为，新一届政府所面临的任务十分艰巨。请问总理，您的施政目标是什么？您打算首先去解决的主要问题又是什么？

李克强：这是个大问题啊。关于施政目标，可以说中共十八大已经作出了全面部署，这就是本届政府的施政目标。……（《人民日报》2013-03-18 第2版）

(2)**正方二辩**：对方辩友，现在我们高中毕业生在高考之外有了别的一条路。以前是自古华山一条路，现在是条条大路通罗马。请问对方辩友，何弊之有啊？

反方二辩：条条大路通罗马当然是好的，可是要看这条路是不是好走。如果走到半路摔下去了，您说好还是不好呢？

(3)**女**：你抽烟吗？

男：抽。

女：每天多少包？

男：3包。

女：每包多少钱？

男：10英镑。

女：你抽烟多久了？

男：15年。

……

女：你知道吗？如果你没有抽烟，把这些钱放在一个高利息的储蓄账户里，按复合利率来算，你现在能买一辆法拉利了。

男：你抽烟吗？

女：不。

男：那你的法拉利呢？（张凯达《别骗自己了，你没那么累》）

(4)**丈夫**：给，药。

妻子：这是什么药？

丈夫：你要的安眠药。

妻子：是送我见阎王的药吧？(《语言研究》2009年第3期)

（七）用在文章标题的前后两部分中间

冒号经常出现在"A：B"式标题（或称话题式标题）中。这种格式极大地提升了标题的概括能力，增加了标题的信息量，故在报刊的篇名中使用频率很高。

各类标题中冒号所表示的意义并不尽同，大体可分为以下七类：

1. 冒号前后是判断关系。冒号提示后面的内容是解释或说明。例如：

(1) 工业氧医用：医疗逐利化的必然（《辽沈晚报》2010-04-10）

(2) 卓别林死因：酒后吃安眠药（《现代健康报》2010-09-15）

(3) 价值观自信：中国发展的强大精神力量（《光明日报》2014-10-01 第7版）

(4) 院士退休：一个不是问题的问题（《光明日报》2015-04-10 第10版）

(5) 方言数据库：留存乡音的符号（《光明日报》2015-04-20 第5版）

(6) 钟晓：对听众掏心窝的主持人（《人民日报》2014-11-06 第18版）

(7) 法拉奇："把真相告诉权力"的女记者（《参考消息》2015-04-17）

(8) 班级公司："冒进式"创新？（《中国教育报》2015-04-16 第2版）

(9) 中兴通讯：全球化的民族品牌（《光明日报》2015-03-30 第1版）

例(1)~(9)的冒号，其作用大体相当于一个判断词"是"。出现在标题中的这种冒号，应该视为一种新用法。

2. 冒号前后有主谓关系。例如：

(10) 老舍：用光荣的名字温暖一座城（刘东黎《北京的红尘旧梦》）

(11) 钱梦龙：唤醒学生的求知欲（《中国教育报》2015-03-26 第5版）

(12) 王雪影：给生命一个希望（《人民日报》2014-11-19 第23版）

(13) 严歌苓：用文字擦亮过去（《北京日报》2015-05-14 第11版）

(14) 查塔姆研究所：专注于全球国际事务研究（《光明日报》2015-05-03 第5版）

(15)《毛姆传》：把毛姆的秘密和盘托出（《北京日报》2015-05-14 第19版）

在日常话语中，主谓之间可以有较小的语音停顿，通常是加逗号。而例(10)～(15)中加的是冒号，显然这是一种新的使用场合。

3. 冒号前是地点，冒号后说明在该地点发生的事件。例如：

(16) 新加坡：高薪与反腐密切挂钩（《参考消息》2009-10-08）

(17) 日本：快速轮岗防止金权勾结（《参考消息》2009-10-08）

(18) 德国：节水不是口号（《北京青年报》2010-08-17）

(19) 广西：产业扶贫"拔穷根"（《人民日报》2014-11-09 第10版）

(20) 甘肃瓜州："曝光台"让干部作风"亮"起来（《光明日报》2015-01-15 第3版）

(21) 青海班玛：依法治理唤来安宁祥和（《人民日报》2014-11-26 第19版）

(22) 浙江淳安：干部进村入户当好"服务生"（《光明日报》2014-10-1 第3版）

(23) 贵阳："出生证"缘何一证难求（《人民日报》2014-11-19 第23版）

此种用法主要用于制作新闻类标题，尤其是用在一组同类的机构名（或地区名、国名）之后，表示不同机构（或地区、国家）的不同特点或不同新闻的时候。例如：

(24) 北京大学：营造校园文明风

清华大学：校园刮起廉政风

中国农大：科技扶农到农村

北京理工：德育答辩有实效

北京林大：学生党员须"述责"

北京科大：辅导员工作有干头（《中国教育报》2006-07-07）

4. 冒号前为人名或别称，冒号后为文章作者对其概括或评价（前后非主谓关系）。例如：

(25) 张维为：脚底板下做学问（《光明日报》2015-03-26 第4版）

(26) 梅婷：戏里戏外互相参透（《齐鲁晚报》2010-07-18）

(27) 万鼎：秦岭深处绘丹青（《光明日报》2015-01-15 第10版）

(28) 焦云龙：烈火锻造的青春（《北京日报》2010-08-20）

(29) 谢芳丽：残体走出亮丽人生（《光明日报》2015-05-16 第1版）

(30) 李祥石：40余年对岩画情有独钟（《光明日报》2015-01-08 第9版）

(31)"学霸"裘嘉毅：醉心绿色建筑设计（《中国教育报》2015-04-22 第 5 版）

(32)网络作者：能致富的只是少数（《北京晨报》2010-08-02）

5. 冒号前为人名，冒号后为该人就某事的观点或立场。例如：

(33)陈毅："讲真话，天不会塌"（《北京日报》2014-03-03 第 17 版）

(34)王毅：相信克里不是为吵架而来（《辽沈晚报》2015-05-17 第 09 版）

(35)范长龙：希望美方在南海问题上谨言慎行（《辽沈晚报》2015-05-17 第 09 版）

(36)马未都：一件东西也不留给儿子（《羊城晚报》2010-09-18）

(37)邓超：我把"跑男"当自己的作品（《北京日报》2015-05-14 第 11 版）

(38)王跃文：陈廷敬善终的秘密（《辽沈晚报》2015-05-16 第 14 版）

(39)李佳悦：不愿被比高圆圆，我踢球不靠脸（《辽沈晚报》2015-05-17 第 12 版）

(40)章金媛："将志愿护理做到 100 岁"（《光明日报》2015-05-03 第 2 版）

(41)拾荒老太：我只想救人，没想那么多（《辽沈晚报》2011-10-18）

6. 冒号前的词语表示目的。例如：

(42)遏制学历造假：重新评估人才评判体系（《中华工商时报》2001-07-21）

(43)保证营养：严格加工花样多（《参考消息》2001-08-06）

(44)拯救长白山：森林学家治鼠出奇招（《家庭》2002 年第 4 期）

7. 冒号后的内容是对冒号前文字的解释说明。例如：

(45)罗国杰教授的最后十年：为信仰和学术倾尽心力（《光明日报》2015-03-26 第 16 版）

罗国杰教授是新中国伦理学事业的奠基人。2005 年，他被批准为中央马克思主义理论研究和建设工程（简称"马工程"）重点教材《思想道德修养与法律基础》编写组第一首席专家，投身于"马工程"工作直至去世。因此说，"为信仰和学术倾尽心力"是"罗国杰教授的最后十年"的真实写照。

(46)老人锻炼：伸臂踢腿别弯腰（《家庭医生》2010 年第 17 期）

"伸臂踢腿别弯腰"是作者对"老人锻炼"提出的忠告。对于老人来说，伸臂、踢腿等柔韧性锻炼能增强关节的灵活性,有助于避免关节僵硬和肌肉萎缩;但是弯腰动作使身体的重心前移,会使腰椎骨负荷过大,易致腰椎压缩性骨折。

(47)老年痴呆:女性比男性多(《北京日报》2010-09-19)

"女性比男性多"是"老年痴呆"患者的性别特征。

(48)大学教育:创造鼓励创新的环境(《光明日报》2015-03-30 第4版)

"创造鼓励创新的环境",是"大学教育"的重要特征之一。

(49)专家"问诊":油价、股市、房价何处去?(《光明日报》2015-01-28 第16版)

在2015年1月举办的"第六届中国经济前瞻论坛"上,各界专家对2015年石油价格、股市走势、房地产市场作出预判。

(50)青少年用语:坚守"传统之雅"还是拥抱"网语之魅"(《光明日报》2015-01-08 第4版)

面对网络语言对传统语言的冲击,到底是该坚守"传统之雅",还是应当拥抱"网语之魅",这是我国"青少年用语"的艰难选择。

(八) 其他

冒号还有以下几种用法:在脚注的著录格式中,作者与其作品名之间的分隔用冒号;在文后参考文献著录格式中,出版地、学位论文保管地等之后和页码之前用冒号分隔;在节目时间表上,时、分、秒之间用冒号连接。例如:

(1)刘少奇:《论共产党员的修养》,修订2版,76页,北京,人民出版社,1962。

(2)李四光:《地壳构造与地壳运动》,载《中国科学》,1973(4):400~429页。

(3)许慎:《说文解字》,四部丛刊本,卷六上,九页。

(4)闻邦椿. 奋斗的人生:我的家庭和个人经历纪实[M]. 北京:高等教育出版社,2009.

(5)徐冬. 硼镁石矿真空热法硼镁分离试验研究[D]. 沈阳:东北大学,2007.

(6)王永刚,柴天佑. 蒸发过程的非线性模型预测控制[J]. 东北大学学报(自然科学版),2008,29(10):1369-1376.

(7)辽宁广播电视台

卫星频道

12:55　王刚讲故事

17:13　欢乐集结号

19:35　剧场:中国地

22:10　幸福来敲门

…………

北方频道

19:22　口述:冠军的梦想

19:54　档案

22:48　我爱看电影

00:36　寰宇地理 (《辽沈晚报》2011-09-04)

第六讲　句号

一、句号的误用情形

句号的误用主要有以下五种情形。

（一）不该用句号而误用

这主要是指在应该用逗号、分号或冒号的地方，误用了句号。例如：

＊(1)一篇好日记可以是一面镜子，使你在学习生活中有所对照。看到自己的缺点和不足，使你能努力向上。

＊(2)产生经费紧张的原因，一个是确实缺很多。另一个是在经费使用上也存在浪费问题。

＊(3)一个没有朋友的人是孤单的，做什么事都很难顺心。爬山没有劲，打球没有趣，连看电影、观比赛都没了滋味。

＊(4)成也人心，败也人心。得也人心，失也人心。

＊(5)奋斗，就是每一天都很难，可一年比一年容易。不奋斗，就是每一天都很容易，可一年比一年难。

——怕吃苦的人苦一辈子，不怕吃苦的人苦一阵子

＊(6)苏小蒙同志在工作上严于律己，兢兢业业，精益求精。在生活中

乐于助人，忠厚正直，和蔼可亲。

*(7)在太平无事的日子里，很多人的生计出现了问题。没有重大事件发生，诗人写不出杰作，记者写不出爆炸性新闻；没有人犯罪，警察没有机会破案升职，律师事务所生意萧条，执行死刑的刽子手无法按人头领取工资；没有人生病，医生和药剂师穷得叮当响；没有人去世，掘墓工只能喝西北风……

*(8)对于"官不聊生"现象，舆论界给予了近于一致的积极评价。有人认为它是中央反腐败和作风建设初见成效的表现，本质上是好事而非坏事；有人直斥它是"伪命题"，是官员群体"矫情"；有人解读它的本意就是官员既然选择了公职就应以苍生为念，既要殚精竭虑、一心为民，又要将自己置于透明的鱼缸里，随时准备接受社会大众的审视和挑刺，临深履薄，很难舒服。(BJ日报2014-03-03第18版)

*(9)依兰兰和小牛成了形影不离的好朋友。她到小河边采水蕨荄，小牛跟着；她到山上去捡鸡膝素果，小牛跟着；上姥姥家做客，小牛也跟着。(RS期刊2014年第4期第16页)

*(10)清代有位常胜将军叫杨时斋，他认为军营中没有无用之人。聋者，安排在左右当侍者，因耳塞少听可避免泄露重要军事机密；哑者，派他传递密信，因守口如瓶，即便被敌人抓住除了搜去密信之外，再也问不出更多的东西；跛者，命令他去守护炮台，因艰于行走很难弃阵而逃；盲者，听觉特别好，命他战前伏在阵前窃听敌军的动静。(RS期刊2014年第4期第26页)

*(11)可是，张作梓的苦难并没有结束，而且厄运称得上接二连三。

先是最小的儿子被掉落在地的高压线电击身亡，接着女儿又身患重病，另外两个儿子靠卖烤地瓜维持生计，日子过得仅仅是果腹而已。(D期刊2015年第8期第35页)

*(12)乔丹的收获是什么？

我想乔丹的收获有三。第一个是父亲的心愿已了，他可以安心地打篮球了。第二是他在棒球场上深刻地重新认识了自己的篮球天赋。第三，他了解了失败，更加珍惜成功。(D期刊2015年第15期第25页)

*(13)看着这可爱的礼物，母亲的嘴唇轻轻地颤动着。但是她什么也没有说，只是一把将儿子揽入自己的怀里！(某出版社义务教育课程标准实验教科书《语文》六年级上册)

【简析】例（1）是一个复句，其中，"看到自己的缺点和不足"说的是结果，"有所对照"说的是原因，两者关系密切，不可分开。故应将句中第一个句号改为逗号。

例（2）是单句，句中的两个主谓短语并列做谓语，应将第一个句号改成逗号。

例（3）中"爬山没有劲""打球没有趣""连看电影、观比赛都没了滋味"三个分句是对"做什么事都很难顺心"的具体说明，句意是连贯的，不应有较大的停顿。故"难顺心"后紧接的句号应改为冒号。

例（4）（5）都是由两个并列分句构成的复句，中间的句号均应改为分号。

例（6）是多重复句，由两个并列关系的分句组成，分句内部有逗号，故分句之间的停顿应用分号。所以应把第一个句号改为分号。

例（7）中，"很多人的生计出现了问题"是总说性话语，其后具体分述了"在太平无事的日子里"诗人、记者、警察、律师、刽子手、医生、药剂师和掘墓工等人都将面临的生计困难；所以，句中的句号应改为冒号，以引起下文的分说。

例（8）的语段虽然较长，但其实是一句话。句中，"舆论界给予了近于一致的积极评价"是总说性话语，其后用了三个并列分句"有人……"来具体分述舆论界是怎样积极评价的；因此，应将第一个句号改成冒号。

同理，例（9）中的"依兰兰和小牛成了形影不离的好朋友"，例（10）中的"他认为军营中没有无用之人"，都是总说性话语，其后采用并列分句进行具体分说；因此，两例中的第一个句号均应改为冒号。

例（11）虽然分成两个自然段，但其实是一句话。句中，"张作梓的苦难并没有结束，而且厄运称得上接二连三"是总说性话语，其后用了三个并列分句进行分说：第一分句，叙说小儿子触电身亡；第二分句，交代女儿罹患重病；第三分句，说明另两个儿子以卖烤地瓜艰难度日。该例中的标点符号多处错用，建议修改如下：

（11）可是，张作梓的苦难并没有结束，而且厄运称得上接二连三：先是最小的儿子被掉落在地的高压线电击身亡；接着，女儿又身患重病；另外两个儿子靠卖烤地瓜维持生计，日子过得仅仅是果腹而已。

例（12）设问句之下的"自答"其实是一句话。"收获有三"是总说性话语，其后用了三个并列分句来进行分说；因此，第一个句号应改为冒号，第

二、三个句号应改成分号。

例(13)不是两个句子,而是一个具有转折关系的多重复句,其第一层分句之间的停顿应使用分号;因此,应将句中的第一个句号改为分号。此外,因全句是一个陈述句,故句末的叹号应改成句号。

(二) 人物话语中间插入提示语时,其后误用句号

＊(1)他告诉他的一班人马不要对一些"小伤亡"耿耿于怀。"我们会取得战争的胜利,"他说。"你们必须夺取阵地。"

＊(2)"你真有脸往外说,我这个老脸都替你发烧!"他打了自己个嘴巴。"呸! 好不要脸!"

＊(3)"我干吗眼儿热呀?!"她摇晃着头说。"你到底看见了什么?"

＊(4)"哎!"老者像是乐,又像是哭,向大家点着头。"到底是哥儿们哪! 拉座儿,给他卖多大的力气,临完多要一个子儿都怪难的!"说着,他立了起来,要往外走。

＊(5)"你谁也没招;就是碰在点儿上了! 人就是得胎里富,咱们都是底儿上的。什么也甭再说了!"孙侦探摇了摇头,似有无限的感慨。"得了,自当是我委屈了你,别再磨烦了!"

＊(6)"得,咱们二十七见! 不见不散!"她笑了笑。"便宜是你的,你自己细细地算算得了!"她转身往回走。

【简析】例(1)~(6)中插说成分"他说""他打了自己个嘴巴""她摇晃着头说""老者像是乐,又像是哭,向大家点着头""孙侦探摇了摇头,似有无限的感慨""她笑了笑"后面紧跟的句号均系误用,都应改为逗号。

温馨提示:凡是在一段人物话语中间插入提示语的,则提示语之后、后一部分话语之前只能使用逗号,不可用句号。否则,提示语后面的话语就会让人不知是谁说的了。

(三) 直接引语中最后的句号误置

＊(1)毛泽东有两句诗:"独有英雄驱虎豹,更无豪杰怕熊罴"。我从中感受到了共产党人的大无畏精神。

＊(2)管理大师彼得·德鲁克有一句话——"好的公司满足需求,伟大的公司创造市场。"海尔集团总裁张瑞敏在2001年全球海尔经理人年会开幕

式讲话中引用了这句话，并对怎样做一个伟大的公司作了生动的诠释。

　　＊(3)陶渊明出身于没落的仕宦家族。……他出世后家境便逐渐衰落；但是寒微门第并没有影响他"壮且厉"的志向，青少年时代他"猛志逸四海，骞翮思远翥。"（《杂诗》）

　　【简析】在直接引语中，最后的句号究竟是置于引号外还是引号内，关键是看引用部分是从属于引用者的，还是原本独立成句的。

　　例(1)中，引用毛泽东同志的诗"独有英雄驱虎豹，更无豪杰怕熊罴"是完整的两句，是原本独立成句的。第一个句号是诗句的点号，故应将其置于引号内。

　　例(2)中，引语部分"好的公司满足需求，伟大的公司创造市场"是第一句的同位宾语，是从属于引用者的，故应将句号置于引号外。

　　例(3)中，引语部分"猛志逸四海，骞翮思远翥"是从属于引用者的，故应删掉引号中的句号，而在"（《杂诗》）"之后加上句号。

　　一般来说，凡是引语前面用了冒号的，就是提示后面的引语是独立成句的，故引语中最后的句号应置于引号内。由此可见，上述三例引语最后的句号均为误置。

（四）在句内括号的注文末尾误用句号

　　＊(1)隋唐时，中日始有往来，中国比日本更早进入文明社会，遣唐使们虚心来到中国取经（中国的电影人不妨也拍拍遣唐使的题材，说说中日的友好渊源。）。

　　＊(2)纸币（包括其衍生出来的电子货币，它只是纸币的另一个化身。）潜在的贬值源于货币掌控者的贪婪和不受抑制的欲望的膨胀，以及财政赤字下政府对通货膨胀税的偏好，这种状况正在给人们带来越来越大的不安全感。

　　＊(3)王益同志特别关心的是，为什么讲谈社的书（10多个印张，32开本，印1万册。）能在不到半个月就出书。

　　【简析】上述三个例句中的括注均属句内括注。句内括号的注文末尾除问号或叹号应予保留外，其他标点符号都不能保留。因此，括号中的文末句号均应删除。

（五）在并列的复句中，分号前误用句号

　　＊(1)一、学习贵在自觉。要有笨鸟先飞的精神，自我加压；二、学习

贵在刻苦。要有锲而不舍的精神，坚忍不拔；三、学习贵在勤奋。要有废寝忘食的精神，持之以恒；四、学习贵在……

*(2)孙中山临终时留下了两个重要文件：一是致苏联中央执行委员会的函。感谢苏联对中国革命的支持；一是总理遗嘱。号召全国人民实行三大革命政策，坚持反帝、反封建，共同奋斗，完成他未竟的事业。

*(3)记得有次聊天，先生给我解释他的笔名为什么叫"孟实"。他说："孟，是老大的意思。我家里弟兄三人，我排行第一；实，是坚实、踏实的意思。这正是我做人的态度。"

【简析】句号是句末点号，而分号是句内点号。在并列复句中，分句之间使用分号停顿。若在分号之前使用句号，则有悖于标点符号使用的基本规则。

例(1)有两种改法：一是保留分号，而将句号改为逗号；二是保留句号，而将分号也改为句号。相比较而言，第一种改法更好。

例(2)中，应将两个句号改为逗号。

例(3)也有两种改法：一是保留分号，而将引号中的前两个句号改为逗号；二是保留引号中的句号，而将分号也改为句号。相比较而言，第一种改法更好。

二、句号的使用场合

兹举例说明句号的使用场合。

（一）用于陈述句末尾的停顿

具体分为以下八种情况。

1. 用于句末有语气助词的陈述句末尾。例如：

(1)西湖的景致好看着呢。(吕叔湘《现代汉语八百词》)

(2)小章家里还有明代的古董呢。(《语言文字应用》2003年第2期)

(3)你明天能见到他吧。(《现代汉语词典》第6版)

(4)这也不能怪他，头一回做嘛。(《现代汉语词典》第6版)

(5)他们早就见过面，只不过没有说过话罢了。(《语言文字应用》2003年

第 2 期)

  (6)这不算什么,我不过尽了我的职责罢了。(《现代汉语词典》第 6 版)

例(1)(2)中的"呢"表示确认事实,使对方信服(含夸张语气);例(3)使用"吧"(ba),使语气变得不十分确定;例(4)句末使用"嘛"(ma),表示所说的话道理显而易见;例(5)(6)的"罢了"(bà·le)有"仅此而已"的意思,常与"不过""无非""只是"等词前后呼应。

  2. 用于句末无语气助词的陈述句末尾。例如:

  (7)解放战争时期,我在河间工作。(孙犁《野味读书》)

  (8)丈夫低着头忙他的事情,足足忙了四个钟头。(许地山《爱就是惩罚》)

  (9)两周后,一份调研报告摆放在马思图拉的案头。(南乡子《马思图拉发薪制》)

  3. 用于句中有疑问代词的陈述句末尾。例如:

  (10)我们来看一看,他为什么要这样做。

  (11)要在城西修建立交桥的消息传出后,许多人都非常关心那里的近千株树木将怎么办。

  (12)教学质量评估时必须考虑的因素还有:生师比是多少,教学设施如何,实验条件怎样。

  4. 用于既有疑问代词又有语气助词的陈述句末尾。例如:

  (13)刚才我们在走廊上没有碰见什么人哪。

  (14)你做到问心无愧就行了,何必管人家怎么想呢。

  5. 用于对答中的陈述性省略句末尾。例如:

  (15)我问那个卖牡蛎的人:"应该付您多少钱,先生?"

    他回答道:"两法郎五十生丁。"(〔法〕莫泊桑《我的叔叔于勒》)

  (16)她劈头盖脸就问:"你有没有小孩?"

    ……

    "有。"我说。

    "几个?"

"一男一女。"（〔白俄罗斯〕S. A. 阿列克谢耶维奇，方祖芳、郭成业译《孤单的人声》）

例(15)省略了主语"您"和谓语"应该付"，仅有宾语"两法郎五十生丁"。例(16)中第一个陈述句省略了主语"我"和宾语"小孩"，仅保留谓语"有"；第二个陈述句省略了主语"我"和谓语"有"，仅剩宾语"一男一女"。

6. 用于陈述性的复句末尾。例如：

(17)雪很大，夜很静。(余显斌《知音》)

(18)物质上的贫民，钱越少，越受金钱的奴役；精神上的贫民，钱越多，越受金钱的奴役。(周国平《小杂感》)

(19)虽然门牌失而复得，但民众的心情却一点也轻松不起来。(国中华《被毁坏的奥斯威辛的门牌》)

(20)因为通常不缺雨水，这里的农民都不预备龙骨水车。(汪曾祺《求雨》)

(21)如果只是口头上讲联系，行动上又不实行联系，那末，讲一百年也还是无益。(毛泽东《整顿党的作风》，《毛泽东选集》第2版第3卷第820页)

7. 用于无强烈感情色彩的无主句末尾。无主句是指没有主语、只有谓语的句子，它不依靠上下文也能表达一个完整的意思。例如：

(22)其实，生活中不乏鱼钩与长矛。(甘长宁《鱼钩与长矛》)

(23)活到老，学到老。

(24)不是您没听明白，是我没说清楚。

(25)其实到哪里去并不要紧，最重要的是有朋友。(林一峰《从香港到纽约》)

8. 用于直接引语后的"××说"之类陈述句末尾。例如：

(26)"等等，我们还没登机！"我喘着气喊道。(〔美〕斯图尔特·戴蒙德《用眼神谈判》)

(27)"那么，你现在是否经常向你的老板要求加薪？"我和他开起了玩笑。(徐慧芬《讨分数的人》)

(28)"我马上清理了几个不太熟悉的群。"王欣欣说。(成慧《网络世

界"断舍离"》)

(29)"老婆,可我只是不想你运气那么坏……"我努力辩驳。(马原《逃离:从都市到桃花源》)

(二) 用于语气舒缓的祈使句末尾

祈使句是表示说话者要求听话人做或不做某件事情的句子。有的祈使句语气舒缓,语调平和,感情不激烈,应使用句号。例如:

(1)朋友还要交,但心中要有数。不随便批评别人、指责别人,过头的话不要讲,过头的事不要做。(邓小平《改革开放政策稳定,中国大有希望》,《邓小平文选》第3卷第320页)

(2)"不管好歹,我明天非去上工不可。妈,把闹钟给我。"(〔澳〕亨利·劳森《阿维·阿斯平纳尔的闹钟》)

(3)我走到女主人跟前,她笑着对我说:"别惹你爸爸。"(《读者》2010年第19期第37页)

(4)你好好儿想想吧。(《现代汉语词典》第6版)

(5)陈礼国捏着妻子的手说:"女儿今天出嫁了。你醒醒啊,看一看女儿穿婚纱的样子。"(陈皖军等《用守候唤醒沉睡的爱》)

(6)"我不知道,她就叫我来叫你。快去吧。"(艾米《山楂树之恋》)

(7)他在电话里哽咽着对我妈说:"三嫂,家里有啥我能帮上忙的,尽管跟我说。"(郑执《永生》)

(8)我略带兴奋地喊:"老乡,来帮帮忙吧。"(《读者》2015年第8期第19页)

(三) 用于语气舒缓的感叹句末尾

(1)在这个时候,我不禁会想:"要是能轻松呼吸,那该有多好啊。"(〔日〕齐藤茂太《幸福就藏在日常生活中》)

(2)夜正长,路也正长,我不如忘却,不说的好罢。(鲁迅《为了忘却的纪念》)

(3)我很遗憾,要是我能变成一个搪瓷碗,多好啊。(张亚凌《1970年的记忆》)

(4)母亲非但没有表现出一丝惊慌,反倒戳着我的额头骂道:"沟能走还是能跑?走路不看,活该。"(张亚凌《1970年的记忆》)

（四）用于语气舒缓的反问句末尾

（1）你看，谁管过你啦。(曹禺《雷雨》)

（2）往事不堪回首，但审视走过的人生路，哪里有什么平坦大道，又何止二十四道拐。(毛继强《走过二十四道拐》)

（五）用于分项段落开头的主题词语末尾

（1）一九四五年即将过去，一九四六年各解放区的工作必须注意如下各点：

（一）粉碎新的进攻。……

（二）开展高树勋运动。……

（三）练兵。……

（四）减租。……

…………

（十）一切作持久打算。……（毛泽东《一九四六年解放区工作的方针》，《毛泽东选集》第2版第4卷第1174～1177页）

（2）如何将以上三个观念具体化呢？下面是一些供你参考的技巧。

1. 列出一张行动清单。……

2. 保持高昂的工作士气。……

3. 比别人早一步。……

4. 热情有劲但不失之盲目。……（刘树林《推销之神全集》）

（3）中国社会各阶级的情况是怎样的呢？

地主阶级和买办阶级。在经济落后的半殖民地的中国，地主阶级和买办阶级完全是国际资产阶级的附庸……

中产阶级。这个阶级代表中国城乡资本主义的生产关系。……

小资产阶级。如自耕农，手工业主，小知识阶层……

半无产阶级。此处所谓半无产阶级，包括……

无产阶级。现代工业无产阶级约二百万人。……（毛泽东《中国社会各阶级的分析》，《毛泽东选集》第2版第1卷第3～8页）

（六）用于句外括注话语的末尾

（1）另一位读者来信说："信封上写什么得依照习惯，不能由苏步青、

王力来规定。"（大约苏步青教授也批评过。）我诚惶诚恐，不敢规定什么。(王力《和青年同志们谈写信》)

(2)写研究性文章跟文学创作不同，不能摊开稿纸搞"即兴"。(其实文学创作也要有素养才能有"即兴"。)

(3)什么叫作双声、叠韵？用现在的名词来解释，双声就是两个字的声母相同，叠韵就是两个字的韵母和声调都相同。(如果不是完全相同，而只是相近，就只能叫作准双声，准叠韵。也有人不加分别。)（吕叔湘《语文常谈》）

(4)拉里·博西迪和他的一家当时都在，而拉里也站在洛弗里斯科的一边。最后，我只得妥协。(在这后10年中，洛菲无数次提醒我：在我成功入主GE这个问题上，他居功至伟。)（〔美〕杰克·韦尔奇、约翰·拜恩著，曹彦博、孙立明、丁浩译《杰克·韦尔奇自传》）

(5)但"先儿""先哥"好像"亡儿""亡兄"，"先"字又改为"宣"，他父亲仍叫他"阿先"。[他父亲把锺书写的家信一张张贴在本子上，有厚厚许多本，亲手贴上题签"先儿家书（一）（二）（三）……"；我还看到过那些本子和上面贴的信。]（杨绛《记钱锺书与〈围城〉》）

温馨提示：在中文科技类书刊中，句号通常采用占下的实心点"．"形式。之所以这样做，是因为科技书刊中的量符号有时以拉丁字母"o"或阿拉伯数字"0"为下角标，将占下的实心点"．"用作句号，可以避免"o""0""。"三者相混淆。

第七讲　问号

一、问号的误用情形

问号是句末点号的一种，主要表示句子的疑问语气。问号的误用主要有以下五种情形。

（一）在带有疑问词的陈述句末尾误用问号

有些句子中虽然带有疑问词"谁""什么""怎么样""什么时候""什么地点""为什么"等，但整个句子的语气是陈述语气，这样的句子就不能用问号。例如：

*（1）1980年代①中期，哈佛商学院（Harvard Business School）的MBA们问我，在担任CEO的头几年里我最后悔的事情是什么？我说："行动时间拖得太长。"

*（2）"她嫌我脏！"丈夫说，"可是她不想想，我为什么会去摸她已经一大堆皱纹的脸？那是因为爱呀！"（D期刊2015年第6期第12页）

*（3）让我们来看看他为什么要这样做？

---

① 该例出自《杰克·韦尔奇自传》。中文译本中的"1980年代"的译法不规范，应该改为"20世纪80年代"。

*(4)我不知道这条路谁能走通？但我一定要坚定不移地走下去。

*(5)他不得不认真思考企业的生产为什么会滑坡？怎样才能扩大产品的销路？

*(6)要在城西修建立交桥的消息传出后，许多人都非常关心这座立交桥将怎么建？那里的近千株树木将怎么办？

*(7)在设计课题研究方案之前……要从中了解其调查内容是什么？对象是谁？运用了哪些调查手段？调查后得到了什么结果？分析后得出了什么结论？等等。

*(8)生师比是多少？教学设施如何？实验条件怎样？是教学质量评估时必须考虑的因素。

*(9)一个没有远大理想的人，不仅不知道明天要走到哪里？做什么？就连今天该做什么？为什么要这样做？都弄不清楚。

*(10)杜月笙一张一张地看，一张一张地撕掉，女儿非常不解，问为什么？（D 期刊 2015 年第 5 期第 20 页）

【简析】例(1)中"在担任 CEO 的头几年里我最后悔的事情是什么"，例(2)中"我为什么会去摸她已经一大堆皱纹的脸"，例(3)中"他为什么要这样做"，例(4)中"这条路谁能走通"，例(5)中"企业的生产为什么会滑坡""怎样才能扩大产品的销路"，例(6)中"这座立交桥将怎么建""那里的近千株树木将怎么办"，分别是谓语"问""想想""看看""不知道""思考""关心"的宾语。这六个句子都是陈述句，并无疑问语气；因此，例(1)~(3)的问号和例(5)(6)的最后一个问号均应改为句号，例(4)的问号应改为逗号，而例(5)(6)的第一个问号都应改成逗号。

例(7)中，"其调查内容是什么"等五个带有疑问词的成分都不是独立句子，它们共同做全句谓语"了解"的宾语，故应将五个问号均改为逗号。

例(8)中，"生师比是多少""教学设施如何""实验条件怎样"共同做全句的主语，故三个问号都应改为逗号。

同理，例(9)中，"走到哪里""做什么"都不是独立句子，而是谓语"知道"的宾语；"今天该做什么""为什么要这样做"也不是独立句子，而是谓语"清楚"的宾语（宾语前置）。因此，句中的四个问号均应改为逗号。

例(10)包括两句话：第一句，叙述杜月笙边看借条边撕掉；第二句，写其女儿的疑问。两句都是陈述句，故应将问号和第二个逗号都改为句号。

（二）在选择性问句中间误用问号

＊(1)"是去好呢？还是不去好呢？"她犹豫不决，自言自语道。

＊(2)你觉得出来打工好？还是在家里种地好？

＊(3)这项工作难度很大，是让王兵去办好呢？还是让张军去办好呢？

【简析】例(1)(2)(3)的句子均为选择性问句。根据问号使用规则，在选择性问句中间不可用问号，故三例中的第一个问号均应改为逗号。

（三）在连续的独立问句中错误地少用问号

＊(1)他们也很多心，一见大人面色不对，就会悄悄地问："你累吗，你不舒服吗，你生气吗？"(D期刊2015年第19期第7页)

＊(2)我的脑袋是石头做的，比别人的硬，还是比别人多长着颗脑袋？

【简析】例(1)是连续三个独立问句，每个问句末尾都应使用问号，故应将句中的逗号改为问号。例(2)包括两个问句：第一个句子是反问句，应使用问号，意即"我的脑袋"不是石头做的；否则，就变成肯定性的陈述句，而这显然不是原文作者的本意。第二个问句是由两个单句构成的选择性问句，故应在句末用问号。

（四）在一个问句中间误用问号

＊(1)她愁眉苦脸地对见到的每个人说："怎么办？真题都找不到。"(D期刊2015年第4期第64页)

＊(2)"到底去还是不去？我的小姑奶奶。"

＊(3)怎么流血了？你的脸上。

＊(4)你知道吗？那个有很多黑人的地方。(D期刊2011年第19期第32页)

＊(5)"老同学？你不认得我了？"

【简析】例(1~4)是倒装问句（即问话在前，称呼语、状语、宾语、单句等在后），句中的问号应改为逗号，而句末的句号应改为问号。例(5)中，称呼语在前，问话在后，称呼语后的问号应改为逗号。

温馨提示：问话中含有称呼语时，无论称呼语是在前还是在后，问号一律用在句末。

(五) 问号误用在疑问句的中间

﹡(1)他第一次见到欧几里得,便问了这样一个问题:"学习几何学,有没有什么捷径?一学就会。"

﹡(2)如果爆发金融危机,有没有一种行业会不受影响?或者受影响相对较小。

﹡(3)"人为什么要生呢?既然终究是会死去。"有时,忽而想起C大夫说过的那句话,真是十分无奈。(D期刊2015年第6期第17页)

﹡(4)奇怪啊,怎么凭空涌起那么多黑黝黝的小山?一重一重的,起伏不断?

﹡(5)我以为他丢了工作,正想安慰他几句,他却问我:"你有没有收到市政厅的礼物?一本新一年的台历。"

【简析】例(1)中,"有没有……一学就会"是一个疑问句,问号应放在全句末尾。故应将句中的问号改成逗号,而将句号改为问号。例(2)(3)的改法同上。例(4)整个句子是一个问句,故应将第一个问号改为逗号。例(5)中,引号内的问话是一个句子,"一本新一年的台历"是对宾语"礼物"的补充说明;故应将问号改为破折号,而将句号改成问号。

二、问号的使用场合

(一) 用于设问句末尾

设问句是明知故问,是说话人为了突出、强调自己所要表达的意思而自设的疑问句。设问句通常是自问自答。例如:

(1)35年来,我们党靠什么来振奋民心、统一思想、凝聚力量?靠什么来激发全体人民的创造精神和创造活力?靠什么来实现我国经济社会快速发展、在与资本主义竞争中赢得比较优势?靠的就是改革开放。(习近平《习近平谈治国理政》第86页)

(2)什么叫顽固?固者硬也,顽者,今天、明天、后天都不进步之谓也。(毛泽东《新民主主义的宪政》,《毛泽东选集》第2版第2卷第735页)

（3）人民现在为什么拥护我们？就是这十年有发展，发展很明显。（邓小平《国际形势和经济问题》，《邓小平文选》第3卷第354页）

（4）新形势下群众工作的特点是什么？一个重要特点是，群众的民主意识、自我维权意识增强了。（习近平《干在实处　走在前列——推进浙江新发展的思考与实践》）

（5）什么叫作好班子？简单地讲就是忧国为民能办事的班子。忧国为民是德，是觉悟；能办事是才，是水平。首先应该重视的是德，是为人民服务，对人民负责。但一个好的班子不只是要有德，而且要有才，要能办事。办事，包括肯办事、敢办事、会办事。（李瑞环《学哲学　用哲学》）

（6）想想吧，当网络把世界缩到方寸之间，信息已快到令人目眩，你还能闭门造车吗？不能，只能"好风凭借力，送我上青云"，充分利用各种可利用的资源以产生新的飞跃，使"海尔中国造"为全世界各地的消费者造福。（胡泳《张瑞敏如是说：中国第一CEO的智慧》）

（7）什么叫领导？简单地说，"领"就是带领，就是走在前边，干在前边，身先士卒；"导"就是引导、教导。只有"领"好了，"导"才能起作用。（摘自李瑞环2001年9月29日在第九届全国政协常委会第十五次会议上的讲话）

（8）什么叫作不简单？能够把简单的事情天天做好就是不简单。什么叫作不容易？大家公认的非常容易的事情，非常认真地做好它，就是不容易。（胡泳《张瑞敏如是说：中国第一CEO的智慧》）

（二）用于反问句末尾

反问，也叫反诘或激问。反问是无疑而问，只问不答，是说话人为了抒发本意或表达情绪而采用的疑问形式，通常用否定的形式表达肯定的意思，用肯定的形式表达否定的意思。恰当地运用反问，比直接说出答案能够把意思表达得更鲜明、更强烈，给读者以更深刻的印象。

反问与设问的区别有两点：其一，设问不表示肯定什么或否定什么，反问则明确表示肯定和否定的内容；其二，反问的作用主要是增强语气，而设问的作用主要是提出问题、引起注意、启发思考。下面举例说明反问的使用场合。

（1）我怎么会知道这件事儿？

（2）我怎么会不知道这件事儿？

（3）这个上帝不是别人，就是全中国的人民大众。全国人民大众一齐起

来和我们一道挖这两座山,有什么挖不平呢?(毛泽东《愚公移山》,《毛泽东选集》第2版第3卷第1102页)

(4)我们说以人为本,其中很重要的一条,就是不能在发展过程中摧残人自身生存的环境。如果人口资源环境出现了严重的偏差,还有谁能够安居乐业,和谐社会又从何谈起?人都难以生存了,其他方面的成绩还有什么意义?(习近平《干在实处 走在前列——推进浙江新发展的思考与实践》)

(5)医生薪酬过低,直接影响到未来医学人才的供给数量和质量。从人力资本投资的角度看,培养一个本科医学生需要5年,而培养一个博士医学生需要11年,其经济成本、时间成本和机会成本都很高。同时,作为一种特殊人力资本投资,医生的就业选择范围窄、风险大。……如果医生成了一个"又累又穷又危险"的职业,谁还愿意当医生?(《人民日报》2012-11-22第19版)

(6)你们有的拿到了博士学位,有的拿到了硕士学位,最低的也拿到了学士学位。并且,这个学位是北大的,这个学历是光华的。在中国,谁还能获得比这更牛的学位?(张维迎《我怕你们急于求成》)

(7)世界上很多产品都是中国生产的,但有几个是中国自己的品牌?(胡泳《张瑞敏如是说:中国第一CEO的智慧》)

(8)如果不给这样的"走读干部"敲敲警钟,让屡教不改者"下课",那教育实践活动这堂大课,还有什么课堂纪律可言?党的群众工作,又如何取信于民?(《人民日报》2014-10-14第5版)

(9)他(指梅兰芳——引者注)明白,虽然这场戏的大多数观众是普通百姓,但一旦应邀登台演戏,日后如果日本人邀请去唱戏,去"满洲国"或东京演出,那么又有什么理由回绝呢?于是,他又一次毫不犹豫拒绝了。(小学语文课文《梅兰芳》)

(10)是啊,这年头,婚姻越来越像一个不准备保鲜膜的速食店,能记得生产日期就不错,谁还敢苛求保质期?(林衍《失忆与爱情》)

(11)如果一篇文章,一个演说,颠来倒去,总是那几个名词,一套"学生腔",没有一点生动活泼的语言,这岂不是语言无味,面目可憎,像个瘪三吗?(毛泽东《反对党八股》,《毛泽东选集》第2版第3卷第837页)

(12)历史上没有一个反人民的势力不被人民毁灭的!希特勒、墨索里尼,不都在人民面前倒下去了吗?(闻一多《最后一次演讲》)

(13)当得知在地震的瞬间,几秒钟的工夫就夺去了24万人的生命,我惊呆了。……可是我还活着,还清醒地活着,还在享受着亲人们的关爱,难道还不幸运吗?(王林梅《活着,就好好活》)

(14)是的,把这些事情归因于个人品质上是容易的,也是简单的。可

是，当这种情况大量出现的时候，我们难道还不应该反思一下吗？（《读者》2006年第14期）

（15）我听说一位老人，80多岁了，还坚持每天去登山，20多年了，风雨无阻。这不是"决斗"是什么？我还听说一个七八岁的孩子，一边照顾长年卧床不起的父母生活，一边上学读书。这不是"决斗"又是什么？（谭延桐《决斗》）

（16）一百多年前，就有人一再建议下大力气办好教育；可是，直到今天，中国的教育还是备受诟病。这怎能不让人欷歔不已？（郑连根《等不了》）

（17）朋友们，当你听到这段英雄事迹的时候，你的感想如何呢？你不觉得我们的战士是可爱的吗？你不以我们的祖国有着这样的英雄而自豪吗？（魏巍《谁是最可爱的人》）

（18）我跟你是亲戚，是朋友，还是我欠你的？（曹禺《日出》）

例（1）和例（3）～（10）用肯定的形式表达否定的意思，例（2）和例（11）～（17）用否定的形式表达肯定的意思。例（18）用肯定的形式表达否定的意思，表示既不是"亲戚"，也不是"朋友"，更不是"我欠你的"。

反问的另一个妙用就是，在有些问题不便答复和回绝时，可以用反问挡驾。例如，有一次，一个记者向时任美国国务卿的基辛格博士提问。

记者：美国有多少"民兵"导弹在配置分导式多弹头？
基辛格（风趣地说）：我的苦处是数目我是知道的，但不知是否保密？
记者（赶紧说）：不是保密的。
基辛格（反问道）：是吗？那你说是多少呢？

基辛格用了一个反问，巧妙地把"球"踢了回去，既坚持了原则，又不失风度。

标点趣闻 7-1

解放战争初期，国民党军队中少数顽固分子狂呼："黄埔精神不死！"甚至写成大幅标语贴于墙头。当时，香港《文汇报》就此发表短评，并将该口号一字不易地用作短评的标题，只是改动了一下标点，变成了"黄埔精神，不死？"这一改动，与原来的口号意思迥然不同。

可见，恰当地运用标点符号，是一种很巧妙的斗争手段，也能收到出其不意的效果。

（资料来源：武晓兰、江海燕《标点，跳动的文字音符》）

(三) 用于选择问句末尾

所谓选择问句,即提出至少两种选项,由对方选择其中一种作答。选择问句通常用"是……还是……""究竟是……还是……""是……是……"等句式。选择问句中,通常仅在最后一个选项末尾用问号,各个选项之间一般用逗号隔开。例如:

(1) 由此看来,对于蒋介石及其一群的军事政治发生"纷纷议论"的人们,究竟是"莫明其妙"呢,还是已明其妙呢?这个"妙"的出处,究竟是"敌寇汉奸造谣作祟"呢,还是在蒋介石自己及其一群的身上呢?(毛泽东《评蒋介石在双十节的演说》,《毛泽东选集》第2版第4卷第1009页)

(2) "如果您认为我是中国人,那您认为我是上海的、西安的、河南的,还是广东的?"他有点促狭地看着我。(寇寇梁《语言天才售货员》)

(3) "祥子!你让狼叼了去,还是上非洲挖金矿去了?"(老舍《骆驼祥子》)

(4) 小姐认真地问:"你的意思是你弹奏的音乐风格不是自己喜欢的,还是技巧不够娴熟?"(杨照《安放一颗"文艺心"》)

(5) 瞧,那群骑自行车翩翩而来的身着风衣的少女,是红蝴蝶,是绿鹦鹉,还是蓝孔雀?(章武《北京的色彩》)

当选项较短,选项之间的停顿较短甚至没有停顿时,选项之间也可以不用逗号。例如:

(6) 药店骤增:是喜是忧?(《光明日报》1998-06-08)

(7) 恐怖故事:盐还是砒霜?

——影片《战栗黑洞》的寓意(《中华读书报》2006-05-10)

(8) 这是巧合还是有意安排?(2011年《标点符号用法》示例)

(9) 她是杨旭的母亲还是岳母?

当选项较多或较长,或有意突出每个选项的独立性时,也可以在每个选项之后都用问号。例如:

(10) 要一个什么样的结尾:现实主义的?传统的?大团圆的?荒诞的?民族形式的?有象征意义的?(2011年《标点符号用法》示例)

(11) 站在他们的前头领导他们呢?还是站在他们的后头指手画脚地批评

他们呢？还是站在他们的对面反对他们呢？每个中国人对于这三项都有选择的自由，不过时局将强迫你迅速地选择罢了。(毛泽东《湖南农民运动考察报告》，《毛泽东选集》第2版第1卷第13页)

(12)诸位，十一万页书可以使你成一个学者了。可是，每天看三种小报也得费你一点钟的工夫；四圈麻将也得费你一点半钟的光阴。看小报呢？还是打麻将呢？还是努力做一个学者呢？全靠你们自己的选择！(摘自1929年6月18日中国公学校长胡适为十八年级毕业赠言)

(13)是失败者错了吗？是骂人者不爱国吗？还是以"成败论英雄"已成为社会的一种习惯？(李鸣生《澳星风险发射》)

(四) 在多个问句连用或表达疑问语气加重时叠用问号

这种叠用问号的场合，通常应先单用，再叠用，最多叠用三个问号。当没有异常强烈的情感表达需要时，不宜叠用问号。例如：

(1)这就是你的做法吗？你这个总经理是怎么当的？？你怎么竟敢这样欺骗消费者？？？(2011年《标点符号用法》示例)

(2)这就是他的"成果"吗？他就是这样负责任的吗？？他到底想干什么？？？

(五) 用于表示存疑或不详的词语之后

(1)见王符《潜夫论·释难》。王符(85?—163?)，安定临泾(今甘肃镇原)人。东汉哲学家、政论家。(习近平《习近平谈治国理政》第99页)

(2)秦日纲(约1821—1855?)，原名日昌，广西贵县(今贵港)人，太平天国将领。

例(1)表示对王符的生卒年不能确定。例(2)表示对秦日纲的卒年"1855年"持怀疑态度。

(3)《武林旧事》有"大(太?)学馒头、羊肉馒头"，接下去有"细馅、糖馅、豆沙馅"等等，疑皆省去"馒头"二字。(吕叔湘《馒头和包子》)

(4)和冼星海先生见面的时候，已经是在听过他的作品(抗战以后的作品)的演奏，并且是读过了他那万余言的自传(?)以后。(茅盾《忆冼星海先生》)

(5)从构图上说起来，两面的屋边，是对称的；中间一株大树，布满了空间，本来颇有意思，但我记得英国（？）的一个木刻家，曾有过这样的构图的了。(《鲁迅书信集·致陈烟桥》1935年5月24日)

(6) 却又惊喜地发现，其中竟有几树桃花（？），红火如燃——怪不得吸引了这许多白蝶呢！(吴小如等《汉魏六朝诗鉴赏辞典·咏花蝶》)

(7) 打（？）瓜，类西瓜而小，白瓤无沙性，黑子却很大，种植者意在收瓜子，所以行经瓜地可以白吃，只要把瓜子给留下即可。(张中行《吃瓜》)

(8) 从没有人称这些文章（？）为国学，他们自己也并不以"国学家"自命的。(鲁迅《所谓"国学"》)

例(3)中的问号表示吕叔湘先生怀疑"大"字可能有误，而应为"太"字。例(4)中的问号表示对读过的自传是否为冼星海所写尚不能确定，故用问号表示存疑。例(5)中的问号表示因记忆模糊而无法确定木刻家是不是"英国"的。例(6)中的问号表示对自己所说的花是否为桃花尚不能确定。例(7)中的问号表示作者对打瓜的"打"字是否这么写有怀疑。例(8)中的问号寓意这些文章是所谓的"文章"，对其是文章的说法表示怀疑。

标点趣闻 7-2

1948年6月，伪国民大会在南京召开。时任中央大学教授的乔大壮（1892—1948）为此撰写了一副对联：

费国民血汗已？亿
集天下混蛋于一堂

上联中巧妙地嵌入一个问号，化实为虚，把反动的国民政府耗费国民血汗不可计数的意思通过一个"？"含蓄地表达出来。这副对联道出了人民的心里话，是对蒋家王朝的厉声痛斥。

(资料来源：武晓兰、江海燕《标点，跳动的文字音符》)

（六）用于正反问句末尾

所谓正反问句，即用肯定与否定并列（S不S）的方式提问，然后让对方（或自己）选择其一作答。例如：

(1) 王掌柜，晚上还添评书不添啊？(老舍《茶馆》)

(2) 孙小姐坐一会去了。辛楣道："我写信给她父亲，声明把保护人的

责任移交给你，好不好？"（钱锺书《围城·六》）

（3）"是不是？我就知道你要问这个嘛！你不是娶媳妇呢，是娶那点钱，对不对？"

祥子像被一口风噎住，往下连咽了好几口气。（老舍《骆驼祥子》）

（4）我气急败坏地说："如果你哥哥没有你那一万块钱，是不是就买不起房子了？"（龚依《贫穷的思维》）

（5）"好吧，其实你是法国人，对不对？"我开了个小玩笑来平复自己显得过于惊讶的表情。（蔻蔻梁《语言天才售货员》）

（6）柔嘉仔细研究她丈夫的脸道："哦，所以房东家的老妈子说看见你回来的。为什么不光明正大上楼呀？偷偷摸摸像个贼，躲在半楼梯偷听人说话。这种事只配你的两位弟媳妇去干，亏你是个大男人！羞不羞？"（钱锺书《围城·九》）

（7）祥子猛的立了起来，脸上煞白，对着那个人问："出去说，你敢不敢？"（老舍《骆驼祥子》）

（8）郭会邦听到这些，立刻来了精神，连忙说道："我要找的可能就是他，你……你能不能告诉我他住在哪儿？"（邢军纪《最后的大师：叶企孙和他的时代》）

（9）两位伯伯伸出手，指着我们："小孩，你还养不养？日子还要不要过？"（《读者》2015年第1期第47页）

一个句子中带有"S不S"形式的词，不能说明该句子一定就是正反问句。下面例(10)中的问号就用错了。

＊(10)他一定也想知道：人类物质性的肉体死亡之后，有没有一个属于精神性的存在？（D期刊2015年第7期第9页）

例(10)其实是一个陈述句，因此问号应改成句号。此外，谓语"知道"后的长句子是全句的宾语成分，故谓语和宾语之间的冒号应改成逗号。

（七）用于倒装问句末尾

凡是倒装性的问句，问号应置于句末，这样才能准确地表达出疑问或反问语气。例如：

（1）正当郑星群在想象中驰骋的时候，北屋的门响了，接着传来一阵雷

鸣般的大吼:"还不回家呀,死丫头?天都多晚了,还那儿二郎神缝破皮袄——神缭(聊)呀!"(肖复兴《我们还年轻》一章四)

(2)"到底出什么故障了,你的车?"

(3)"这究竟是怎么一回事呢,同志们?"

(4)"难道说这样一位勤勤恳恳工作的人不该受到褒奖吗,经理大人?"

(八)用于是非问句末尾

是非问句的结构有点像陈述句,但表达的是疑问语气。通常用"嗯""是""是的""对""有"或"不""不是""不对""没有"作答。例如:

(1)孔乙己喝过半碗酒,涨红的脸色渐渐复了原。旁人便又问道,"孔乙己,你当真认识字么?"(鲁迅《孔乙己》)

(2)她说:"回辛楣的信你写了罢?"他道:"没有呢,不回他信了,好太太。"(钱锺书《围城·九》)

(3)"您儿子过年要回来住七天,所以您要开通八天的暖气,是这意思吧?"我问。(《读者》2006年第14期)

(4)"这么说,你真想让那些蝴蝶呀什么的在这里安家?"(小学语文课文《彩色的翅膀》)

(九)用于特指问句末尾

特指问句是指用疑问代词"谁""什么""怎样""什么时候""什么地方""为什么"等代替未知部分的疑问句。说话者希望对方就未知的部分作答。特指问句,每个问句的末尾都要用问号。例如:

(1)"先生此言有何依据?"丞相邹忌不解地问道。(吴如嵩《孙膑与庞涓》)

(2)她仍旧笑眯眯地说:"说说看,他的那种脸色是什么样的?"(常新港《从一只英国皮鞋开始》)

(3)张太太道:"Nita,你看这姓方的怎么样?"(钱锺书《围城·二》)

(4)我问:"你学习这么好,为什么自卑呢?"(蓑依《贫穷的思维》)

(5)赵辛楣躺在沙发里,含着烟斗,仰面问天花板上挂的电灯道:"方先生在什么地方做事呀?"(钱锺书《围城·三》)

（十）用于有疑问的独词句末尾

所谓独词句，是指由一个词带上特定的语调而构成的句子。当独词句带有疑问语调时，其后面要用问号标示。例如：

(1)"古路村？"威王与群臣为之一惊，"那鄄邑乃是四战之地，地瘠民穷，军师何以在那里选取采邑？"（吴如嵩《孙膑与庞涓》）

(2)父亲？这怎么可能！我们都诧异地大叫起来。父亲怎么会偷自家的苹果呢？（胡蝶编译《苹果酿》）

(3)父亲笑了："你将来要他成个什么'家'？文学家？音乐家？"（冰心《分》）

(4)究竟什么力量是强大的呢？生活？岁月？精神？（张洁《沉重的翅膀》）

(5)**周朴园**：什么？鲁大海？他！我的儿子？

　　鲁侍萍：就是他！他现在跟你完完全全是两样的人。（曹禺《雷雨》）

（十一）用于叹词组成的疑问句末尾

(1)啊？你说什么？（《现代汉语词典》第6版）

(2)啊？你们今天到底来不来呀？

例(1)(2)的叹词"啊"（读音 á）表示追问。

(3)啊？怎么会有这种事？（《现代汉语词典》第6版）

(4)啊？我们真的无路可走了？

例(3)(4)的叹词"啊"（读音 ǎ）表示惊疑。

(5)嗯？你说什么？（《现代汉语词典》第6版）

(6)嗯？这是什么东西？

例(5)(6)的叹词"嗯"（读音 ńg）表示疑问。

(7)哦？什么时候？（列夫·托尔斯泰《穷人》）

(8)哦？她也来参加我们的晚会？

例(7)的叹词"哦"（读音 ó）表示追问，例(8)的"哦"（读音 ó）表示将信将疑。

（十二）语气委婉的祈使句末尾有疑问时，用问号标示

(1)吃得差不多了，老三踌躇片刻，小心翼翼地说："我说个事，你不要生气，行不行？"（艾米《山楂树之恋》）

(2)辛楣按住酒壶，眼光向席上转道："今天谁要客气推托，我们就罚他两杯，好不好？"（钱锺书《围城·三》）

（十三）不表示疑问语气，只用作疑问代号

(1) $(365-104-11) \div 7 = ?$

(2)我想，"？"乃是哲学工作者从事哲学思考的灵魂，离开了"？"怎么会有新思想出现呢？（《读书》1988年第10期）

（十四）问号与叹号并用，表示疑问与感叹兼有的语气

为了突出疑问的语气中兼有强烈的感情，或者强烈的感情中兼有疑问的语气，可以将问号和叹号并用。例如：

(1)有一种菌子，中吃不中看，叫作干巴菌。乍一看那样子，真叫人怀疑：这种东西也能吃？！（汪曾祺《昆明的雨》）

(2)最不可思议的是，这家"恢宏大典"的编纂委员会，如此这般地广聘、滥聘"名誉主编"究竟图的是什么？！（《光明日报》2002-10-17）

(3)"过来先吃碗饭！毒不死你！两碗老豆腐管什么事？！"虎妞一把将他扯过去，好像老嫂子疼爱小叔那样。（老舍《骆驼祥子》）

(4)"这些年我一直忍着，我没受过这样的侮辱！17年前，是谁说什么不跟我在一起就得死？！"（《读者》2015年第1期第23页）

(5)老婆给当程序员的老公打电话："下班顺路买一斤包子带回来。如果看到卖西瓜的，买一个。"当晚，程序员老公手捧一个包子进了家门……老婆怒道："你怎么就买了一个包子？！"老公答曰："因为看到了卖西瓜的。"（《辽沈晚报》2011-02-15）

例(5)中的"？！"表达了老婆既疑惑又嗔怒的心情。程序员老公之所以闹出笑话，盖原因有二：其一，他先是误把老婆电话中的两句话当成了一句话（即把第一个句号误作分号），继而误用了程序员的逻辑思维——如果看到了

卖西瓜的，就买一个包子；如果没有看到，就买一斤包子——且未加思考买包子与"看到卖西瓜的"有无逻辑关系；其二，包子既可以论"斤"买，也可以论"个"买。凑巧的是，老婆在电话中只说"买一个"，偏偏省略了中心词"西瓜"两字。

您瞧，这两个原因碰到一起，就"创造"了一个笑话。

第八讲　叹号

一、叹号的误用情形

叹号的误用主要有以下四种情形。

（一）在句子主语和谓语之间误用叹号

＊(1)"你这个调皮蛋！真叫人操心！"母亲十分不悦地对儿子说。

＊(2)"她呀！就是不到黄河不死心，不撞南墙不回头。她总有后悔的一天。"对这个天分不足却执意报考戏剧学院的女儿，母亲真是无可奈何。

【简析】"你这个调皮蛋""她"（其后带有语气词"呀"）分别是例(1)、例(2)引文的主语，在主语与谓语之间不能用叹号；故应将"调皮蛋""她呀"后面的叹号改为逗号。

（二）在陈述句和语气舒缓的祈使句末尾误用叹号

＊(1)"今天太晚了，你们早点儿歇息吧！"

＊(2)"我的述职报告就到这里，请各位批评指正！"

＊(3)随着天崩地裂般的一声巨响，火光冲天，热浪卷地！

＊(4)傍晚，什么希望也没有了。他们掉过船头准备下溜网。当船头掉过来时，夕阳像一颗暗红色的火球在黑杆儿眼前跳动了几下，再过一个来小

时它就要沉到海底去了！海上就要变成漆黑一团了！什么也看不见了！

【简析】例(1)中，"你们早点儿歇息吧"是语气舒缓的祈使句，句末不该用叹号，应把叹号改为句号。

例(2)中，"请各位批评指正"也是语气舒缓的祈使句，故句末叹号应改为句号。

例(3)是陈述句，无强烈的语气，句末无须用叹号，故应将叹号改为句号。

同理，例(4)也是陈述句，第一个和最后一个叹号应改为句号，第二个叹号应改成逗号。

(三) 叹号误用在语气强烈的倒装祈使句中间

*(1)"拉倒吧！你这个疯子。"我说。

*(2)"滚出去！你这个浑球儿。"

*(3)"求您了！先生。我现在就想卖给您！"工人听出了鲁本声音里的哭腔，看到了他眼中的泪光。

【简析】例(1)的引文是一个语气强烈的祈使句，叹号应置于句末；因此，引文应改为"拉倒吧，你这个疯子！"

同理，例(2)中的叹号应改为逗号，而句号应改为叹号。

例(3)中的第一个叹号应改成逗号，第一个句号应改为叹号。

(四) 称呼语后和语气舒缓的句首感叹语后误用叹号

*(1)敬爱的周总理！您是我们的好总理。您无限地忠于党的事业，您为了祖国人民鞠躬尽瘁，死而后已。

*(2)哎呀！手都打血泡了，你哪里干得了这样的体力活呀！

【简析】例(1)中"敬爱的周总理"是称呼语，句子是陈述语气，称呼语后的叹号应改成逗号。

例(2)中"哎呀"是句首感叹语，句子语气舒缓，感叹语后的叹号应改为逗号。

二、叹号的使用场合

叹号是句末点号的一种,主要表示句子的感叹语气。以下举例说明叹号的使用场合。

(一) 用于主谓句中感叹句末尾

(1)拿洗脸作比方,我们每天都要洗脸,许多人并且不止洗一次,洗完之后还要拿镜子照一照,要调查研究一番,(大笑)生怕有什么不妥当的地方。你们看,这是何等地有责任心呀!(毛泽东《反对党八股》,《毛泽东选集》第2版第3卷第840页)

(2)当三个女子从容地转辗于文明人所发明的枪弹的攒射中的时候,这是怎样的一个惊心动魄的伟大呵!(鲁迅《纪念刘和珍君·五》)

(3)对于我们平凡而卑微的生命来说,这该是多么令人欣悦、感恩的幸福啊!(谢云《春天的第一朵鲜花》)

(4)出于拒绝赔偿、避免谢罪的目的,岸信介政府谎称日本军队所抓的中国劳工是"根据合同"到日本工作,这与刘连仁的悲惨遭遇是多么尖锐的"历史认识"分歧!(刘建平《战后中日关系的"赔偿问题"史》)

(5)忽然,在一个夜晚,窗玻璃上发出了响声。那是雨,是使人静谧、使人怀想、使人动情的秋雨啊!(刘湛秋《雨的四季》)

(6)养而不教乃至生而不养,对孩子成长肯定不好。为人父母者,不可不自省啊!(《人民日报》2012-11-22第15版)

在主谓倒置、表示感叹语气的句子中,叹号应放在句末。例如:

(7)好好干吧,小伙子们!

(8)多么雄伟壮观啊,万里长城!

标点趣闻 8-1

一位老者感觉身体不适,遂前往医院。大夫检查完毕,不发一言,仅在处方笺上画了一个大大的"!",让他交给护士。

> 老者大感不解，心想："我原以为只是小毛病而已。大夫怎么画了个叹号？莫非我的病很严重吗？"他越想越怕，于是去问护士。
>
> 护士看了一眼处方，淡淡地答道："没什么，打'点滴'。"

（二）用于单独成句的感叹句末尾

感叹句所表达的思想感情大体有以下几种：一是表示庄重、虔诚；二是表示高兴、喜悦；三是表示赞颂、赞扬；四是表示悲伤、怀念；五是表示气愤、愤慨；六是表示惊讶、惊异；等等。例如：

(1) 领导这么一个国家不容易呀！责任不同啊！（邓小平《组成一个实行改革的有希望的领导集体》，《邓小平文选》第3卷第300页）

(2) 花朵儿一串挨着一串，一朵接着一朵，彼此推着挤着，好不活泼热闹！

(3) 这哪里是工业产品，简直就是精致的工艺品呀！（李岚清《李岚清教育访谈录》）

(4) 50年了，心跟着姥姥一起走。小时候是她扯着我，长大了是我扯着她。我怎么从没想到终有一天我是扯不住姥姥的，不是我撒手，是姥姥先撒手啊！（倪萍《姥姥语录》）

(5) 近几年来，父亲和我都是东奔西走，家中光景是一日不如一日。他少年出外谋生，独立支持，做了许多大事。哪知老境却如此颓唐！（朱自清《背影》）

(6) 满心以为"已经好了吧"，可拿刀一切，却还坚硬无比；觉得"大概还不行"，便搁在一边，谁知里边已经烂成糊状了。迄今为止，我糟蹋了好多鳄梨，真可惜！（《读者》2015年第8期第8页）

(7) 那天晚上，当他们一无所获地离开时，该是多么失落和悲伤啊！（唐宝民《琴声不再响起的遗憾》）

(8) 在这淡红的血色和微漠的悲哀中，又给人暂得偷生，维持着这似人非人的世界。我不知道这样的世界何时是一个尽头！（鲁迅《纪念刘和珍君》）

请注意：当句前有叹词，后边是感叹句时，叹号应放在句末。例如：

(9) 哇，这里的景色真美呀！

(10) 啊，总是美丽而使人爱恋的雨啊！（刘湛秋《雨的四季》）

(11)推开门一看,嚄,好大的雪啊!

(12)望着这脚印,我沉思起来。这山间小道上的脚印啊,是这样地默默无闻,然而又是这样地放着光彩!(张怀喜《深山风雪路》)

标点趣闻8-2

20世纪60年代初期,适值三年自然灾害。作家赵树理的长子赵广元,时任中共山西芮城县委宣传部长,月收入五六十元,生活较为困难。他给在京的父亲寄信一封,要求汇款。这封信只有三个字、三个标点:"父:钱!儿。"

不料,赵树理的复信也是三个字、三个标点:"儿:0!父。"意思是,广元儿,父亲没钱。

其实,赵树理并非无钱,也不是吝啬。他认为,儿子既已自立,就不该再依赖父母。由此可见赵树理教子之严。

(资料来源:武晓兰、江海燕《标点,跳动的文字音符》)

(三) 用于语气强烈的祈使句末尾

语气强烈的祈使句所表达的思想感情有以下几种:一是表示命令;二是表示请求;三是表示愿望;四是表示制止;等等。这些祈使句末尾的停顿应使用叹号。例如:

(1)老婆子吓得一声尖叫,看着满地的碎瓷片和溅在四处的水渍,直气得她冲着老头大叫:
"离婚!马上离婚!"(冯骥才《老夫老妻》)

(2)你看住金子!……拿来放在我面前!(〔法〕巴尔扎克《欧也妮·葛朗台》)

(3)**鲁大海**　(掉过脸来向鲁贵)把钱给我!(曹禺《雷雨》)

(4)"祥林嫂,你放着罢!我来摆。"四婶慌忙的说。(鲁迅《祝福》)

(5)**周朴园**　(看周萍)不要走,萍儿!(视鲁妈。鲁妈知周萍为其子,眼泪汪汪地望着他)(曹禺《雷雨》)

(6)"同志,等一等!"(张怀喜《深山风雪路》)

(7)我无法坐下。爸爸再一次凑到我跟前,悄悄说:"别乱动了!老老实实待一会儿!"(《读者》2010年第19期第37页)

（8）一个新民主主义的中国不久就要诞生了，让我们迎接这个伟大的日子吧！（毛泽东《论联合政府》，《毛泽东选集》第2版第3卷第1098页）

（9）你给我住嘴！（2011年《标点符号用法》示例）

（10）我爸在慌乱中大喊："你他妈的倒是上啊！"（郑执《永生》）

（四）用于语气强烈的反问句末尾

反问句常常兼有疑问语气和感叹语气，句末究竟用问号还是叹号，取决于作者所要表达的意思：若侧重于问，则用问号；若侧重于表达感叹语气，则用叹号，以使语气更强烈。下面列举的例子侧重于表达感叹语气。

（1）"至嘱"者，非常之嘱也，岂容随随便便，置之不顾！（毛泽东《新民主主义的宪政》，《毛泽东选集》第2版第2卷第734页）

（2）我想，这一点子赤化若没有时，还成个什么国民革命！嘴里天天说"唤起民众"，民众起来了又害怕得要死，这和叶公好龙有什么两样！（毛泽东《湖南农民运动考察报告》，《毛泽东选集》第2版第1卷第42页）

（3）一些国家出现严重曲折，社会主义好像被削弱了，但人民经受锻炼，从中吸收教训，将促使社会主义向着更加健康的方向发展。因此，不要惊慌失措，不要认为马克思主义就消失了，没用了，失败了。哪有这回事！（邓小平《在武昌、深圳、珠海、上海等地的谈话要点》，《邓小平文选》第3卷第383页）

（4）他多次强调："凡是涉及学校安全的问题，我必问必管！安全第一，人命关天，人都死了，还谈什么'教书育人'！"（李岚清《李岚清教育访谈录》）

（5）在旧社会，多少从事科学文化事业的人们，向往着国家昌盛，民族复兴，科学文化繁荣。但是，在那黑暗的岁月里，哪里有科学的地位，又哪里有科学家的出路！（郭沫若《科学的春天》）

（6）丈母道："这话对。赔了这许多本钱，为什么不体面一下！"（钱锺书《围城·二》）

（7）贾母听说，便止住步喘息一回，厉声说道："……我倒有话吩咐，只是可怜我一生没养个好儿子，却教我和谁说去！"（曹雪芹《红楼梦》）

（8）喂，老李，什么时候了？还不开船！（巴金《月夜》）

（9）问题既然有普遍性，那么从体制上作点反思该不算多余吧！（王东京《中国的前景》）

例(4)中的第一个叹号,用在了语气强烈的陈述句末尾;第二个叹号,则用在了语气强烈的反问句末尾。这段话不仅体现了李岚清同志(时任国务院副总理)一贯求真务实的工作作风,也反映了他视人民利益高于一切的精神,表达了他作为一位国家领导人对人民负责的态度。

(五) 用于语气强烈的陈述句末尾

(1)只要四亿五千万同胞一齐努力,最后的胜利是属于中华民族的!(毛泽东《为动员一切力量争取抗战胜利而斗争》,《毛泽东选集》第2版第2卷第357页)

(2)有一位同志写信来批评我说:"同志是光荣的称号,如果你是个劳改犯,也叫你同志吗?"这话是不合逻辑的。我并没有让你把劳改犯尊称为同志。你不叫我"同志",叫声"先生"总可以了吧!(王力《和青年同志们谈写信》)

(3)谁怕谁呀,要是老忍着老让着,你一辈子就别打算在院里晾东西啦!(常利民《大杂院》)

(4)生活就如同一面镜子,你哭它也哭,你笑它便笑,只要心不死,任何艰难险阻都不在话下!(王林梅《活着,就好好活》)

(5)他们一路走,一路划……这是谁家的孩子?胆子也忒大了!太没教养了!但监控录像看不太清,没人认识这两个孩子。(孙道荣《一位母亲的危机处理》)

(6)那就是白杨树,西北极普通的一种树,然而实在不是平凡的一种树!(茅盾《白杨礼赞》)

(7)他告诉我,走这条邮路送信,已经二十五年了。我心里默默地算了一下,从乡邮政所到冷峰口,一天来回五十里,二十五年走的路,足足可以绕地球五周半!(张怀喜《深山风雪路》)

(8)"你竟敢咬人,该死的东西!"奥楚蔑洛夫忽然听见说话声。(〔俄〕契诃夫《变色龙》)

(9)"参赛是为了钱吗?如果为了钱,你干脆打工去得了,给人家装台电脑挣的钱也比这多!"(《中国教育报》2006-05-12)

(10)我相信,当代中国青年一定能够担当起党和人民赋予的历史重任,在激扬青春、开拓人生、奉献社会的进程中书写无愧于时代的壮丽篇章!(习近平《习近平谈治国理政》第176页)

(11)**鲁大海** （阴沉地）哼，（爆发）你的父亲是个老混蛋！(曹禺《雷雨》)

(12)我爸在气头儿上，嚷着说："你给我上，出了人命算我的！"(郑执《永生》)

(13)唯一保存完整的是飞机上的录音器，当人们按下播放键时，传出了乔治·桑仅有6个字的最后留言："长官，我尽职了！"(郑紫衣《长官，我尽职了》)

(14)"啊！"大家都高兴得叫起来，"雨来没有死！雨来没有死！"(管桦《小英雄雨来》)

（六）用于拟声词后

当拟声词独立成句时，叹号用于拟声词后，表示声音短促或突然。例如：

(1)咔嚓！一道闪电划破了夜空。(2011年《标点符号用法》示例)

(2)咚！咚咚！突然传来一阵急促的敲门声。(2011年《标点符号用法》示例)

(3)"啪！"一巴掌打将过来。孩子还挂着笑的眼角骨碌碌流下泪蛋蛋，一抹鼻子，找镰刀割草去了。(清河鱼《乡村的电视》)

(4)"嘟！"比赛的哨声一响，郭笛迅速启动电动快速保洁车向垃圾"进军"，熟练地操作着拾物夹和扫帚袋……(《时代商报》2013-10-27第A02版)

（七）表示声音巨大或语气强烈时叠用叹号

表示声音巨大[如例(1)(2)]或声音不断加大[如例(3)(4)]时，可叠用叹号；表达语气强烈时，也可叠用叹号（最多叠用三个叹号）。在没有异常强烈的情感表达需要时，不宜叠用叹号。

(1)轰!! 在这天崩地塌的声音中，女娲猛然醒来。(2011年《标点符号用法》示例)

(2)"好!!!"从人丛里，便发出豺狼的嗥叫一般的声音来。(鲁迅《阿Q正传·第九章 大团圆》)

(3)"哦，不！不!! 不!!!"我大声嚷着，声音嘶哑，一遍又一遍，疯了似的。

(4)"同志们……"他觉得自己的声音也是很陌生的,又哑又黏,像喉咙里堵满了稠血,"敌人还在山上,我们还冲不冲锋?"

"冲!"

"冲!!"

"冲!!!"

他觉得听到了四百个人的喊声。(麦家《另一种失败》)

(5)"叫呀,你父亲要断气了。快叫呀!"衍太太说。

"父亲!父亲!"我就叫起来。

"大声!他听不见。还不快叫?!"

"父亲!父亲!!"

…………

"叫呀,快叫呀!"她催促说。

"父亲!!!"

"什么呢……不要嚷……不……"他低低地说,又较急地喘着气,好一会,这才复了原状,平静下去了。

"父亲!!!"我还叫他,一直到他咽了气。(鲁迅《父亲的病》)

例(2)中,写喊叫的声音极大,带有疯狂性,于是叠用了三个叹号。例(3)中的"不"之后,例(4)中的"冲"之后,例(5)中的"父亲"之后,先用一个叹号,继而叠用两个叹号,最后叠用三个叹号,表示喊声或呼叫声一声比一声高,声音不断加大。叹号的叠用,增加了语言的表现力和感染力。

(6)我要揭露!我要控诉!!我要以死抗争!!!(2011年《标点符号用法》示例)

例(6)表示语气逐渐强烈;因此先用一个叹号,继而叠用两个,最后叠用三个叹号。

(八) 叹号与问号并用,表示感叹与疑问兼有的强烈语气

当句子包含疑问、感叹两种语气,且都比较强烈(如带有强烈感情的反问句和带有惊愕语气的疑问句)时,可在问号后再加叹号。例如:

(1)状元不也是"第一个"么?"你算是什么东西"呢!?(鲁迅《阿Q正传·第二章 优胜记略》)

(2)这么点困难就能把我们吓倒吗?！(2011年《标点符号用法》示例)

　　(3)"我招惹谁了!?"祥子带着哭音，说完又坐在床沿上。(老舍《骆驼祥子》)

　　(4)他连这些最起码的常识都不懂，还敢说自己是高科技人才?！(2011年《标点符号用法》示例)

例(3)中，叹号与问号并用，省去了许多文字的赘述，却把祥子当时委屈和愤怒等复杂的强烈情感表达得淋漓尽致。

(九) 用于某些独语句末尾

这里所说的独语句，是指一个词或一个偏正短语构成的句子。

1. 名词性独语句。老舍先生在《骆驼祥子》中较多地使用了独语句。例如：

　　(1)骆驼！祥子心中一动，忽然的他会思想了……

　　(2)"受苦的命！"她笑了一声。

　　(3)别磨烦，来干脆的。这么大的人！

　　(4)他不是容易欺侮的，那么大的个子，那么宽的肩膀！

　　(5)祥子的确不错，但是提到儿婿两当，还差得多呢；一个臭拉车的！

例(1)的独语句"骆驼！"传神地写出了祥子见到兵们抢来的骆驼，内心突然受到了启发。例(2)的"受苦的命！"是虎妞对坚持要拉人力车的祥子说的，表达了她虽有不满但又无可奈何的心情。例(3)的"这么大的人！"写出了孙侦探对祥子嘲弄的口吻。例(4)的独语句"那么大的个子，那么宽的肩膀！"与前面的"他不是容易欺侮的"构成了倒装的因果关系，很好地表现了祥子的思维方式。例(5)的"一个臭拉车的！"也是倒置的表示原因的独语句，写出了刘四爷对拉人力车的祥子极其鄙视的心理。

2. 动词性独语句。例如：

　　(6)逃吧！不管是吉是凶，逃！(老舍《骆驼祥子》)

　　(7)杨政委说："老陈，转移个地方吧！"

　　陈旅长说："走，转移！"他虽然口里说"走，转移！"可是还拿着望远镜在看。(杜鹏程《沙家店》)

例(6)的独语句"逃！"表现了祥子不顾一切地下了决心。例(7)的"转移！"

表现了陈旅长面对敌人反攻时的一种复杂的心情。

(十) 用于标语口号末尾

(1) 森林防火,人人有责!

(2) 自检互检,确保产品零缺点!

(3) 隐患险于明火,责任重于泰山!

(4) 中华人民共和国万岁!

民主联合政府万岁!

全国人民大团结万岁! (毛泽东《在新政治协商会议筹备会上的讲话》,《毛泽东选集》第 2 版第 4 卷第 1467 页)

(5) 伟大的工人阶级和劳动人民万岁!劳动万岁! (《人民日报》1999-05-01)

(6) 比如有一群小孩子在那里玩吧,如果你看见一个小孩子对着另一个小孩子鼓眼蹬脚扬手动气时,你就立刻可以听到一种尖锐的声音,那便是:"打倒帝国主义!"(毛泽东《湖南农民运动考察报告》,《毛泽东选集》第 2 版第 1 卷第 34 页)

(7) 李岚清深受感动,情不自禁地在话筒前带领大家高呼口号:"祖国万岁!""人民万岁!""中国共产党万岁!"(李岚清《李岚清教育访谈录》)

(十一) 用于问候语和祝愿语末尾

(1) 我和同辈朋友们遥祝先生善自珍重,长寿健康,并盼再度聚首,以慰故人之思耳!(张友坤《伟大的爱国者张学良》)

(2) 临颖神驰,伫候明教,并希为国珍摄万岁!(中央档案馆《中国共产党关于西安事变档案史料选编》)

(3) 祝愿本次会议取得圆满成功!(江泽民《在亚太经合组织人力资源能力建设高峰会议上的讲话》)

(十二) 用于叹词句末尾

这类单独成句的叹词,一般有"啊""哎""哎呀""哎哟""嘿""嗯""呸""嘘""哟""呦"等。例如:

(1) 啊!生命,鲜艳的花朵,我用你装点祖国的山河……

啊!生命,青春的火焰,我用你照亮沸腾的生活。

例(1)的叹词"啊"(读音 à)表示赞叹(音较长)。

(2)哎!你怎么能这么说呢!(《现代汉语词典》第6版)

例(2)的叹词"哎"(读音 āi)表示不满意。

(3)哎呀!这瓜长得这么大呀!(《现代汉语词典》第6版)

例(3)的叹词"哎呀"(读音 āiyā)表示惊讶。

(4)哎哟!都十二点了!
(5)哎哟!我肚子好疼!(《现代汉语词典》第6版)

例(4)的叹词"哎哟"(读音 āiyō)表示惊讶。例(5)的"哎哟"表示痛苦。

(6)嗐!他怎么病成这个样子!(《现代汉语词典》第6版)

例(6)的叹词"嗐"(读音 hài)表示伤感。

(7)嘿!我说的你听见没有?(《现代汉语词典》第6版)

例(7)的叹词"嘿"(读音 hēi)表示提起对方的注意。

(8)嗯!钢笔怎么又不出水啦?
(9)嗯!你怎么还没去?(《现代汉语词典》第6版)

例(8)的叹词"嗯"(读音 ňg)表示说话者认为不该是这样。例(9)的"嗯"表示出乎意外。

(10)呸!你怎么干那种损人利己的事!(《现代汉语词典》第6版)

例(10)的叹词"呸"(读音 pēi)表示唾弃或斥责。

(11)嘘!别作声。(《现代汉语词典》第6版)
(12)嘘!轻一点儿,屋里有病人。(《现代汉语词典》第6版)

例(11)(12)的叹词"嘘"(前者读音 shī,后者读音 xū)表示制止、驱逐等。

(13)哟!你这是什么话呀?(老舍《茶馆》)

例(13)的叹词"哟"(读音 yō)表示不满。

(14)呦!怎么停电了?(《现代汉语规范词典》)

(15)呦!那边有个人影。(《现代汉语规范词典》)

(16)呦!忘了带身份证了。(《现代汉语规范词典》)

例(14)(15)的叹词"呦"(读音 yōu)分别表示惊讶、惊恐。例(16)的"呦"表示突然发现或想起。

下 编

标 号

第九讲　引号

引号用于标示语段中直接引用的内容或需要特别指出的成分。引号的形式有双引号（" "）和单引号（' '）两种。左侧的为前引号，右侧的为后引号，均成对使用。"引号"两字一般指称双引号。

一、引号的误用情形

引号的误用主要有以下五种情形。

（一）对不应加引号的词语误用引号

*(1) 在20世纪80年代末期那种社会条件、世俗观念的状态下，如果没有一个开明的、务实的、敢于负责任的领导班子去为CT研制开路，CT研制就会被"扼杀"在襁褓中。

*(2) 当太阳完全被月亮的身影遮住时，与神女般若隐若现的"海尔－波普"彗星相比，清晰的水星亮晶晶地伴在被遮黑的太阳旁边，金星、木星也同现在天宇。

*(3) "十年浩劫"期间，我国教育事业受到严重的破坏，教育质量低下……

*(4) 但是，(供)进这个"灵庙"的都是级别较低的小人物。"伪满"的"总理大臣"——郑孝胥，病死于1938年。其子就强占了东陵区一大片

农田为其下葬，根本没有搭理"奉天灵庙"。

【简析】例（1）的"扼杀"无特殊含义，也非着重论述的对象，无须带引号；但是，"襁褓"一词应加引号，因为它比喻的是 CT 研制的萌芽状态或初始时期。

例（2）的"海尔-波普"既不是着重论述的对象，也不具有特殊含义，加引号不当，属于滥用。故应去掉引号，并把最后一个逗号改为分号（强调层次）。

例（3）的"十年"是指 1966 年 5 月—1976 年 10 月，这正是"文化大革命"时期。由此可知，"十年浩劫"不应带引号，否则，就表示对其是不是真正的浩劫持有怀疑态度，而这显然不是例（3）作者的本意。

例（4）中，将"伪满"加引号的写法是错误的，应改为：伪满或"满洲国"。九一八事变后，日本帝国主义于 1932 年 3 月 9 日在长春成立傀儡政权，扶清废帝溥仪为"执政"，年号"大同"。1932 年 9 月，伪政权与日本政府签订《日满议定书》，致使东北地区沦为日本殖民地。1934 年 3 月，称"满洲帝国"，"执政"改称"皇帝"，年号易为"康德"。1945 年，随着我国抗战的胜利而被摧毁。对伪满加引号，会让人对"满洲国"的非法性产生疑问，容易引起歧义。这已经不是单纯的标点错用问题，而是变成政治性问题了。

（二）对该加引号的词语未加引号

＊（1）2001 年，正当神州数码扬帆起航的时候，全球信息产业却进入了寒冬。……

＊（2）一名成功的艺术家要能四不囿：不囿于法，不囿于物，不囿于己，不囿于名。（D 期刊 2013 年第 19 期）

＊（3）北京某报刊载了一篇题为"海南一死囚获国家赔偿"的新闻报道。

＊（4）1997 年 6 月 18 日，在新建成的计算机世界广场，隆重举行了 13 家医院购买东大阿尔派 CT 的合同签字仪式。国产 CT 终于有了第一批敢于吃螃蟹的用户了。

＊（5）尼罗河也一改过去那种文静、安详的样子，变得异常暴躁。……

＊（6）那时有一帮地痞，领头的外号叫小尾巴，总带着一群小弟轮流在十八户间吃白食。（D 期刊 2015 年第 4 期第 9 页）

*(7)2007年10月31日《沈阳晚报》B6版刊登了一篇题为《多曼改嫁》的新闻。

*(8)文化大革命中，人人一身"浩然正气"，个个满脸"阶级斗争"，严肃性包裹着恐怖，笼罩在时代的面孔之上，中国进入一个不会笑、不懂笑、不敢笑的时代。（D期刊2015年第2期第46页）

*(9)祖母这辈子吃饭喝茶的确无忧，但是并没少干活。她干的不是体力活，而是得拼命做到得体二字。

*(10)正如韩国媒体所总结的那样，朴槿惠的当选创造了至少5个第一：韩国第一位女总统，第一位父亲是总统的当选总统，第一位未婚总统，第一位得票率过半的当选总统，第一位工科（韩国西江大学电子工学专业）出身的总统。（L期刊2013年第4期上半月）

*(11)在上述"城市精神"中，创新出现11次，开放出现10次，和谐出现9次，诚信出现7次，包容和爱国分别出现5次和3次。（R日报2012-03-22第24版）

*(12)谢谢，谢谢你没有逃走，谢谢你没有嫌弃我是拖油瓶，谢谢你二十多年来毫无怨言地照顾我们一家人……（D期刊2015年第2期第7页）

*(13)我怎么会忘记，出嫁前，我偕同小胡子到奶奶家给祖宗上香，老爸从房里走出来，亲手为我戴上一枚珍藏多年的玉佩。他紧紧握住我的手，郑重地把我交给小胡子，目光中含着深深的嘱托。（D期刊2015年第2期第8页）

*(14)天宫一号自2011年9月29日发射以来，先后完成了与神舟八号、神舟九号、神舟十号的交会对接任务，迄今在轨飞行逾29个月，超过了原来设计要求的两年寿命。（BJ日报2014-03-03第14版）

*(15)责难80后、90后割裂传统，是轻佻的。以我的观察，情形正好相反：从部分70后开始，越来越多有头脑的青年，默默回归传统。（D期刊2016年第5期第24页）

【简析】例(1)中的"寒冬"（原文未加引号）是比喻全球信息产业的发展跌入了低谷时期，而不是指自然界的寒冬，故应将"寒冬"加上引号。

例(2)中的"四不囿"（原文未加引号），是对"不囿于法、不囿于物、不囿于己、不囿于名"的特定简称，为避免引起歧义，故应将其加上引号。

例(3)中的"死囚"（原文未加引号）之所以获国家赔偿，是因为被错判了，他不是真正的死囚犯，无罪释放后获得国家赔偿，故应将其加上引号。

例(4)中的"吃螃蟹"（原文未加引号）是指一些医院敢于首先使用国产CT，也是一种拟人的写法，故应将其加上引号。

例(5)中的"文静""安详""暴躁"（原文未加引号）三个词通常是用来形容人的，此处同样用了拟人的写法，故应将其分别加上引号。

例(6)中的"小尾巴"（原文未加引号）是指人的绰号，为区别于姓名而又不致引起歧义，通常加引号。

例(7)中的"改嫁"（原文未加引号）也是一种比喻的用法，是指2007年10月30日，中国女足前主教练多曼斯基已与瑞典足协达成协议，于11月15日出任瑞典足协足球管理部门的官员。换言之，很有家庭责任感的多曼斯基并未真的改嫁，她只是转而效力于瑞典足协，"嫁"到了瑞典足协罢了。因此，"改嫁"一词应加引号。

例(8)中的"文化大革命"（原文未加引号），是指1966年5月至1976年10月在中国进行的一场由某位领导人错误发动、广大群众参与并卷入其中，被林彪、江青集团利用，给党、国家和人民带来严重灾难的政治运动。换言之，这不是真正意义上的文化革命，而是一场导致了严重灾难的政治动乱。引号的用法之一是，标示具有特殊含义而需要特别指出的反语。因此，应将"文化大革命"（简称"文革"）加上引号。

例(9)中的"得体"是需要强调的词语，因此应加引号。

例(10)中的首个"第一"（原文未加引号）是需要强调的词语，故应加上引号。

例(11)中的"创新""开放""和谐""诚信""包容""爱国"（原文未加引号）都是需要强调的词语，因此均应加上引号。

例(12)中的"拖油瓶"（原文未加引号），是我国吴越的俗语。旧时，江南一带称妇女改嫁时携带的前夫的子女为"拖油瓶"。跟随再婚母亲在继父家生活的未成年子女，往往受到继父家人的慢待和社会的歧视。可见，"拖油瓶"是一种含有贬义的叫法。新中国成立后，随着男女平等、社会进步，这种现象越来越淡化了。邹韬奋先生在《萍踪寄语三集》中写道："像我国所谓'拖油瓶'的侮辱妇女和孩子的极端野蛮无理名词，是在男女平等的社会里所不容存在的。"在《现代汉语词典》等工具书中，就不列"拖油瓶"词目。行文叙述中如出现"拖油瓶"时，应加上引号。

例(13)中的"小胡子"（原文未加引号），其实是指文中女主人公的未婚夫。用未婚夫所蓄的小胡子来指代他本人，这既是一种比喻的用法，又不乏诙谐。因此，应给"小胡子"加上引号。

例(14)中的"天宫一号""神舟八号""神舟九号""神舟十号"(原文均未加引号)都是航天飞行器的代号，根据标点符号的用法，都应加上引号，以免引起歧义。同时，将句中两个顿号删去。

例(15)中的"80后""90后""70后"(原文均未加引号)，分别代指20世纪80年代、90年代、70年代出生的人。这种称谓最早可能见于网络，因简洁易懂，遂逐渐广为使用；但为了避免产生歧义，应将它们分别加上引号。

(三) 间接引用时误用引号

＊(1)李威打来电话说："他早晨下楼梯时脚崴了，痛得厉害，今天不能来上班了。"

＊(2)小姑娘告诉我："她的家就在附近，每天她都会看到月亮湾，看到月亮湾的珠玑，看到许多采撷珠宝的客人。"

【简析】上述两例是间接引用（转述），应删去引号，并将冒号改为逗号。如果改成直接引用，则应将引语中的"他""她"均改作"我"，即把引语改为"我早晨下楼梯时脚崴了……不能来上班了。""我的家就在附近，每天我都会看到……"

(四) 引号的范围标引不清

＊(1)耿大妈对儿子说："大成，见人该问好就问好，该行礼就行礼，别怕人笑话，俗话说'礼多人不怪嘛。'"

＊(2)……办好公司还需要制订一系列规章制度，并严格地遵循和执行，正所谓"没有规矩，不成方圆啊"。

＊(3)一天，他把周骏羽叫到身边，认真地对他说："我想了许久，觉得不要再搞文了，还是学工科吧。'学好数理化，走遍天下都不怕嘛'。"

【简析】例(1)中，俗话应为"礼多人不怪"，"嘛"字是说话人耿大妈的语气词，故应将"嘛"字和句号"。"放在后单引号之后、后双引号之前。后半句改后应为："……俗话说'礼多人不怪'嘛。"

同理，例(2)中，说话人的语气词"啊"应放在后引号之后、句号之前。

例(3)中，语气词"嘛"应放在后单引号与句末句号之间。

（五）连续多自然段引文的引号误用

＊(1) 王绍斌、王秀菊《人生关注的另一面》一文，写得既行云流水，又富有哲理。读罢令人如沐春风，如饮甘醇。文中写道：

"一位山民告诉我，艳丽好看的蘑菇往往有毒，苦涩的野菜常常败火。人生的许多智慧不在于观察，而在于分辨。

一位炼工告诉我，铸钢有一道重要的工序叫淬火，把滚烫的钢锭放到冷水里急骤降温。人生的许多辉煌不在于狂热地宣泄，而在于冷静地凝结。

一位教师告诉我，他发现，上课积极提问的学生比认真听讲的学生进入社会后有更强的适应能力。人生的许多境界不在于跟随，而在于自我探索。

一位画家告诉我，大师的作品常常留白，太满太挤容易使人失去想象的空间。人生的许多魅力不在于完美，而在于对缺憾的回味。

一位高僧告诉我，如来并不住在西方极乐世界，他就住在我们每一个人的心中。人生的许多寻找不在于千山万水，而在于咫尺之间。"

附：

人生关注的另一面

◎王绍斌　王秀菊

一位渔民告诉我，因触礁倾覆的船比被飓风掀翻的船要多。人生的许多关头不在于抗风雨，而在于补漏洞。

一位园丁告诉我，不是所有的花都适于肥沃的土壤，沙漠就是仙人掌的乐园。人生的许多成败不在于环境的优劣，而在于你是否选对了自己的位置。

一位羊倌告诉我，他很快活，因为他可以与野花攀谈、与飞鸟对话，随白云飘荡、随绿草起舞。人生的许多空虚不在于人的孤独，而在于心的寂寞。

一位厨师告诉我，鲜活的鱼没有挂糊油炸的，真正的好汤从不添加味精，而是慢慢熬成的原汁。人生的许多档次不在于外在的包装，而在于内在的品质。

一位山民告诉我，艳丽好看的蘑菇往往有毒，苦涩的野菜常常败火。人生的许多智慧不在于观察，而在于分辨。

一位炼工告诉我，铸钢有一道重要的工序叫淬火，把滚烫的钢锭放到冷水里急骤降温。人生的许多辉煌不在于狂热地宣泄，而在于冷静地凝结。

一位教师告诉我，他发现，上课积极提问的学生比认真听讲的学生进入社会后有更强的适应能力。人生的许多境界不在于跟随，而在于自我探索。

一位画家告诉我，大师的作品常常留白，太满太挤容易使人失去想象的空间。人生的许多魅力不在于完美，而在于对缺憾的回味。

一位高僧告诉我，如来并不住在西方极乐世界，他就住在我们每一个人的心中。人生的许多寻找不在于千山万水，而在于咫尺之间。（摘自《读者》2012年第3期）

【简析】引用五个连续自然段，引用者只使用了一个引号：前引号置于第一自然段开头，后引号置于最后一个自然段末尾。这样使用引号有误，容易造成引文与引用者语言的混淆，使读者费解。

当引文是连续多段落时，引号的正确用法是：**每个自然段的开头仅使用前引号，只在最后一个自然段的末尾使用后引号**。请见例(2)①。

(2)"听哪!"她严肃地说，"你的父亲原是一个铸剑的名工，天下第一。……不幸你的父亲那时偏偏入了选，便将铁捧回家里来，日日夜夜地锻炼，费了整三年的精神，炼成两把剑。

"当最末次开炉的那一日，是怎样地骇人的景象呵!……这样地七日七夜，就看不见了剑，仔细看时，却还在炉底里，纯青的，透明的，正像两条冰。

"大欢喜的光采，便从你父亲的眼睛里四射出来；他取起剑，拂拭着，拂拭着。然而悲惨的皱纹，却也从他的眉头和嘴角出现了。他将那两把剑分装在两个匣子里。

"'你只要看这几天的景象，就明白无论是谁，都知道剑已炼就的了。'他悄悄地对我说，'一到明天，我必须去献给大王。但献剑的一天，也就是我命尽的日子。怕我们从此要长别了。'

"'你……'我很骇异，猜不透他的意思，不知怎么说的好。我只是这样地说：'你这回有了这么大的功劳……'

"'唉！你怎么知道呢！'他说，'大王是向来善于猜疑，又极残忍的。这回我给他炼成了世间无二的剑，他一定要杀掉我，免得我再去给别人炼

---

① 例(2)的原文较长，为了节省引文所占的版面，笔者仅在第一、第二自然段中使用了省略号，其他省略号均为引文原来所有。特此说明。

剑，来和他匹敌，或者超过他。'

　　"我掉泪了。

　　"'你不要悲哀。这是无法逃避的。眼泪决不能洗掉运命。我可是早已有准备在这里了！'他的眼里忽然发出电火似的光芒，将一个剑匣放在我膝上。'这是雄剑。'他说，'你收着。明天，我只将这雌剑献给大王去。倘若我一去竟不回来了呢，那是我一定不在人间了。你不是怀孕已经五六个月了么？不要悲哀；待生了孩子，好好地抚养。一到成人之后，你便交给他这雄剑，教他砍在大王的颈子上，给我报仇！'"（鲁迅《铸剑》）

引用同一篇文献时，如果引文中既有连续的多段落，也有非连续的段落，**则应在每一个非连续段落的开头和结尾处均使用引号**。请见例（3）。

　　(3) 王绍斌、王秀菊撰写的《人生关注的另一面》，是一篇不可多得的美文。读罢令人如沐春风，如饮甘醇。文中写道：

　　"一位渔民告诉我，因触礁倾覆的船比被飓风掀翻的船要多。……　　A 段

　　"一位园丁告诉我，不是所有的花都适于肥沃的土壤，沙漠就是仙人掌的乐园。……　　B 段

　　"一位羊倌告诉我，他很快活，因为他可以与野花攀谈、与飞鸟对话，随白云飘荡、随绿草起舞。……"　　C 段

　　"一位山民告诉我，艳丽好看的蘑菇往往有毒，苦涩的野菜常常败火。……"　　D 段

　　"一位教师告诉我，他发现，上课积极提问的学生比认真听讲的学生进入社会后有更强的适应能力。……"　　E 段

　　"一位高僧告诉我，如来并不住在西方极乐世界，他就住在我们每一个人的心中。……"　　F 段

由例（3）可见，引文中 A、B、C 段分别对应原著中的第一、二、三自然段，D、E、F 段分别对应原著中的第五、七、九自然段；因此，A、B 段仅段首使用前引号，C、D、E、F 各自然段的段首和段尾均应分别使用前引号和后引号。

　　另外，有两点需要说明：

　　1. 像例（1）这类连续多个自然段的引文，若在文稿中出现多处，最好用别的字体排版。例如：正文用宋体，引文用仿宋体或楷体。这样处理有两个好处：一是文本体例清晰，便于读者阅读；二是无须再加引号，省却了将引

文原有的双引号改作单引号，原有的单引号改作双引号的麻烦。

2. 例(1)这样的引文，通常习惯比正文再多缩进两个字，即每个自然段开头空四个字。

二、引号的使用场合

根据 GB/T 15834—2011，结合查阅的资料，归纳并举例说明引号的使用场合。

（一）标示语段中直接引用的内容

在行文中引用他人的话时要用引号标示，目的是区分引语与其他叙述性文字，以便于理解，避免混淆。引用的内容可以是一个词、一句话、一段话或文艺作品中人物的对话，也可以是歌词、诗句等。例如：

(1) 张德贵，真好汉，
跟着恒元舌头转：
恒元说个"长"，
德贵说"不短"；
恒元说个"方"，
德贵说"不圆"。(赵树理《李有才板话》)

(2) 古代神话里说，雨后彩虹是"人间天上的桥"，通过彩虹就能上天。(茅以升《中国石拱桥》)

(3) 她更担心败走的偏是方鸿渐；她要借赵辛楣来激发方鸿渐的勇气，可是方鸿渐也许像这几天报上战事消息所说的，"保持实力，作战略上的撤退"。(钱锺书《围城·三》)

(4) 正在错愕中，官太太便到窗外来叫我出去。
"今天子君的父亲来到这里，将她接回去了。"她很简单地说。
这似乎又不是意料中的事，我便如脑后受了一击，无言地站着。
"她去了么？"过了些时，我只问出这样一句话。
"她去了。"
"她，——她可说什么？"

"没说什么。单是托我见你回来时告诉你,说她去了。"(鲁迅《伤逝——涓生的手记》)

(5)陈桥兵变的前几天,京城开封的人都在悄悄传说,检点赵匡胤要当皇帝了。赵匡胤回到家里,看到姐姐正在厨房做饭,就跑过去问她:"外面议论得很凶,你说我该怎么办啊?"他姐姐毫不客气,一擀面杖打过来:"老爷们做事,一人做事一人当,行不行你自己决定,干吗回来吓唬我们这些妇道人家!"(王国华《你不知道的历史细节》)

(6)男人的难正如刘德华在《男人哭吧不是罪》里所唱的:"日日夜夜撑着面具睡,我心力交瘁……无形的压力压得我好累。"(洪昭光《40岁登上健康快车》)

(7)虞世南眼里的蝉是一位清高雅士,"居高声自远,非是藉秋风";骆宾王看到的是苦难,"露重飞难进,风多响易沉";李商隐听到的是怨愤和凄哀,"本以高难饱,徒劳恨费声。五更疏欲断,一树碧无情"。(汪焰祥《阳光下的绝唱》)

(8)晚上八点钟,大家等得心都发霉,安定地绝望,索性不再愁了,准备睡觉。那女同志跟她的男朋友宛如诗人"尽日觅不得,有时还自来"的妙句,忽然光顾,五个人欢喜得像遇见久别的情人,亲热得像狗迎接回家的主人。(钱锺书《围城·五》)

(9)唐人有诗云:"春眠不觉晓,处处闻啼鸟。"现在还能"处处闻啼鸟"吗?(邢小莉《鸟为什么而叫》)

(10)跟"李连杰"们的天价报酬相比,中国2亿农民工显得可怜多了。有诗形容农民工的生活是,"起得比鸡早,睡得比狗晚,干得比驴累,吃得比猪差",可是一个月的工资不过区区几百元钱,还经常被拖欠,真是令人同情。(王福重《写给中国人的经济学》)

需要指出,有的引语也可以不用引号。在下列三种情形下,引语均可不用引号:其一,引语与一般性的叙述文字不会相混［如例(11)(12)］;其二,剧中人物与表示对话的文字之间空了一格［如例(13)］;其三,说话人的姓名后用了冒号［如例(14)］。例如:

(11)乔丹们身披国旗,也不是爱国,而是爱耐克。在自传里,乔丹写道:美国国家队的赞助商是锐步,而乔丹们的私人赞助商是耐克。因为发誓效忠耐克,乔丹们决定,用国旗遮住锐步的Logo领奖。(王小枪《讹传与真相

的距离》)

(12)我们常说:彻底的唯物主义者是无所畏惧的。又说:批评与自我批评是党的一贯作风和传统美德。可是真正做起来又是多么不容易啊!(胡显中《千人之诺诺不如一士之谔谔——读李锐新著〈直言〉有感》)

(13)**海尔茂** 你疯了!我不让你走!你不许走!

娜拉 你不许我走也没用。我只带自己的东西。你的东西我一件都不要,现在不要,以后也不要。

海尔茂 你怎么疯到这步田地!

娜拉 明天我要回家去——回到从前的老家去。在那儿找点事情做也许不太难。(〔挪威〕易卜生《玩偶之家》)

(14)《领导文萃》:十八大提出的"美丽中国"建设目标已成为舆论关注的热点。……请您谈谈漳州将城市发展的目标定位在"田园都市、生态之城",是出于什么样的考虑?

陈冬:首先应该说明,"田园都市、生态之城"的发展定位并不是什么创造,更不是主观臆想,而是工业文明时代人类对美好都市生活的一种追求和向往。……(《领导文萃》2013年第5期下半月)

(二) 标示需要着重论述或强调的内容

行文中需要解释、说明或强调的词语,应使用引号标示,以区别于一般词语。例如:

(1)鲁迅的两句诗,"横眉冷对千夫指,俯首甘为孺子牛",应该成为我们的座右铭。"千夫"在这里就是说敌人,对于无论什么凶恶的敌人我们决不屈服。"孺子"在这里就是说无产阶级和人民大众。(毛泽东《在延安文艺座谈会上的讲话》,《毛泽东选集》第2版第3卷第877页)

(2)民办学校要"四独立",就是独立法人、独立核算、独立校园、独立管理。(李岚清《李岚清教育访谈录》)

(3)也有一些字眼的意义变化或者事物的名称改变,跟人们的生活不一定有多大关系。比如"江"原来专指长江,"河"原来专指黄河,后来都由专名变成通名了。(吕叔湘《语文常谈》)

(4)中年人,应当坚持"四个八":日行八千步,夜眠八小时,三餐八分饱,一天八杯水。(洪昭光《40岁登上健康快车》)

上述四例中的"千夫""孺子""四独立""江""河""四个八"都是作者需要着重论述的内容，因此要用引号标示。

（5）对于他们，第一步需要还不是"锦上添花"，而是"雪中送炭"。所以在目前条件下，普及工作的任务更为迫切。轻视和忽视普及工作的态度是错误的。(毛泽东《在延安文艺座谈会上的讲话》，《毛泽东选集》第2版第3卷第862页)

（6）要保证科研时间，使科研工作者能把最大的精力放到科研上去。会上提出一周要有六分之五的时间搞科研，我加了"至少"两个字，你们又加上"必须"两个字。好！科学院文件下发时就加上这四个字。[邓小平《关于科学和教育工作的几点意见》，《邓小平文选》（一九七五——一九八二年）第51页]

（7）詹天佑经常勉励工作人员，说："我们的工作首先要精密，不能有一点儿马虎。'大概''差不多'这类说法不应该出自工程人员之口。"(小学语文课文《詹天佑》)

（8）最后，当她不得不打开账单时，她惊讶地看到上面写着这样一行字："多年前已用一杯牛奶全部付清。"后面的署名是"霍华德·凯利医生"。(《如是雨林》2014年第4期第32页)

（9）正因为这一切，我写"东山谢氏"这四个字时非常恭敬，一连写了好多幅，最后挑出一张，送去。(余秋雨《门孔》)

（10）日本社会对"推脱"和"粉饰"的做法是深恶痛绝的。一件事是什么样子就是什么样子，是不允许随便歪曲的。(赵淑清、秦大忠《亲历日本企业管理——"成功企业及员工的真实做法"对谈记》)

上述五例中的"锦上添花""雪中送炭""至少""必须""大概""差不多""霍华德·凯利医生""东山谢氏""推脱""粉饰"均是引文作者要强调的词语，故应使用引号标示。

（三）标示具有特殊含义而需要特别指出的别称

这里所说的特殊含义，是指在特定的场合下，某些词语的含义和作用与在一般情况下有所不同，因此必须用引号标示。例如：

（1）其实，在此之前，太炎先生与袁世凯曾有过一段"蜜月期"。(刘诚龙《太炎先生二三事》)

（2）中央密集出台的一系列以"禁"字打头的反腐败和作风建设举措，

在工作和生活的众多领域都给官员戴上了越来越紧的"紧箍咒",使其不敢以权谋私,不敢收受贿赂,不敢飞扬跋扈,乃至"不能坐好车了,不能喝好酒了,不敢上酒店了,连办公室也要挤一挤了",使其感到"官不好当了,当官没意思了"。(《北京日报》2014-03-03 第18版)

(3)内镜中心主任刘黎明给老人做了胃镜。当胃镜触碰到"虫子"身体时,刘主任发现"虫子"发硬……(《辽沈晚报》2009-12-04)

(4)我每晚被楼下摩托车的"咳嗽"搅得没有睡意,早晨又早早地被楼上的箫声"哭"醒,弄得我精神不振,心情烦躁。(方冠晴《用爱倾听》)

(5)我喜欢听快节奏、大音量的音乐。我妈妈和我爸爸受不了这种音乐和这种音量。他们似乎不理解,为什么居然有人想听"噪音"。([美]玛格丽特·米德《代沟》)

(6)抗战期间,有朋友在桂林七星岩请他吃素食,饭后在一株小树下聊天,恰敌机在头上盘旋下"蛋",朋友吓得大惊失色,父亲却镇定自若地聊天。(梁培宽口述,李菁整理《逝去的儒者——我的父亲梁漱溟》)

(7)她从盘子里捡一片大白菜盖住"海带"说:"好吃!好吃!"(铁凝《火锅子》)

(8)对于我这个以出售思想、文字为生的人,希望能堂堂正正地在任何场合畅言国事、单位事,而老母亲和妻子不必担心有人给我"穿小鞋"。(《南方周末》编辑部《我和我的国家》)

(9)就算你的是"阳春白雪"吧,这暂时既然是少数人享用的东西,群众还是在那里唱"下里巴人",那末,你不去提高它,只顾骂人,那就怎样骂也是空的。现在是"阳春白雪"和"下里巴人"统一的问题,是提高和普及统一的问题。(毛泽东《在延安文艺座谈会上的讲话》,《毛泽东选集》第2版第3卷第865页)

(10)事实上,徒有"面子",没有"里子",最终会失去"面子"。所以,只有"里子"做好了,"面子"才会更靓。(杨明生《岂能靓了"面子"失了"里子"》)

(11)"知青的年代已结束,请勿再'插队'!"某大学食堂的卖饭口贴出如是招贴画,既诙谐幽默,又耐人寻味。

(12)报纸上说:"全国足球职业联赛发展到今天,请教练'下课'已不是什么值得惊讶的事情了。"

例(1)中的"蜜月期"比喻章太炎先生与袁世凯的关系曾经有过一段比

较和谐、融洽的时期。

例(2)中的"紧箍咒"原意是指《西游记》中唐僧用于制服孙悟空的咒语，能使套在悟空头上的金箍紧缩，进而使悟空因头疼而不敢造次；现在比喻束缚人的东西。本例中，"紧箍咒"代指十八大以后党中央为深入推进反腐败和加强党风廉政建设而连续出台的一系列规章制度。它们就像官员头上的紧箍咒一样，使官员"不敢以权谋私，不敢收受贿赂，不敢飞扬跋扈"，不敢恣意妄为了。

例(3)中，当"虫子"被取出后才发现，原来它不是真正的虫子，而是一根长 26 厘米、直径约 0.5 厘米的硬塑管（末端还连着近 20 厘米长的纱布），在胃镜下看很像虫子。这里，"虫子"是借喻用法，故应加引号。

例(4)中的"咳嗽"比喻楼下年久失修的摩托车的轰鸣声，"哭"比喻楼上初学吹箫的小女孩吹奏出的不悦耳的声音。所以，它们均应加引号。

例(5)中的"噪音"只是父母的看法，但却是"我"喜欢的音乐，故应加引号。

例(6)中的"蛋"不是什么真正的蛋，而是比喻敌机投下的炸弹，故应加引号。"下'蛋'"一词用得极妙：既表现了作者的诙谐幽默，又反映了对肆虐敌机的蔑视。

例(7)中的"海带"是借喻的用法。铁凝文中的主人公——一对耄耋的老夫妻，在涮火锅时误把"她（指老妻——引者）擦火锅的那块抹布涮进锅里去了"。这里的"海带"就是指那块抹布，故应将"海带"加上引号。

例(8)中的"穿小鞋"是比喻用法，指暗中对人进行刁难或施加约束、限制等，故应加引号。

例(9)中，"阳春白雪"和"下里巴人"都是公元前 3 世纪楚国的歌曲；但这里的"阳春白雪"是指供少数人欣赏的较高级的歌曲，"下里巴人"是指流传很广的民间歌曲。

例(10)中的"面子"原意是指衣物、被褥等的表层，这里代指立竿见影的"显绩"工程或形象工程；"里子"原意是指衣服被褥等的内层、纺织品的反面，此处代指打基础、管长远的民生工程。有钱装"面子"、无钱修"里子"的现象，以及对"面子""里子"认识上和操作上的错位，反映了我国某些地方政府官员扭曲的政绩观。

例(11)中的"插队"原意是指 20 世纪六七十年代城市知识青年、干部下到农村生产队劳动和生活，现在多指为巧取而不守秩序，插进排好的队伍中去，即加塞儿。

例(12)中的"下课"，原意是指上课时间结束，这里有"被迫辞职"或"被撤换"的意思。

文稿中的绰号也属于具有特殊含义的别称，无论是表示褒义还是贬义，都要用引号标示。例如：

(13)宋江、戴宗和李逵三人到酒楼喝酒，李逵到渔场讨要活鱼打散了竹篾。"浪里白条"张顺要和他理论，却被李逵的重拳打跑。(龙舌兰工作室《黑旋风斗浪里白条》)

(14)她十五六岁，除了老板之外大概很少有人知道她的姓名。手脚瘦得像芦柴棒一样，于是大家就拿"芦柴棒"当了她的名字。(夏衍《包身工》)

(15)张宗昌还有个绰号"三不知"。"三不知"者，即从来不知道他自己"有多少兵、有多少钱、有多少姨太太"是也。(金满楼《北洋野史：乱世军阀这么干》)

(16)蒙哥马利元帅在非洲战场上打赢了"沙漠之狐"隆美尔。(梁文道《香烟对二战的影响》)

(17)我孩子时候，在斜对门的豆腐店里确乎终日坐着一个杨二嫂，人都叫伊"豆腐西施"。(鲁迅《故乡》)

例(13)中的"浪里白条"、例(14)中的"芦柴棒"、例(15)中的"三不知"、例(16)中的"沙漠之狐"和例(17)中的"豆腐西施"都是绰号，故要用引号标示。

当用某种表示人物穿着或生理等特征的词语代指某人或某一群人时，该词语要用引号标示。例如：

(18)一名穿白色西服的男子"热情"地接待小伙子。小伙子离开后，"白西服"问我想应聘什么岗位。我谎称应聘办公文员，询问所需条件。"白西服"只问我会不会用电脑办公软件，没有提及学历、工作经验等问题，就介绍起工资待遇……(《辽沈晚报》2010-03-25)

(19)提起"绿色贝雷帽"，人们就会想起美国陆军特种作战部队。从第二次世界大战到朝鲜战争和越南战争，从武装入侵格林纳达和巴拿马到海湾战争，到处都留下了"绿色贝雷帽"的身影。(李庆山、杨毅《61个国家王牌部队内幕》)

(20)7时25分，一个50多岁，身高1.6米左右……头戴一顶蓝色帽子的男子出现。和"格子衬衫"一样,眼神在老年乘客身上游离。

"蓝帽子"的胆子显然比"格子衬衫"要大。他甚至不顾旁人,在其他人的注视下,直接将手伸进一位70多岁老大娘的后裤兜里。2秒钟后,他好像摸出了一团东西,将手收回。(《辽沈晚报》2010-08-18)

(21)"她在哪屋里呢?"祥子的眼忽然睁得带着杀气。

"她?早完了!""白面口袋"向外一指,"吊死在树林里了!"(老舍《骆驼祥子》)

例(18)中,"白西服"代指职业介绍所中那名身穿白色西服的男子(实际上是一个骗子)。例(19)中,美国陆军特种作战部队官兵统一佩戴的是"绿色贝雷帽",因此外界常用"绿色贝雷帽"代指这支部队。例(20)中,"格子衬衫"代指记者文章中那个身穿白色黑格子衬衫、60多岁的老扒手;而"蓝帽子"代指那个身着白色T恤,头戴蓝色帽子、50多岁的老小偷。例(21)中,"白面口袋"是指当年北平某妓院中一名妓女的绰号。她之所以得了这样一个绰号,完全是因为"她那两个大奶"。

当用某些音译外来词来表示动物的名称时,一般要用引号标示。例如:

(22)1996年,英国科学家成功地克隆出了世界上第一只克隆羊。……科学家借用一名乡村歌手的名字,给这只克隆羊起名为"多利"。(苏教版小学语文课文《克隆之谜》)

自2009年夏季国内网络上出现"被就业"这一新词汇以来,媒体上就不时出现一种非常态的"被××"说法,如"被第一""被坚强""被潜门""被代表""被自愿""被署名""被逝世""被自杀""被失踪""被捐款""被幸福""被结婚""被离婚""被小三""被作弊"等。这些"被××"通常用引号标示。例如:

(23)为今之计,有关部门只有在彻查"被就业"怪象的基础上,揭开高校就业率的数字面纱,了解各校真实的就业情况,才能确保将就业工作落到实处。(《"被就业"棒喝高校就业率》,http://www.china.com.cn/news/txt/2009-07/21/content_18174449.htm)

(24)实事求是讲,"被第一"并不可怕,关键是我们自己要有理性的认识,不能在某个方面拿到头名了,或者被别人夸奖恭维了,就沾沾自喜甚至忘乎所以。(《北京日报》2010-04-30)

(25)9月5日，在长沙市交通运输局举行的新增客运出租汽车运力听证会上，一名叫作石××的听证代表成了最抢镜人物，因为有网友发现他竟然在之前长沙举行的17场听证会上都出现过，是个不折不扣的"听证哥"。……听证代表们的频频"出镜"，招致网友们质疑声一片：默默的，我们就"被代表"了。(《辽沈晚报》2011-09-11)

(26)"被署名"的背后，有时候是学生小辈为了发表论文、顺利毕业，拉大旗作虎皮，打着"被署名"者的旗号提高发表成功率。(《人民日报》2010-02-10)

(27)一个看似大胆豪放的女子嫁入传统的"豪门"会怎样？小S屡屡"被离婚"，除了还没有生个儿子，就是做派实在太出位了。(《辽沈晚报》2011-09-13)

之所以说"被××"的用法为非常态，是因为"被××"之类的组合均不符合语法规则。但是，自从"被就业"问世后，此类不合语法、不循常规的"被××"结构却成了一种颇富创意的修辞手段。修辞贵在出新。"不按常理出牌"，出人意料之外，就能吸引眼球、令人深思。"被××"这种超常搭配的主体，常常是弱势的一方，其公民权利往往受到强势权力或八卦新闻的玩弄和侵害。"被××"的妙处就在于言"正"意"反"，具有鲜明的讽刺性和很强的幽默感。

此外，网络、报刊等媒体上还常见其他一些带引号、具有特殊意义的词，例如：

"×霸"——"学霸"｜"面霸"｜"考霸"｜"麦霸"｜"听霸"。
"裸×"——"裸婚"｜"裸官"｜"裸捐"｜"裸妆"｜"裸购"｜"裸分"。
"×二代"——"富二代"｜"穷二代"｜"官二代"｜"红二代"｜"垄二代"｜"星二代"｜"独二代"。
"×托儿"——"医托儿"｜"婚托儿"｜"房托儿"｜"饭托儿"｜"掌托儿"。
"黑××"——"黑校车"｜"黑心棉"｜"黑作坊"｜"黑工厂"｜"黑市场"｜"黑窝点"｜"黑中介"｜"黑砖窑"。
"零××"——"零容忍"｜"零距离"｜"零缺陷"｜"零差错"｜"零隐患"｜"零门槛"。
"××奴"——"房奴"｜"卡奴"｜"车奴"｜"孩奴"｜"菜奴"｜"上班

奴"。

"××族"——"蚁族"|"啃老族"|"月光族"|"穷忙族"|"半漂族"|"全漂族"|"傍傍族"|"御宅族"|"候鸟族"|"超市捏捏族"。

"××子"——"米袋子"|"菜篮子"|"醋坛子"|"穷根子"|"药方子"|"钱袋子"。

"××哥"——"保证哥"|"粉笔哥"|"犀利哥"|"忧患哥"|"锦旗哥"|"力学哥"|"蹭课哥"|"听证哥"|"八万哥"|"励志哥"。

"××爷"——"膀爷"|"拐爷"|"担忧爷"。

"××男"——"剩男"|"宅男"|"暖男"|"戳车男"|"电车男"|"肌肉男"|"虐猫男"。

"××女"——"剩女"|"宅女"|"艾滋女"|"单贵女"。

"××后"——"80后"|"90后"|"70后"|"60后"|"85后"|"00后"。

"××门"——"杯具门"|"闺蜜门"|"邮件门"|"打错门"|"解说门"|"艳照门"|"学历门"|"拉链门"|"水杯门"|"抄袭门"|"诽谤门"|"三亚招考门"。

"××军"——"红衫军"|"黄衫军"|"绿衫军"|"彩衫军"。

"××体"——"羊羔体"|"丹丹体"|"陆川体"|"提问体"|"王家卫体"|"天堂躲猫猫体"。

"××大王"——"钢铁大王"卡内基|"汽车大王"|"咖啡大王"徐世炳|"螺丝大王"刘大源|"五金大王"胡金林|"矿灯大王"程步青|"翻砂大王"吴师廉|"胶木大王"陈银松|"线圈大王"郑祥青|"旧货大王"王迈仟。

"××工程"——"希望工程"|"温暖工程"|"安居工程"|"蓝天工程"|"形象工程"|"政绩工程"|"烂尾工程"|"豆腐渣工程"。

"阳光××"——"阳光招生"|"阳光工程"|"阳光政策"|"阳光操作"|"阳光决策"。

"天价××"——"天价鱼"|"天价虾"|"天价月饼"|"天价粥"|"天价医疗费"|"天价幼儿园"|"天价学区房"。

"最美××"——"最美妈妈"吴菊萍|"最美警花"王玉辉|"最美乡村女教师"曹瑾|"最美女警察"蒋晓娟|"最美的修路爷爷"张作梓。

"最牛××"——"最牛钉子户"|"最牛维修工"|"最牛开发商"|

"最牛城管舞"|"最牛公交站"。

"史上最牛××"——"史上最牛官腔"|"史上最牛别墅群"|"史上最牛女秘书"|"史上最牛房管局长"|"史上最牛迎亲车队"。

"中国式××"——"中国式过马路"|"中国式接孩子"|"中国式离婚"|"中国式旅游"|"中国式并线"|"中国式堵车"|"中国式跨栏"|"中国式治堵"|"中国式吐痰"。

兹举几例说明其用法：

(28)张宜宣说，自己要好好努力，准备买套房子和车子，尽快走进"房奴""车奴"的行列。(《长春晚报》2011-06-16)

(29)他抱怨了很多事情。比如，台北市的"上班族"愈来愈穷，很多人是"月光族"，根本没有钱到外面吃饭。(吴淡如《怨天尤人难翻身》)

(30)"裸婚"需要勇气去面对各种压力，即使是结婚的双方主动想要选择"裸婚"，也并非易事。(任蕙兰、吴林《新"裸婚"时代》)

(31)面对目前顺德"富二代"接班乏力、培养情况令人担忧的现象，部分企业家提出，顺德可以学习江苏省集训"富二代"的培养模式。(《广州日报》2009-11-13)

(32)要实现任何个人或组织的提升，态度永远都是第一位的，对待零缺陷工作也是如此。"零缺陷之父"克劳士比之所以走上"零缺陷"推广之路，就源于态度的转变。(汪中求、朱新月《零缺陷工作》)

(33)中国如今并不缺少钱，也不缺少鼓噪之乐的专家，缺少的应是"忧患哥"这样的忧患意识。(洪巧俊《中国最缺失的是"忧患哥"这种意识》)

(34)"60后"蜗居在父母家；"70后"赶上了住房市场化初期的"白菜价"；只剩下"80后"既回不到当初，又看不到未来，无所适从，望房兴叹。(任蕙兰、吴林《新"裸婚"时代》)

(35)11月4日上午，青瓦台春秋馆，深陷"干政门"的韩国总统朴槿惠表情沉痛地发表对国民讲话。(《环球时报》2016-11-05 第8版)

(36)2日，在新春佳节即将来临之际，受省委书记吉炳轩、省长王宪魁委托，省委常委、省委秘书长杨东奇一行，专程来到位于北京的中国康复研究中心，看望正在那里接受康复治疗的"最美女教师"张丽莉，送上省委省政府的新春祝福。(《黑龙江日报》2013-02-06 第1版)

(37)记者又赶到该物业的维修处寻找，终于找到了在做日程记录的网络

红人——"最牛维修工"王成新。(《扬子晚报》2010-12-18)

(38)"天价鱼"现象,表面上是一个小概率事件,实质上则反映出市场经济主体诚信意识不强、政府监管缺位等一系列问题。(《人民法院报》2016-03-15第7版)

2010年以来,国内食品普遍涨价,于是网络上陆续出现了一些颇具调侃和讽刺意味的新词,先是"蒜你狠""姜你军""豆你玩",随后又迎来了"糖高宗""油不得"。这些网络新词与大家熟知的"逗你玩""算你狠""将你军""唐高宗""由不得"谐音,但具有新的含义,故在使用时都应加上引号。

(四) 标示具有特殊含义而需要特别指出的反语

在语段中,表示否定、讽刺等意味的反语,需要特别指出时,要用引号标示。例如:

(1)孙科的"行政院"自动宣布"迁政府于广州",它一面脱离了它的"总统""代总统",另一面也脱离了它的"立法院""监察院"。孙科的"行政院"号召战争,但是进行战争的"国防部"却既不在广州,也不在南京,人们只知道它的发言人在上海。(毛泽东《四分五裂的反动派为什么还要空喊"全面和平"?》,《毛泽东选集》第2版第4卷第1409~1410页)

(2)"文革"初期,爸被打入了"黑帮"行列,有一段时间,被扣了工资。(汪明《泡在酒里的老头》)

(3)用战争打败了中国之后,帝国主义列强不但占领了中国周围的许多原由中国保护的国家,而且抢去了或"租借"去了中国的一部分领土。例如日本占领了台湾和澎湖列岛,"租借"了旅顺,英国占领了香港,法国"租借"了广州湾。(毛泽东《中国革命和中国共产党》,《毛泽东选集》第2版第2卷第628页)

(4)两个杀人狂被美化成"英雄"和"武士",在日本国内鼓噪一时;成千上万的日本青年受此蛊惑,参军来到中国战场,进行野蛮的杀戮。(温书林《南京大屠杀》)

(5)奥斯威辛集中营被喻为二战期间纳粹德国最大的"杀人工厂",德国法西斯先后在这里囚禁过130万人,屠杀了110万人,其中绝大部分为犹太人。

(6)爸结束了"右派"生涯,从沙岭子回到北京时,我们家住在国会街。(汪明《泡在酒里的老头》)

上述五例中的"总统""代总统""行政院""立法院""监察院""国防部""黑帮""租借""英雄""武士""杀人工厂""右派"等,都是表示否定意味的反语,因此均用引号标示。

(7)自私,不听从合理的指导,没有自尊心,都是性格上很大的弱点。这些弱点都是老牌的"慈母"送给她们孩子的"恩物"。(《图书编校质量差错认定细则》)

(8)当天夜里就有一群"受了污蔑和侮辱的公众"从我的房子前面冲进来,把我吓得连忙从床上爬起来,由后门逃出去。([美]马克·吐温《竞选州长》)

(9)有几个"慈祥"的老板到菜场去收集一些菜叶,用盐一浸,这就是她们难得的佳肴。(夏衍《包身工》)

例(7)中的"慈母""恩物",例(8)中的"受了污蔑和侮辱的公众",例(9)中的"慈祥",都是表示讽刺意味的反语,是正话反说,故应加引号标示。

(五) 标示具有特殊含义而需要特别指出的简称和缩略语

在文稿中一些特定场合使用的某些具有特殊含义而需要特别指出的简称和缩略语,为避免引起歧义,通常用引号标示。例如:

(1)解决"四风"问题,要对准焦距、找准穴位、抓住要害,不能"走神",不能"散光"。(《习近平谈治国理政》第374页)

(2)他没有编制,也没有"五险一金",每个月工资1200元。(袁汝婷《请你相信》)

(3)我们搞的是有中国特色的社会主义,所以才制定"一国两制"的政策,才可以允许两种制度存在。(邓小平《会见香港特别行政区基本法起草委员会委员时的讲话》,《邓小平文选》第3卷第217页)

(4)在目前,战争的机构和战争的情况之间已经发生了矛盾,我们必须克服这个矛盾。敌人的方针是扩大我们这个矛盾,这就是他的"三光"政策。假若我们还要维持庞大的机构,那就会正中敌人的奸计。(毛泽东《一个极其重要的政策》,《毛泽东选集》第2版第3卷第882页)

（5）在整党中，对于上述的"三种人"和其他各种错误严重、危害严重的人，必须严肃地作出组织处理。(邓小平《党在组织战线和思想战线上的迫切任务》，《邓小平文选》第3卷第38页)

（6）全省各邮政单位坚持"三检查""四防止""四不放过"原则，加大检查和考核的力度，严肃邮政运输纪律，确保了车辆的安全运行。

（7）因涉嫌巨额受贿等问题，今年4月，主管城建的原杭州市副市长许迈永被中纪委"双规"。(《时代周报》2009-09-03)

（8）从中央单位"三公"消费的比例来看，最多的是车辆购置及运行费，占到总开支的65%。中央单位官多、大官多，加之京城地大又堵车，配车的档次高，用车也多，公车消费比例自然要高些。但其中的"水分"恐怕也不少，最主要的问题是公车私用。(《人民日报（海外版）》2011-07-08)

（9）毫无疑问，我们仍然坚持"双百"方针，坚持宪法和法律所保障的各项自由，坚持对思想上的不正确倾向以说服教育为主的方针，不搞任何运动和"大批判"。(邓小平《在中国共产党全国代表会议上的讲话》，《邓小平文选》第3卷第145页)

（10）人类学上常把古人化石统称为尼安德特人，简称"尼人"。(2011年《标点符号用法》示例)

例(1)中的"四风"，是中共十八大以后第一次党内集中教育活动提出来的。从2013年开始，全党举行了一次为期一年的党的群众路线教育实践活动。这次活动的主要任务是，集中解决党内存在的形式主义、官僚主义、享乐主义和奢靡之风问题（简称"四风"）。

例(2)中，"五险一金"是指企业为员工缴纳的社会养老保险、医疗保险、失业保险、工伤保险、生育保险和住房公积金。

例(3)中，"一国两制"是缩略语，其全称是"一个国家，两种制度"。具体讲，就是在中华人民共和国内，十三亿人口的大陆实行社会主义制度，香港、澳门和台湾实行资本主义制度。

例(4)中，"三光"政策是指日本帝国主义对我抗日根据地实施的烧光、杀光、抢光的政策。

例(5)中，"三种人"是指在"文化大革命"中追随林彪、江青反革命集团造反起家的人，帮派思想严重的人，打砸抢分子。

例(6)中，"三检查"是指出车前检查、行车中检查、收车后检查；"四防止"是指防止漏水、防止漏油、防止漏电、防止漏气；"四不放过"是指发生事故后原因不清楚不放过,责任不落实不放过,教训不吸取不放过,措施不制定不放过。

例(7)中,"双规"是指有关人员在规定的时间、地点就案件所涉及的问题作出说明。"双规"的对象一般是党和国家的涉嫌违纪的高级干部。

例(8)中,"三公"消费,是指政府部门人员因公出国(境)经费、公务车购置及运行费、公务招待费而产生的消费。"三公"消费已成为一种普遍现象,并引起社会的广泛关注。

例(9)中,"双百"方针是指"百花齐放、百家争鸣"方针。1956年4月28日,毛泽东在中共中央政治局扩大会议上指出:"'百花齐放、百家争鸣',我看这应该成为我们的方针。艺术问题上百花齐放,学术问题上百家争鸣。"

(六)标示引用的俗语、成语和歇后语等

在语段中引用俗语、谚语、成语和歇后语等,也应用引号标示。例如:

(1)我们共产党员应该经风雨,见世面;这个风雨,就是群众斗争的大风雨,这个世面,就是群众斗争的大世面。"三个臭皮匠,合成一个诸葛亮",这就是说,群众有伟大的创造力。(毛泽东《组织起来》,《毛泽东选集》第2版第3卷第933页)

(2)"长江后浪推前浪",在科学研究上,也往往是青年人赶过老年人,我们的老同志应当高兴地帮助青年人赶上来。[邓小平《关于科学和教育工作的几点意见》,《邓小平文选》(一九七五——一九八二年)第54页]

(3)我说,十年,"黄花菜都凉了",我们等不起,国家等不起,民族等不起。(李岚清《李岚清教育访谈录》)

(4)他在江湖上混过,并不相信义气,但是很懂得"多个朋友多条路,少个对头少堵墙"的道理。(凌力《星星草·一八章 五》)

(5)"三十年河东,三十年河西""天下无不散的筵席""日中则仄,月盈则亏""盛极必衰,否极泰来"……有了这些对变化形势的理解,中国人不是坐待命运降临的宿命论者,而是随时准备面对变化的命运调整自己的反应。(许倬云《中国人的思考方式》)

(6)记者们尾随金明进了饭店,边走边问金明:"您的高见如何?"金明笑道:"中国有句谚语——'妆未梳成不见客,不到火候不揭锅'。现在我无可奉告。"(叶永烈《球场外的间谍案》)

（7）在此期间，希特勒鉴于去夏分兵的失败，集中他的兵力向着南线。然而他尚欲东断伏尔加，南取高加索，一举达成两个目的，仍然分散了他的兵力。他尚未计算到他的实力和他的企图之间的不相称，以致"扁担没扎，两头打塌"，陷入目前的绝路。（毛泽东《第二次世界大战的转折点》，《毛泽东选集》第2版第3卷第886页）

（8）到了中国，就要去适应中国文化，套用中国的一句俗话，就是要"入乡随俗"。（〔美〕Anne Fisher《外国人，请注意》）

（9）这是一家"素面朝天"的小店，没有奢华的装饰，亦没有精美的茶具，甚至很少见到来往穿梭的服务生。（李丹崖《谨慎时光》）

（10）正当这个工夫，一个车夫又指着他的脸说："祥子，我说你呢，你才真是'哑巴吃扁食——心里有数儿'呢。是不是，你自己说，祥子？祥子？"（老舍《骆驼祥子》）

（11）乍一看，写武术却把戏剧扯进来，这不是"乔太守乱点鸳鸯谱——生拉硬扯"吗？然而，你只要稍加揣摩，就不难发现，题目毫无虚妄之处。（廖允武《戏剧武术不解缘》）

（12）当猛烈的枪声在东北角响起，他不禁眉飞色舞："哼！想从这儿冲出去？你这是'娘的墓前哭丈夫——上错了坟'。"（严亚楚《龙感湖·五〇回》）

（13）心想，好小子，张士贵跟我不错，知道我馋酒了，让我偷着喝两碗，这谁又能知道，可你小子给我嚷出去了。他这气呀，就像"破门帘子——挂不住了"。（刘林仙等《薛丁山征西·一一七回》）

（七）标示文稿中的拟声词

文稿中的拟声词通常用引号标示。例如：

（1）就在这时，只听"嗖"一声，那只老獾猛地从洞口蹿出去好几米远，母亲手中的袋子竟没来得及将它罩住。（路长青《一只送上门的獾》）

（2）小孩子不回答，睁大了眼，向苏小姐"波！波！"吹唾沫，学餐室里养的金鱼吹气泡。（钱锺书《围城·一》）

（3）一只水鸟从岸边的青草中飞起来，"扑棱棱"地飞着，落到湖中的苇丛里。（莫言《金鲤》）

（4）波洛敲击墙壁是有技巧的，他敲击出了类似于"嘀嘀嘀，嗒嗒嗒，

嘀嘀嘀"的声音。(姜成《救人无数的莫尔斯码》)

(5)他是那么迷人和善良,他把我的女儿抱在怀里,与她兴致勃勃地玩起了游戏,女儿"咯咯"的笑声时时响起。(伊然编译《最优雅的女人》)

(6)聊着聊着,狐狸突然把脸一变,"刷"地伸出前爪,以迅雷不及掩耳之势将刺猬掀翻,露出尖利的牙齿,闪电般向刺猬柔软的腹部咬去……刹那间,只听得"嗷"的一声惨叫,狐狸满嘴是血,屁滚尿流地逃走了。(跃子《0.01秒的生死时速》)

(7)晚奶奶撒了一把米粒在地上,几只鸭子"嘎嘎嘎"上前来抢食。(周伟《望乡曲》)

(8)寒冬腊月的风是那样的冰冷刺骨,"呜呜"地在山谷里作响,萧瑟的草木在冰天雪地里哀鸣。(凌子叶《远处,那一盏灯》)

(9)他们用手代替木桨,发出一阵阵"哗啦、哗啦"的响声。(孙海浪《柚子树下》)

(10)高亮气得推翻了水车,"噗"地一声,大水流出,平地成河,一直流成了后来京西的长河。(小学语文课文《高梁桥》)

(八) 标示语段中某些事物的代号

在语段中,航空器、交通工具、军事行动、武器、热带风暴等的代号,商业机构的商号,要用引号标示。例如:

(1)官方始终对"嫦娥二号"的发射时间高度保密。分析认为,之所以选在10月1日前后这一具有纪念意义的时间发射"嫦娥二号",是中国航天业借此为新中国成立61周年献礼。(《城市晚报》2010-09-23)

(2)报纸头版头条新闻是:4月21日,英国"紫石英"号等四艘军舰向我渡江作战的解放军战士开炮,造成我军士兵伤亡;我解放军还击,"紫石英"号被击伤后被迫停泊在镇江附近江中,其余军舰狼狈向长江口逃去。(李岚清《李岚清教育访谈录》)

(3)不久,乘胜攻击的英军开始了第二波轰炸。这是从"无敌"号和"赫姆斯"号航母起飞的"鹞"式垂直起降飞机。(李庆山、杨毅《61个国家王牌部队内幕》)

(4)当"沙漠风暴"行动开始后,美国P-117A隐形战斗轰炸机投下的激光制导炸弹和从潜艇发射的"战斧"巡航导弹,准确而猛烈地摧毁了伊拉克的许多重要军事设施。(李庆山、杨毅《61个国家王牌部队内幕》)

（5）忍无可忍的阿军终于开始全面反攻。只见一群群"普长拉"式轰炸机、"超级军旗"式歼击机、"幻影"式战斗机、"天鹰"式攻击机飞抵圣卡洛斯港上空，对英军的登陆部队实施轮番轰炸。（李庆山、杨毅《61个国家王牌部队内幕》）

（6）今年第4号热带风暴"海马"于23日10时10分和16时50分两度登陆粤西沿海地区，受其影响，海南、广东已出现大暴雨……（《人民日报》2011-06-24）

（7）这些细节被常来"福兴字号"工作的周恩来早已收入视线，经过观察和考虑之后，便有意促成这对革命的有情人。（永纪、弗忘《丰功》）

（九）标示文稿中的某些方言

在文稿中偶尔使用某些方言，往往会增加语言的感染力，给人以清新的感觉。笔者认为，对方言的词语应加引号标示，以免使读者费解或产生歧义。例如：

（1）"不就是挣了俩糟钱嘛，有什么了不起的！"旁边的瘦李一脸不屑道，"瞧把他'得瑟'的！"

（2）我能把正的"忽悠"斜了；能把蔫的"忽悠"谑了；能把尖人"忽悠"茶了；小两口过得挺好，我能给他"忽悠"分别了。今天卖拐，一双好腿我能给他"忽悠"瘸了！（小品《卖拐》的台词）

（3）像他那个岁数的小伙子们，即使有人管着，哪个不偷偷的跑"白房子"？（老舍《骆驼祥子》）

（4）写晚会小品和参赛小品太不一样了：参赛小品结构严谨，完全按照传统戏剧的要求做；而晚会小品要求的是喜剧效果，拼的是包袱，必须得"大雷子""大咔嚓"，连"小龇牙"都不行。

（5）从此不再去见他们父女，也许虎姑娘一怒，对老头子说几句坏话，而把那点钱"炸了酱"。（老舍《骆驼祥子》）

（6）他穿一件咖啡色的风衣，戴一顶帽子，看上去很瘦，所以显得风衣特别肥大，走起路来"踢哩突噜"。（冯小刚《葛大爷》）

（7）由于义军熟悉水性，防守严密，清兵好几次在白天发动气势汹汹的进攻都拿不下水寨，于是军师就出"奥步"（闽南语，意为"烂招"），改为夜袭。（蔡生《鹅之战歌》）

【简析】例(1)中的"得瑟"系东北方言词,意为"过分的炫耀、招摇",多含贬义。

例(2)中的"忽悠"也是东北方言词。《现代汉语词典》(第6版)注明"忽悠"的原意:晃动。例如:"旗杆叫风吹得直忽悠。""忽悠"的引申义:用谎话哄骗。例如:"差点儿让他忽悠了。"东北话中的"忽悠"就是后一种意思:给人摆迷魂阵,使人神魂颠倒、忽忽悠悠的,像踩在钢丝绳上,最后落入设计好的"套子"里。换句话说,就是通过耍手段故弄玄虚、云山雾罩,让人找不到北,稀里糊涂地上当受骗。"忽悠"的本质是不择手段坑蒙拐骗。

在2001年央视春晚小品《卖拐》中,赵本山扮演的骗子欲擒故纵、连蒙带骗地这么一"忽悠",就把一副拐杖卖给了腿脚好、身体棒的"范师傅",观众笑得前仰后合。全国观众也因此知道了"忽悠"这一东北方言词。

"忽悠"一词真正开始在媒体上火起来,源于2005年央视春晚上赵本山与主持人倪萍的几句对话。赵本山肩扛一只纯净水桶甫一露面,倪萍就说:"老赵来了?"本山调侃道:"这不是梦中情人吗?"倪萍也不甘示弱:"你想'忽悠'我?个儿矮点。"全国观众正是通过电视屏幕下方的字幕,见识了"忽悠"的"庐山真面目"。

如今,"忽悠"也时常出现在文章标题或内容中。例如:

① 网络调查别"忽悠"人(《东方今报》2005-07-15)

② "忽悠"退休干部 普通邮册被吹成具收藏价值(《都市消费报》2005-08-04)

③ 绝大多数擅长"忽悠"的代理人,绝招就是通过言语误导等方式让投保人对保险产品产生错觉。(《新闻晨报》2011-09-24)

例(3)中的"白房子"和例(5)中的"炸了酱"都是老北京方言词:"白房子"是指最下等的妓院,"炸了酱"是指钱被硬扣下。

例(4)中的"大雷子""大咔嚓""小龇牙"均为东北方言词:"大雷子""大咔嚓"比喻小品中抖得妙、抖得响,让观众开怀大笑的大"包袱";而"小龇牙"指微微一笑,比喻幽默效果一般的小"包袱"。

例(6)中的"踢哩突噜"是东北方言,意思是"不利索"。

例(7)中的"奥步"是闽南话,意思是"烂招""馊主意"。

（十）引号内的"引号"用单引号

当使用引号的语段中还需要使用引号时，外面一层用双引号，里面一层用单引号。例如：

（1）她到现在还常跟我念叨："你小时候没吃过什么好东西，营养不够，嘴馋。有一天你拖着好大一只死耗子回家，隔老远就喊：'妈！我捡着肉啦！'"（《读者》2015年第1期第55页）

（2）蒋介石的秘书陈布雷说："委员长根本不相信河南有灾，一说什么'赤地千里''哀鸿遍野''嗷嗷待哺'，委员长就骂是谎报滥调，并严令河南征缴不得缓免。"蒋介石的刚愎自用由此可见一斑。（张天行《兴衰试金石》）

（3）罗斯福说："我是通过阅读你的《红星照耀中国》认识你的，你该是一个'中国通'了。我想今天我是'记者'，向你'采访'，怎么样？"（丁晓平《关于中国：罗斯福与斯诺的三次密谈》）

需要说明的是，在农业科技文献中，作物品种名往往用单引号而不是引号。例如：

（4）杨技术员在指导郭七村的村民们栽种'辽星1号'水稻。

（十一）标示网友的网名

出于某些考虑，许多网友在网络上发表个人的评论、感想或见解时，常常不署自己的真实姓名，而是署一个化名，如"一介草民""鹏""铁甲80""noibe"等。报刊报道中在提及此类网名时，应使用引号标示。例如：

（1）网友"碧玉儿"：终于让人看到振奋人心的事了，还是好人多。

网友"一天到晚"：做好事并不难，只是在那关键的一刻伸出你的手！

网友"深海鱼"：社会需要用行动来表达对英雄的敬意。如果能因这一事件设立奖励基金，能引导更多的人挺身而出。（《人民日报》2012-02-25第5版）

（2）"吃东西我不说，那么长的水果刀怎么带上地铁的？"网友"自带隐身的胖子"发出了疑问。（《辽沈晚报》2016-04-23第3版）

(十二) 其他使用引号的场合

需要特别说明的是,下列情况下应该使用引号标示:

1. 专指词语。例如:

(1)"211工程""985工程""希望工程""十二五"规划,"瓶颈""入世""晴雨表""非典""大跃进""左""大锅饭""铁饭碗""铁交椅""一国两制""文化大革命"("文革"),两岸"三通","三公"消费。

2. 我国台湾当局"政权"系统和其他机构、职务的名称,无法回避时均应加引号。

众所周知,台湾是中国神圣领土不可分割的一部分,是一个地区。在实现祖国统一之前,台湾当局所设立的官方机构、职务一律不具有法律效力。因此,在出版物中出现涉台的伪机构、伪职务时,均应使用引号,以作相应的处理。伪机构如:

(2)台湾"行政院"|"立法院"|"司法院"|"考试院"|"监察院"|"卫生署"|"国家科学委员会"|"原子能委员会"|"中央银行"|"中央气象局"|"中央图书馆"|"中央研究院"|台湾"省政府"|"省议会"。

伪职务如:

(3)台湾"立法院院长"|"行政院院长"|"中央气象局局长"|"中央研究院院长"|"国大代表"|"立法委员"|台湾"省政府主席"|"省议员"。

温馨提示:绝不能用"中华民国总统(副总统)"来称呼台湾当局领导人,即使加注引号也不可使用,这属于政治问题;但可以使用"台湾地区领导人"的称谓。

3. 具有"台独"性质的组织和政治术语应加引号。例如:

(4)"台独"|"台湾独立"|"台湾独立联盟"|"台湾地位未定"|"台湾住民自决"|"台湾主权独立"|"台湾法理独立"|"废统"|"终统"|"入联公投"|"去中国化"|"台湾共和国"。

(5)中国政府坚决反对任何旨在分裂中国主权和领土完整的言行,反对"两个中国"、"一中一台"或"一国两府",反对一切可能导致"台湾独立"的企图和行径。(《台湾问题与中国的统一》白皮书)

4. 具有"疆独""藏独"性质的组织和政治术语应加引号。例如:

(6)"东突"｜"东突厥斯坦伊斯兰运动"(简称"东伊运")｜"东突厥斯坦解放组织"(简称"东突解放组织")｜"世界维吾尔青年代表大会"｜"东突厥新闻信息中心"(简称"东突信息中心")｜"藏青会"。

5. 极端组织、邪教等的名称应加引号。例如:

(7)"基地"组织｜"伊斯兰国"｜"法轮功"｜"全能神"。

6. 用日期表示的某些计划或事件的名称。例如:

(8)"863计划"｜"三八"大案｜"一·一七"矿难｜"一二·九"运动｜"9·11"事件｜"5·12"汶川大地震。

需要说明的是,当用表示月、日的阿拉伯数字表示事件的名称时,无论月份是否为1月、11月、12月,表示月和日的阿拉伯数字之间均应使用间隔号隔开。

三、引用诗歌或书信时的引号处理

在文稿中连续引用分行书写的诗歌,只在第一行的开头处用前引号,在最后一行的末尾处用后引号,中间各行无须用前引号和后引号。例如:

(1)1949年4月23日,中国人民解放军占领南京,胜利的红旗在蒋"总统府"的上空飘扬。南京解放的重要性是不言而喻的,这使毛泽东感到衷心的喜悦。而这衷心的喜悦,焕发了毛泽东的葱郁的诗兴,于是便酝酿了一首雄浑沉着的新史诗《七律·人民解放军占领南京》。诗中这样写道:

"钟山风雨起苍黄,百万雄师过大江。

虎踞龙盘今胜昔,天翻地覆慨而慷。

宜将剩勇追穷寇,不可沽名学霸王。

天若有情天亦老，人间正道是沧桑。"

需要指出，若文稿中引用的是叙事诗，则诗中人物的对话要用引号标示［标示方式与本章"一、引号的误用情形"之（五）中的例（2）相同］。例如：

(2)李季的叙事诗《王贵与李香香》中，有一段王贵与李香香对话的描写：

"王贵赶羊上山来，香香在洼里掏苦菜。
赶着羊群打口哨，一句曲儿出口了：
'受苦一天不瞌睡，合不着眼睛我想妹妹。'
停下脚步定一定神，洼洼里声小像弹琴：
'山丹丹花来背洼洼开，有那些心思慢慢来。'
'大路畔上的灵芝草，谁也没有妹妹好！'
'马里头挑马四银蹄，人里头挑人就数哥哥你！'
'樱桃小口糯米牙，巧口口说些哄人话。
'交上个有钱的花钱常不断，为啥要跟我这个揽工的受可怜？'
'烟锅锅点灯半炕炕明，酒盅盅量米不嫌哥哥穷。
'妹妹生来就爱庄稼汉，实心实意赛过银钱。'
'红瓢子西瓜绿皮包，妹妹的话儿我忘不了。
'肚里的话儿乱如麻，定下个时候说说知心话。'
'天黑夜静人睡下，妹妹房里把话拉。
'满天的星星没有月亮，小心踏在狗身上！'"

在文稿中引用一封完整的书信时，只在书信开头处用前引号，而在书信的结尾处用后引号，中间各自然段均无须用引号。例如：

(3)1990年北京亚运会之后，吕正操又致函张学良，殷切希望他次年能回家乡看看。该信全文如下：

"汉公钧鉴：

杨尚昆主席接见学森一家情况谅已详知。我于上月去沈阳参加海岫铁路通车典礼，见到不少东北大学和学兵队队员。他们提出：明年我公满九十寿辰，又值'九一八'60周年，望能回家乡看看。中央领导已有此意。不知我公意下如何？此外，李、郝二位是否有此雅量，请酌情处之。如能来，则不必多虑，届时会有妥善安排。

吕正操手上
1990 年 11 月"

（张友坤《伟大的爱国者张学良》）

四、引文末尾的点号处理

1. 若引文完整且独立使用［如例(1)(2)］，或者不独立使用但引文句末带"？"或"！"［如例(3)(4)］，则引号内句末点号应保留。除此之外，引号内不留句末点号。

（1）有一天查房，9 床的老公非常生气地质问我们："你们到底有没有人值夜班？"

我们一头雾水。主任说："我们当然有医生值班啊。"

那个男人说："昨晚我不在，我老婆夜里疼得不行，你们都没有人管她！"（吕清泉《半米鸿沟》）

（2）"念完中学你也回唐山读大学，云姑到北京机场接你！"她说。（董桥《云姑》）

（3）书价上涨令许多读者难以接受，有些人甚至发出"还买得起书吗？"的疑问。（2011 年《标点符号用法》示例）

（4）公元 549 年，忧愤成疾、又饥又渴的梁武帝索蜜不得，口出"荷！荷！"两声，活活饿死。（张晓政《梁武帝之笑》）

2. 若引文处于句子停顿处（包括句末）且引号内未使用句末点号，则引号外应使用点号。例如：

（5）错觉是什么呢？"八公山上，草木皆兵"，是错觉之一例。"声东击西"，是造成敌人错觉之一法。（毛泽东《论持久战》，《毛泽东选集》第 2 版第 2 卷第 491~492 页）

（6）方遯翁有许多临别赠言吩咐儿子记着，成双作对地很好听，什么"咬紧牙关，站定脚跟"，"可长日思家，而不可一刻恋家"，等等。（钱锺书《围城·四》）

（7）这里交通不便，农民也更穷。一些学生告诉我，他们爱吃鸡蛋，不

过"一般是家里来人了,妈妈才会炒鸡蛋,才能吃上肉",甚至有人说"以前没吃过鸡蛋"。(罗洁琪《一个鸡蛋的温情与心酸》)

(8)那时候最怕的工作任务,就是"晚上留下来,陪客人吃个饭"。(吴念真《灯熄后,知交好友剩几个》)

(9)北京解放后,蹬三轮的都组织起来,那时候他"脑袋慢""没绕过来""晚了一步",就"进不去了",他感叹自己"人老了,没用了"。(杨绛《老王》)

3. 若引文处于非停顿处[如例(10)(11)]或者引号内已使用句末点号[如例(12)(13)(14)(15)],则引号外不用点号。

(10)一个"踩块西瓜皮,滑到哪里是哪里"的人,是一个没有目标的人。这样的人很难有责任感和进取心,被面试官淘汰是情理之中的事。(吴苾雯《哪把椅子是我的?》)

(11)"我不下地狱谁下地狱"简直就是十字架上真理的翻版,"地狱不空,誓不成佛"明显与基督精神殊途同归。(史铁生《昼信基督夜信佛》)

(12)他给我一个急救的喷雾器,"喘不过气时用这个,还不行的话赶紧联系我。"(《读者》2015年第4期第27页)

(13)一名女生因学习竞争的压力"急得要发疯",觉得"一直居人之下,活着又有什么意思呢?"

(14)李大叔忙把墙角那盛着一半糠皮的缸搬开。雨来两眼愣住了,"咦!这是什么时候挖的洞呢?"(管桦《小英雄雨来》)

(15)碗里很烫,但不冒气,让油盖住了。不明底细的舀起一勺就喝,"哎哟,烫死了!"(汪曾祺《老海糊辣烫》)

第十讲　括号

一、括号的误用情形

括号用于标示语段中的注释内容、补充说明或其他特定意义的语句。括号的误用大体上有以下四种情形。

(一) 不该用括号的地方误用括号

*(1)出版社在1997年第一季度社科新书征订单上提醒邮购者：务必在汇款单上写清姓名及详细地址（汇款单附言栏内注明所购的书名、册数）。

*(2)世上有两种人（品格高尚的君子和品格低劣的小人）。照理说，君子应受人尊敬，小人应遭到唾弃；但偏偏有人怕招麻烦，宁得罪君子，不得罪小人。

*(3)例如，参考题目中有"介绍我印象最深的一座桥"，写作时可借鉴初中学的《中国石拱桥》（其特征是：历史悠久，到处都有；形式多样，有许多惊人的杰作。）你既可以抓住其内在结构特征，也可以抓住其外部形式特征来写。

【简析】括注一般是相对不很重要，属于正文之外的补充部分，在朗读时一般不读，以免破坏原文语言的连贯性，甚至影响意思的表达。但是，如果括注很重要，在朗读时必须读出来才能完整表达句意，且不破坏语言的连贯性时，就应去掉括号，而将括号内的文字变成正文的一部分。

例(1)中，应将括号内的文字写进正文中，即去掉括号，并在"详细地址"之后、"汇款单附言栏"之前加上一个逗号。

例(2)中，括号内的文字不读出来时，仅就"听者"而言，就可能弄不清句中"两种人"与"君子""小人"的关系。而读出括号内的文字后，会使原文更流畅、更连贯。因此，应删掉括号，并在"两种人"之后、"品格高尚"之前加上冒号。

从形式来看，例(3)中的括号既不是句内括号，也不是句外括号；从内容来看，括号内的文字不是注释说明前面的篇名《中国石拱桥》的。因此，应删除括号，使括号内的文字变成正文，并在原前括号的地方加上一个句号，将"其特征"改为"中国石拱桥的特征"。

(二) 句内括号误用在了句外

*(1)在国外，夸美纽斯主张"应当循序渐进地来学习一切，在一段时间内只应当把注意力集中在一件事情上"。(转引自曹孚《外国教育史》)

*(2)唯心论历来反映剥削阶级的利益，代表剥削阶级的意识形态，是"反动派的武器，反动派的宣传工具"。(列宁《我们的取消派》)

*(3)美术的社会价值和教育价值很大。鲁迅说美术可以"表现文化""辅翼道德""救援经济""发扬真美，以娱人情""启国人之美感"。(鲁迅《拟播美术意见书》)

*(4)新桂系批评和反对蒋介石的不抵抗政策，认为"中国除武装抵抗日本的侵略外，决无第二条死里求活的出路"。(《南宁民国日报》1936年6月9日)

【简析】例(1)的括注本应置于后引号之后、句号之前，以标示夸美纽斯这句话的出处，但却被放在了句号后面，显然不妥。

同理，例(2)(4)的括注应置于后引号之后、句号之前，例(3)的括注应放在第二句话最后一个后引号之后、句号之前。

(三) 句外括号误用在了句内

*(1)写研究文章跟文学创作不同，不能摊开稿纸搞"即兴"（其实文

学创作也要有素养才能有"即兴"。)。

　　*(2)有所不为,是人生最不容易做到的。"有所不为而后可以有为",所以有荣誉心的人,对于标准以下的事,是绝对不干的。至于那一切欺骗、狭小、鄙吝、偷懒和其他种种"挖墙脚"的事,他更是不屑干的。这正是孟子所谓"非礼之礼,非义之义,大人弗为"(罗家伦《荣誉与爱荣誉》)。

　　*(3)靳以把家宝的一部稿子交给我看,那时家宝还是清华大学的一个学生。在南屋客厅旁那间用蓝纸糊壁的阴暗小屋里,我一口气读完了数百页的原稿。一幕人生的大悲剧在我面前展开,我被深深地震动了(巴金《怀念曹禺》)!

【简析】例(1)的括注不是注释"即兴"这个词的,而是注释全句的,因此括注应置于全句的句号之后。

　　例(2)中"非礼之礼,非义之义,大人弗为"出自《孟子·离娄下》,显然,括注不是注释这句话的。事实上,例(2)节选自罗家伦的《荣誉与爱荣誉》一文。因此,应将括注置于最后一个句号之后。

　　同理,例(3)的括注应置于叹号之后。

(四) 句内括号没有紧接在被注释的文字后

　　*(1)……但是,演讲大厅里至少70%的人用一种怀疑的目光看着我(你知道我指的是哪一种目光——那种人们根本就不认同你的目光)。

　　*(2)《邹忌讽齐王纳谏》的编者刘向,本名更生,字子政,西汉沛人(今江苏沛县)。

　　*(3)他上大学时(复旦大学)读了许多外国现代小说,这对他日后从事的研究很有好处。

　　*(4)按照中医的传统理论,在正常情况下,风是自然界"六气"之一(风、寒、暑、湿、燥、火);在异常情况下,风又是一种致病的因素。

　　*(5)我们在田间看到,有些瓜果、蔬菜的叶子(如丝瓜、番茄)是平伸的,有些作物的叶子(如水稻、小麦)是直立的。

　　*(6)现在的大青山上树木不多,但在汉代,这里却是一个"草木茂盛,多禽兽"的地方(《汉书·匈奴传》),古代的匈奴人曾经把这个地方当做自己的范围。

【简析】括注部分在句中起到"注释"的作用,理应紧接被注释对象的文字后。因此，例(1)的括注部分应紧接"怀疑的目光"之后。换言之，括注部分应插在"怀疑的目光"与"看着我"之间。

例(2)的括注部分应紧接地名"沛"字之后，即插在"沛"与"人"之间。

例(3)的括注部分应紧接"上大学"之后，即插在"上大学"与"时"之间。

例(4)的括注部分应紧接"'六气'"之后，即插在"'六气'"与"之一"之间。

例(5)中，第一个括注部分应紧接在"蔬菜"之后，即插在"蔬菜"与"的叶子"之间。同理，第二个括注部分应插在"作物"与"的叶子"之间。

例(6)中，"《汉书·匈奴传》"括注的是"草木茂盛，多禽兽"，故应紧接其后，即插在"草木茂盛，多禽兽"与"的地方"之间。

二、圆括号的使用场合

在出版物中，没有特殊指出时，一般情况下所说的括号都是指圆括号。圆括号俗称小括号，主要用于以下场合。

(一) 标示注释内容或补充说明

注释或补充说明句子里某些词语的，括注紧贴在被注释词语之后；注释或补充说明整个句子的，括注放在句末标点之后。

1. 标示注释的内容。例如：

(1) 木心和茅盾（沈雁冰）是远亲，孙家花园和茅盾故居在一条街道的两端。(路明《在黑暗中大雪纷飞》)

(2) 中国眼下最热门的经济术语大概就是 CPI（消费物价指数）了，粮价、油价、服装价格，什么都在涨。(茅于轼 口述，白菊梅 整理《CPI 向零靠拢》)

(3) 这时候就会传来母亲的声音："切慢点呀！又么宁帮侬抢！（吃慢点呀！又没人和你抢！）"(钟诸俍《泡饭》)

(4) 吴佩孚仓促参加的第一场战斗，是本军对遍地"拳匪"（义和团）

的回击。(李洁《吴佩孚与段祺瑞》)

(5)有一年伏日（三伏天的祭祀日），汉武帝下诏赏赐诸大臣鲜肉。(王立群《"伪小人"东方朔》)

(6)我看着他们，简直啼笑皆非。我说："……我是心内（心血管内科）大夫，而且我的职称只是副高。"(爱玛胡《盲》)

2. 标示补充说明。例如：

(7)1947年秋，朱生豪先生的译稿由上海世界书局分三辑（喜剧、悲剧、杂剧）出版，计27部剧本。(孙君飞《他是一个古怪孤独的孩子》)

(8)第十二届全国人民代表大会常务委员会

委员长：张德江

副委员长：李建国　王胜俊　陈昌智　严隽琪（女）　王　晨

　　　　　沈跃跃（女）　吉炳轩　张　平　向巴平措（藏族）

　　　　　艾力更·依明巴海（维吾尔族）　万鄂湘　张宝文　陈　竺

秘书长：王　晨（兼）

委　　员（按姓名笔画为序）：略

(9)我们为什么又叫它做党八股呢？这是因为它除了洋气之外，还有一点土气。也算一个创作吧！谁说我们的人一点创作也没有呢？这就是一个！(大笑)(毛泽东《反对党八股》,《毛泽东选集》第2版第3卷830页)

(10)我家只有一个忙月（我们这里给人做工的分三种：整年给一定人家做工的叫长工；按日给人做工的叫短工；自己也种地，只在过年过节以及收租时候来给一定的人家做工的称忙月），忙不过来，他便对父亲说，可以叫他的儿子闰土来管祭器的。(鲁迅《故乡》)

(11)锺书四岁（我纪年都用虚岁，因为锺书只记得虚岁，而锺书是阴历十一月下旬生的，所以周岁当减一岁或二岁）由伯父教他识字。(杨绛《记钱锺书与〈围城〉》)

(12)小学一年级时，冬天，有一天放学回家，我想大便，憋不住，拉在裤子里了（我记得我拉的屎是热腾腾的）。(汪曾祺《我的母亲》)

(13)这片800平方英里（约2000平方公里）的沙漠被当地人叫作"Bir Tawll"，位于埃及和苏丹之间。(詹青云《去非洲当国王》)

(14)增温可以增加原子的能量，使它们之间能够相互分离，返回到原始状态。因此，如果在850℃的温度下把斯石英加热30分钟，它将变为普通沙子。(你也可以在真空中对金刚石加热,从而把它恢复到原始炭的状态,但谁愿意这样做呢?)([美]阿西莫夫著,孟庆任译《被压扁的沙子》)

(15)闻到那股子香喷喷的味道,好想吃啊!身边没有钱,却伸着脖子问:"老伯伯,几个铜板一个?"(那个时代,还用铜板呢,一枚银角子换三个铜板,一块银元换三百个铜板。)(琦君《毽子里的铜钱》)

(16)随着时间的流逝,北美又与亚洲和欧洲分开,南美也与非洲相离。(如果看一张地图,并假定把非洲和南美洲拼合在一起,你就会看到它们拼合得多么天衣无缝。)([美]阿西莫夫著,孟庆任译《恐龙无处不在》)

(二) 标示订正或补加的文字

1. 标示订正的文字。例如:

(1)信纸上用稚嫩的字体写着"阿夷(姨),你好!"

(2)此不过盟军一部份(分)力量而已。转瞬德国问题解决,盟军陆海空连(联)袂东来,我国五百万大军同时反攻,……(周克辑注《张学良诗文精选》)

(3)南汉臣(宸)来电,王世英去沪返南京即动身,他问回陕做何事。(张友坤、钱进、李学群《张学良年谱》)

(4)"你生命里最重要的动机(动力)是什么?"英国人问她。(张蕾《搜梦者余莹》)

(5)你们诸位,如此一来,等于推波助浪(澜),岂不是对我内外夹攻。(周克辑注《张学良诗文精选》)

(6)立即建立无线电联络,雪峰(枫)带去呼号密码,未知此处已否启用。(张友坤、钱进、李学群《张学良年谱》)

2. 标示补加的文字。例如:

(7)该建筑公司负责的建设工程全部达到优良工程(的标准)。(2011年《标点符号用法》示例)

(8)估计南京亲(日)派在制造政治阴谋、军事威胁,以造成西北内战,便于武力解决,使张无法回陕。(张友坤、钱进、李学群《张学良年谱》)

(9)(这位大臣)早晨入朝,向国王请求说:"臣昏庸冒昧不自量,胆敢向君王提出一点请求。"(《如是雨林》2014年第4期第35页)

(10)别来十年,时为想念,兄当同感。现日寇已经(被)驱除,实

（为）最快心之事。(周克 辑注《张学良诗文精选》)

（11）老人执拗，听说在深圳被拐的小孩大都被拐到了广东潮州和福建一带，年近七旬的她踮着小脚，陪儿子找遍了揭阳、潮州的大部分幼儿园，"我孙子这么乖，（买孩子的）人家一定会送他去读书的"。(杨澍《亲爱的，你在哪里》)

（三）标示序次语

（1）

汉年同志：

　　恩来在西安与宋子文及蒋介石商定之条件：

　　（一）停战撤兵。

　　（二）初步改组南京政府，三个月复彻底改组。

　　（三）释放政治犯，保证民主权利。

　　（四）停止"剿共"，联红抗日，划定防地，供给经费，苏区照旧，共党公开。

　　（五）联俄并与英美合作。

　　（六）西北交张学良处理。

　　……(张友坤、钱进、李学群《张学良年谱》)

（2）语言有三个要素：(1)声音；(2)结构；(3)意义。(2011年《标点符号用法》示例)

（3）

周：

　　（甲）坚守渭南、临潼、西安线，二十天红军便可赶到，一战击破东敌，则西敌不成问题矣。

　　（乙）单用十七路于渭南、西安线，十七路必胆怯，提议东北军、十七路集中力量守该线。

　　（丙）从渭南至西安筑坚二十道之（至）三十道，并筑碉堡死守二十天。

　　（丁）敌仅二十八及七十九两个师，第二师之第二旅及第十师尚未到，其力甚薄。(张友坤、钱进、李学群《张学良年谱》)

（四）标示引语的出处

（1）孔子曰："三军可夺帅也，匹夫不可夺志也。"(《论语·子罕》)

(2)千年前的曹操处的是一个什么样的时代呢?"铠甲生虮虱,万姓以死亡。白骨露原野,千里无鸡鸣。生民百余一,念之断人肠。"(曹操《蒿里行》)

(3)不过,终究与一般常人不同,久别重归,既没有"少小离家老大回,乡音无改鬓毛衰"(贺知章《回乡偶书》)的感喟,也没有"大风起兮云飞扬,威加海内兮归故乡"(刘邦《大风歌》)的兴会。

(五) 标示汉语拼音注音

(1)"您"(nín)是封建社会的产物,只在北京一带流行;从前还有个"怹"(tān)字,现在不用了。(王力《和青年同志们谈写信》)

(2)颜斶(chù),战国时齐人。(公木《毛泽东诗词鉴赏》)

(3)搌(zhǎn),义为轻轻擦抹或按压,吸去湿处的液体。(陈千里《"宥于"应为"囿于"》)

(4)至于"铮"(zhēng),从金,本义是金属相击声。(梁怀《"诤友"不是"铮友"》)

(六) 标示中文字词或人名等对应的外文等

在行文中根据需要,通常用括号标示中文字词或人名、地名、国名等对应的外文,或外文单词、短语、句子对应的中文。例如:

(1)如洪深《戏剧导演的初步知识》引言:"剧作者在一个剧本里所要说的对于社会人生的话,有时也会在一篇序文里或在剧本的前奏(prologue)或尾声(epilogue)里。"(张应族《"接近尾声"质疑》)

(2)据说,"用脚投票"(Voting by foot),最早是美国经济学家蒂伯特(Charles Tiebout)提出的,意思是……各地居民自由选择那些最能满足自己偏好的地方定居。(贡釜《"用脚投票"为哪桩》)

(3)实际上,埃博拉(Ebola)病毒并不是什么新鲜事物,早在1976年就在非洲的扎伊尔有过一次可怕的流行……(馒头老妖《无药可救》)

(4)告别时交换联系方式,女子方知老人的名字就叫 Penny(潘妮)。(绿茶《有些幸运,从未离开》)

(5)一次上统计课时,Matt 突然问我:"What do you think of American students?(你是如何看待美国学生的)"我一愣,把笔咬在嘴里,疑惑地看着他那双大大的蓝眼睛说:"Why?(为什么)"他愤愤不平地说道:"My

Chinese roommate said we are arrogant！（我的中国室友说我们很傲慢）"（孙鑫《美国式傲慢》）

（七）标示话剧剧本人物对话中人物动作、情态的文字

（1）鲁　贵　（恐惧地）我给，我给！（把钞票掏出来交给大海）钱在这儿，一百块。（曹禺《雷雨》）

（2）王福升（活脱脱一个流氓，竖起眉毛，挺起胸脯，抓着黄胸前的衣服，低沉而威吓的声音）你要敢骂我一句，敢动一下子手，我就打死你！（曹禺《日出》）

（3）瑞珏　（哀怨中抚慰着觉新）不要着急，明轩。（对陈姨太，沉静地）我就搬，（转对周氏）城外总可以找，找着房子的。（巴金著，曹禺改编《家》）

（4）娜拉　（走近右边屋子）要是你不能设想，咱们更应该分开。（拿着外套、帽子和旅行小提包又走出来，把东西搁在桌子旁边的椅子上。）（〔挪威〕易卜生《玩偶之家》）

（5）曾思懿　是，愫妹。（把信递给文清）怎么样？（曹禺《北京人》）

（6）周　萍　（眼色向周冲）她病了。（向繁漪）你跟我上楼去吧！你大概是该歇一歇。（曹禺《雷雨》）

（八）行文中括号内外的标点用法

行文中的括号分为两种：句内括号和句外括号。括号内外标点符号的使用，应遵循如下处理原则。

1. 句内括号。

其一，括号内行文末尾需要时可用问号、叹号、省略号。除此之外，括号内行文末尾不用标点。例如：

（1）进入冬天，便怀念雪。一个冬天，迎来几场雪，本是平平常常的事情，如今已成为一种奢求（谁剥夺了我们这个天定的权利？）。（苇岸《大地上的事情》）

（2）如果不采取（但应如何采取呢?）十分具体的控制措施，事态将进一步扩大。（2011年《标点符号用法》示例）

（3）创作《废都》前就已经成名了的贾平凹，是浩浩荡荡东征的"陕军"两大帅之一（另一位是《白鹿原》的作者陈忠实?），在大陆也算得上

是一个"重量级"作家了。

(4)老实说她只是一个入了迷途的狂热者,上了别人的当,做了一件傻事(不,坏事!)。(巴金《巴金文集·序》)

(5)3分钟过去了(仅仅才3分钟!),从眼前穿梭而过的出租车竟达32辆!(2011年《标点符号用法》示例)

(6)主杀奴无罪,奴杀主重办的刑律,自从民国以来(呜呼,二十五年了!)不是早已废止了么?

(7)她介绍时用了一连串比喻(有的状如树枝,有的貌似星海……),非常形象。(2011年《标点符号用法》示例)

其二,当句内括号处于句子停顿处时,括号外应用点号［如例(8)(9)］;否则不用［如例(10)(11)］。

(8)虽然在毕业典礼上领了县长奖,他还是把奖品留给了弟弟妹妹,第二天带着小小的包袱(里头是两套新的内衣裤,一条新的咔叽布短裤,是妈妈昨天晚上特地去瑞芳买的。说它是毕业成绩优异的奖赏,或者成年的礼物,都行),就跟着陌生的叔叔走下山,坐火车到城市当学徒去了。(吴念真《门外青山》)

(9)黄霑先点菜,点了一尾清蒸苏眉(饮食男女嘴馋者自会明白一斤多重的游水苏眉是何等身份)。(林夕《苏眉救命》)

(10)例如,每人每月至少有150玻利瓦尔(相当于450元人民币)的城市补贴,直接发现金。(吴宣立《幸福的委内瑞拉人》)

(11)晚上其他同学(她们也是我的好朋友)邀我同睡。(舒婷《在澄澈明净的天空下》)

2. 句外括号。

其一,若句外括号内语段较长、内容复杂,则行文末尾用句末点号［如例(12)(13)(14)］;否则不用［如例(15)］。

《标点符号用法》(GB/T 15834—2011)附录B之B.2.2款称,"句外括号行文末尾是否用句号由括号内的语段结构决定:若语段较长、内容复杂,应用句号。"这种说法似有失全面。这是因为,句外括号内行文末尾如果需要用标点符号,除了视情况可用句号［如例(12)］,还可以视情况用问号［如例(13)］或叹号［如例(14)］或省略号。如此看来,国家标准中的这句话似应改为:**"句外括号内行文末尾是否用句末点号或省略号,由括号内的语段结**

构决定：若语段较长、内容复杂，应用句末点号或省略号。"

（12）这一日，宋濂大概遇上了开心事，叫了几个朋友宴乐饮酒，喝得很高兴。宋濂为人谨慎，酒喝高了也从不说胡话。宋讷则碰到了一件闹心的事情：他的一件茶器被国子监的几个学生摔碎了。可能茶器比较贵重，宋讷很生气。（《明史》中这两件事并不是发生在同一天，出于叙事的趣味考虑，我们放在一起说。）（吴钩《人肉窃听》）

（13）第一次我步行九十多里路去你的知青点，远远看见你张着大手飞奔而来，……满天清明，飞舞的蚊蚋在我们头上罩了一层银亮的雾。（为什么有关我们共同的记忆总伴有澄澈明净的天空呢？我们真的把那些阴霾的日子躲过去了吗？）（舒婷《在澄澈明净的天空下》）

（14）同年，他还完成了几首独唱曲、十一首卡农、一首钢琴协奏曲和三首钢琴三重奏。（一年之内创作这么多乐曲，这种艺术创造力是令我们啧啧赞叹的！）（教育部语言文字信息管理司《〈标点符号用法〉解读》）

（15）我们今天开这个大会，就是为了继续抗战，继续团结，继续进步。为了这个，就要取消《限制异党活动办法》，就要制裁那些投降派、反动派，就要保护一切革命的同志、抗日的同志、抗日的人民。（热烈鼓掌，高呼口号）（毛泽东《必须制裁反动派》，《毛泽东选集》第2版第2卷第578页）

其二，句外括号外不用点号。

（16）为什么要限制最抗日最革命最进步的共产党呢？这是完全不对的。我们延安的人民表示坚决的反对、坚决的抗议。（全场鼓掌）（毛泽东《必须制裁反动派》，《毛泽东选集》第2版第2卷第577页）

（17）起先，是睡眠抗拒了他。（也罢，这半生，不是处处都遭排拒吗？）（张晓风《不朽的失眠》）

（18）人们阅读应用文时，一般不包含欣赏的因素。（书信、日记有时被当作文学创作的形式，那是例外，不能看作一般应用文。）

三、方括号的使用场合

方括号"[ ]"，俗称中括号，主要用于以下场合：
1. 标示文稿中已有圆括号的注释性文字。例如：

(1)编辑[包括策划编辑(负责选题和组稿)、案头编辑(负责加工书稿和处理校样)、美术编辑(负责封面设计和版式设计)和技术编辑(负责印前技术处理)]都必须经过一段时间的专业训练才能上岗。

2. 用于英文单词后括注音标。例如:

(2)guest[gest],prime[praim]

3. 计量单位名称中其内文字在不致引起混淆时可以省略,用方括号标注省略部分。例如:

(3)伏[特],焦[耳],瓦[特],赫[兹],帕[斯卡],开[尔文],贝可[勒尔]……

4. 用于参考文献序号的文内标注。例如:

(4)基于 Matlab/Simulink 平台,将模糊控制[1-2]、遗传算法[3-4]、神经网络[5]及其结合的算法[6-7]引入到调速器的控制策略之中……

(5)文献[6-7]用模糊故障树方法分析了天然气长输管道的模糊失效概率。

四、六角括号的使用场合

六角括号"〔〕"通常用于以下场合:

1. 标示外国作者的国籍或中国清代以前(含清代)作者所属的朝代。例如:

(1)〔美〕斯宾塞·约翰逊 著|〔英〕A. D. 罗伯特 著。

(2)〔宋〕欧阳修 著|〔春秋〕孙武《孙子兵法》。

2. 标示公文发文字号中的发文年份。例如:

(3)国办发〔2013〕6号|财办文资〔2016〕3号。

3. 标示被注释的字词或句子。例如:

(4)〔层峰〕 此指湘江西岸的岳麓山峰,为诗人旧日与同学友人惯游之地。(公木《毛泽东诗词鉴赏》笺注)

（5）〔飞雪迎春到〕 满天飞雪又把春天迎来，指来春。陶潜《蜡日》："风雪送余运，无妨时已和。梅柳夹门植，一条有佳花。"（公木《毛泽东诗词鉴赏》笺注）

4. 在剧本中，与对话不连接，用于说明人物活动、周围环境、场次的时间和地点、舞台装置、灯光效果等的文字，通常用六角括号的前半部分标示。例如：

（6）〔幕启：现在，裕泰茶馆的样子可不像前幕那么体面了。藤椅已不见，代以小凳与条凳。自房屋至家具都显着暗淡无光。假若有什么突出惹眼的东西，那就是"莫谈国事"的纸条，条子更多，字也更大了。在这些条子旁边还贴着"茶钱先付"的新纸条。

〔一清早，还没有下窗板。王利发的儿子王大栓，垂头丧气地独自收拾屋子。

〔王大栓的妻周秀花，领着小女儿王小花，由后面出来。她们一边走一边说话儿。（老舍《茶馆》）

（7）鲁四凤 听，我像是听见有人来敲门。

　　　〔外面敲门声。

　　鲁　贵 快十一点，这会有谁？

　　鲁四凤 爸爸，您让我去看。

　　鲁　贵 别，让我出去。

　　　〔鲁贵开左门一半。

　　鲁　贵 谁？

　　　〔外面的声音：这儿姓鲁么？

　　鲁　贵 是啊，干什么？

　　　〔外面的声音：找人。

　　鲁　贵 你是谁？

　　　〔外面的声音：我姓周。

　　鲁　贵 （喜形于色）你看，来了不是？周家的人来了。

　　鲁四凤 （惊骇着，忙说）不，爸爸，您说我们都出去了。

　　鲁　贵 咦，（乖巧地看她一眼）这叫什么话？

　　　〔鲁贵下。（曹禺《雷雨》）

五、方头括号的使用场合

方头括号"【】",也称鱼尾号、实方圆引号,多用于以下场合:
1. 报刊标示电讯的开头。例如:

(1)【路透社开罗 7 月 21 日电】埃及新内阁今天宣誓就职,同时,执政的武装部队最高委员会竭力安抚抗议者。(《参考消息》2011-07-22)

(2)【法新社巴黎 2 月 19 日电】欧洲今天公布了在 2024 年发射一个大型太空探测器的计划。该计划旨在搜寻围绕其他恒星运转的行星,这是天文学的前沿领域之一。(《参考消息》2014-02-21)

2. 报纸标示报道、摘要文章的来源。例如:

(3)【法国《费加罗报》7 月 25 日文章】题:从本·拉丹到安德斯·布雷维克

没人可以想象,繁荣且宽容的挪威会发生像布雷维克周五制造的那种血腥杀戮。(《参考消息》2011-07-27)

(4)【美国《时代》周刊网站 2 月 19 日报道】题:久坐会让你丧命的又一个理由

我们都知道久坐会缩短寿命,但如今又发现了它让人早死的一个理由。(《参考消息》2014-02-21)

3. 标示汉语词典中被注释的词语(如:词、词组或成语)。例如:

(5)【动漫】dòngmàn 名 动画和漫画,特指当代连环画和动画片。(《现代汉语词典》第 6 版)

(6)【CEO】首席执行官。[英 chief executive officer 的缩写](《现代汉语词典》第 6 版)

(7)【拉山头】lā shāntóu 指组织人马,结成宗派。(《现代汉语词典》第 6 版)

(8)【倾箱倒箧】qīngxiāng-dàoqiè 把箱子里的东西都倒出来,指尽其所有。(《现代汉语词典》第 6 版)

4. 标示具有标题性质的名词或词组。例如：

（9）解决困难，先从容易处着手；干大事，先从细小处开始。天下的难事，必须从容易的做起；天下的大事，必须从细小的做起。

【原文】图难于其易，为大于其细。天下难事，必作于易；天下大事，必作于细。（《老子》六十三章）

（10）【作者简介】茅盾（1896—1981），我国伟大的革命文学家，新文化运动的先驱，现代文学的奠基人之一。原名沈德鸿，字雁冰。"茅盾"是他1928年发表第一部小说《幻灭》时用的笔名。

5. 标示医学类等学科有标题性质的名词或词组。例如：

（11）【病因病机】皮肤腠理不密，感受毒邪侵袭，瘀聚皮肤形成疣体。

（12）【苦胆】kǔdǎn　胆囊的通称。

6. 标示戏曲中的板式和曲牌名。例如：

（13）【正宫】【端正好】碧云天，黄花地，西风紧，北雁南飞。晓来谁染霜林醉？总是离人泪。（〔元〕王实甫《西厢记》）

（14）【骂玉郎带上小楼】他为你生小绿珠花月身，寻一个金谷绮罗里石季伦。（〔清〕孔尚任《桃花扇》）

（15）【快活三】念窦娥葫芦提当罪愆，念窦娥身首不完全，念窦娥从前已往干家缘，婆婆也，你只看窦娥少爷无娘面。（〔元〕关汉卿《窦娥冤》）

7. 标示英语辞典中所用的说明性略语。例如：

（16）美国英语【美】，委婉用语【婉】，航海用语【海】，法律用语【律】，罕见用法【罕】，老式用法【过时】，夸张用法【夸张】，不规范〔不标准〕用法【不规范】。〔朱原等译《朗文当代英语大辞典》（英英·英汉双解）〕

六、空心方头括号的使用场合

空心方头括号"〖〗"，又称空心鱼尾号、空方圆引号，通常用于与方头括号相区别的、具有标题性的名词或词组（常见于词典中）。例如：

(1) 未 wèi 名地支的第八位。参看 420 页〚干支〛。(《现代汉语词典》第 6 版)

(2)【东魏】Dōng Wèi 名北朝之一,公元 534—550,元善见所建,建都邺(今河北临漳)。参看 55 页〚北魏〛。(《现代汉语词典》第 6 版)

(3)【南极圈】nánjíquān 名南半球的极圈,是南寒带和南温带的分界线。参看 605 页〚极圈〛。(《现代汉语词典》第 6 版)

(4)【七情六欲】qīqíng-liùyù 指人的各种情感和欲望。参看 1014 页〚七情〛、835 页〚六欲〛。(《现代汉语词典》第 6 版)

(5)【诊断要点】 〚白癣〛……〚黑癣〛……〚脓癣〛……

第十一讲　破折号

一、破折号的误用情形

(一) 在该用括号的场合误用破折号

破折号与括号都有解释说明的意思,其区别在于:破折号引出的解释说明是正文的一部分。当句中解释说明的内容比较重要,属于原文的一部分,需要与正文一起读出来才能完整表达句意,且不破坏语言的连贯性时,就用破折号。而括号引出的解释说明不是正文,只是补充说明而已。当句中解释说明的内容相对不很重要,无须与正文一起读出来(否则会破坏原文语言的连贯性)时,就用括号。以下例子中的破折号即属误用的情形。

*(1)原来这正是钾推开水中的氢离子——水分子是由1个氢离子和1个氢氧离子结合而成的,硬将自己代替氢离子而与氢氧离子结合,变成氢氧化钾。

*(2)"靓女,今天见的那个博士怎么样?"姐姐调侃地问道。

"人倒蛮老实,收入也不低,就是'卖相'——上海话,'外貌'的意思——勿好,拿不出去……"妹妹不无惋惜地说。

*(3)在亲人金珠玛米——解放军——的帮助下,我很快就恢复了健康。

＊(4)据《史记·匈奴传》记载,赵国的长城东起于代——今河北境内,中间经过山西北部,西北折入阴山,至高阙——今乌拉山和狼山之间的缺口为止。

【简析】例(1)中"水分子是由……结合而成的"只是对氢离子的补充说明,不属于正文,故应将破折号改为圆括号,即前括号用在"水分子"前,后括号用在"而成的"之后。

同理,例(2)中"上海话,'外貌'的意思"不是妹妹说的话,而是引用者对方言"卖相"的补充说明,因此应将两个破折号改成前后圆括号。

例(3)中"解放军"是对藏语"金珠玛米"的意译,故应将破折号改为前后圆括号。

例(4)中,"今河北境内"是对"代"的补充说明,"今乌拉山和狼山之间的缺口"是对"高阙"的补充说明,故两个破折号均属误用,应删掉破折号,而分别将"今河北境内"五个字和"今乌拉山和狼山之间的缺口"十二个字用圆括号括起来。

上述四例中的破折号用法均属误用,应改为圆括号。圆括号标示注释内容或补充说明的用法见下例：

(5)我哑然。母亲丢下一句话："小囡家（沪语：小女孩),以后不许乱说。"(薛舒《"私奔"和"情书"》)

(二) 在不该用标点的场合误用破折号

＊(1)它既不是汽油,也不是酒精,而是金属——镁或铝。

＊(2)这一切,使人们想起了解放前——1937年大旱五十天,赤地千里,四处逃荒的悲惨往事。

＊(3)他步履沉重地走到窗前,把前额贴在玻璃上,深深惋惜的目光久久地凝视着庭院中央——这张X光片子的主人。

【简析】例(1)中,"金属"与"镁或铝"是同位语,两者之间无须使用标点,故应删去破折号。

例(2)中,"解放前"所指的时间范围大,而"1937年"是解放前的一小段时间,故应将破折号改为"的"字。例(3)中,"庭院中央"与"这张X光片子的主人"两者所指不是同一类事物,应将破折号改成"的"字。

（三）在该用两个破折号的场合未用或仅用一个破折号

＊（1）我国第一座自主设计、自行建造的国产化商业核电站"秦山第二核电厂"的2号机组核反应堆首次临界试验获得成功，将于年内并网发电。

＊（2）二氧化碳和水在合成"车间"，叶绿体里发生奇妙的变化。

＊（3）前天我见到了两位莫斯科大学教授，其中一位的外祖父是中国第一座长江大桥——武汉长江大桥的设计者。50多年前，中苏两国专家和建设者密切合作，把天堑变成了通途。（R日报2012-04-30）

＊（4）《西游记》不尊重佛教。玄奘到大雷音寺求经，佛祖的两个助理——阿难和迦叶跟师徒几个要人事。（D期刊2010年第9期）

＊（5）许耀桐表示，媒体问政说到底，媒体只是一个"前台"，它还需要一个强大的"后台"作支撑——一个具有政务处理功能、信息互通有无、回应百姓关切的处理平台，一个积极回应公众意见而不是避之唯恐不及的领导干部群体。（R日报2012-03-20第17版）

＊（6）浙江萧山县农民在有名的强潮河流——钱塘江的江口，筑起了拦海大堤，夺回了大片良田。

＊（7）银行在当时的中国还是个新鲜玩意儿……唯一的一家国家银行——户部银行（1908年改称大清银行，辛亥革命后改称中国银行）迟至1905年才在北京出现。

＊（8）当他来到这户人家的房屋前，轻轻敲开门，向这家的主人——一位中年男子提出借宿要求后，主人一脸的不高兴："你找错地方了！我家又不是旅店！你快走吧，我们要休息了！"（RS期刊2014年第4期第13页）

＊（9）5年前，习近平在澳门考察期间宣布，中央政府决定开发横琴岛。随后，作为"一国两制"框架下粤澳合作的标志性项目——澳门大学横琴校区项目启动。（Z教育报2014-12-21第1版）

＊（10）父亲亲手拎着因为价格最贵而被认作是最好的皮鞋，去了他的表兄家，亲手将皮鞋敬上，以感谢他的姑妈——我的姑奶奶当年之恩情。（D期刊2015年第1期第70页）

＊（11）妈妈进章家门的时候不到1岁，她成为外公第二位太太——溪夫人的女儿。（D期刊2016年第1期第22页）

【简析】例（1）中，"秦山第二核电厂"是解释说明"国产化商业核电站"的，且属于全句的有机构成部分（否则就用括号了），故"秦山第二核电厂"前后均应加"——"，并去掉引号。

例(2)中，"叶绿体"是解释说明"合成'车间'"的，所以"叶绿体"前的逗号应改为破折号，其后应加一个破折号。

例(3)~(8)属于该用两个破折号却仅用一个的情形，在出版物中比较典型，带有一定的普遍性。正确的使用场合是，在用于解释说明语句的前后各加一个破折号。

例(3)中"武汉长江大桥"用来解释说明"中国第一座长江大桥"，故应在"武汉长江大桥"与"的设计者"之间加一个破折号。

同理，例(4)应在"阿难和迦叶"与"跟师徒几个"之间加一个破折号。

例(5)的修改涉及语序的调整，结果如下：

　　许耀桐表示，媒体问政说到底，媒体只是一个"前台"，它还需要一个强大的"后台"——一个具有政务处理功能、信息互通有无、回应百姓关切的处理平台，一个积极回应公众意见而不是避之唯恐不及的领导干部群体——作支撑。

例(6)中的"强潮河流"不是指"钱塘江的江口"，而是指"钱塘江"，故应在"钱塘江"与"的江口"之间加一个破折号。

例(7)应在括注与"迟至"之间加一个破折号。

例(8)应在"中年男子"与"提出"之间加一个破折号。

例(9)应在"横琴校区项目"与"启动"之间加一个破折号。

例(10)应在"姑奶奶"与"当年"之间加一个破折号。

例(11)应在"溪夫人"与"的女儿"之间加一个破折号；因为作者的本意是说，外公的第二位太太是溪夫人（而非溪夫人的女儿）。

（四）误将破折号与"即""是""为"等词并用

　　＊(1)生长在人迹罕至的雪线以上的灵花异草，据说是稀世之宝——即一种很难求得的妇科良药。

　　＊(2)水生拍打着水，去追赶一个在水波上滚动的东西——是一盒用精致纸盒装着的饼干。

　　＊(3)我的母亲——是一个普通的劳动妇女，含辛茹苦却毫无怨言。

　　＊(4)这一天——是莫小闵的生日。

＊(5)莫小闵放下手机,抬起头,见到的人是——她的前男友。

＊(6)她慢慢换下制服,打电话给顾小白的时候,听到的是——"您拨的用户已关机,请稍后再拨……"

＊(7)在这次世界乒乓球锦标赛中,日本队派出了小山智丽——也就是日籍华人何智丽——作为女子单打的选手。

【简析】例(1)的破折号表示解释说明,与"即""亦即"等字样的意思相同,应保留破折号,删掉"即"字。

例(2)的破折号也表示解释说明,与"是"字的意思相同,故应删去"是"字。

例(3)~(6)应保留"是"字,而删掉破折号。

例(7)的破折号也表示解释说明,与"也就是"的意思相同,应删除"也就是"三个字。另外,该例也可以保留"也就是"三个字,而将破折号改为圆括号。

二、破折号的使用场合

下面举例说明破折号的使用场合。

(一) 标示行文中的注释内容或补充说明

(1)人死了,便住进一个永久的地——墓地。生前的亲朋好友,如果对他思之过切,便来到墓地,隔着一层冰冷的墓室的石板"看望"他。(冯骥才《巴黎,艺术至上》)

(2)儿子遇害后,痛定思痛的约翰决心找到更好的应对儿童失踪的办法——推动立法,建立更有效的寻找失踪儿童的机构。(谭山山《美国如何寻找失踪儿童》)

(3)这乡镇绝非战略上必争之地,日本人唯一豪爽不吝啬的东西——炸弹——也不会浪费在这地方。(钱锺书《围城·六》)

(4)在炮火烧焦了的土地上,在炸弯了的铁器和烧死了的树木中间,那位南斯拉夫母亲的唯一珍爱的东西——她的结婚的花烛——还是明晃晃地点在一个苏联青年的坟头。([苏]西蒙诺夫《蜡烛》)

(5)到了中秋节——农民嘴里叫"八月十五"——母亲不知从哪里弄了点月饼，给我掰了一块，我就蹲在一块石头旁边，大吃起来。

(6)蝉的幼虫初次出现于地面，需要寻求适当的地方——矮树、篱笆、野草、灌木枝等——蜕掉身上的皮。(1990年《标点符号用法》)

(7)**周朴园**　你的生日——四月十八——每年我总记得。一切都照着你是正式嫁过周家的人看，甚至于你因为生萍儿，受了病，总要关窗户，这些习惯我都保留着，为的是不忘你，弥补我的罪过。(曹禺《雷雨》)

(8)我其实更想说的是，当下的中国，缺少那种让人独处而不寂寞、与另一个自己——自己的灵魂——对话的空间。(〔印度〕孟莎美《不阅读的中国人》)

(9)那女人平日就有一种孤芳自赏、落落难合的神情——大宴会上没人敷衍的来宾或喜酒席上过时未嫁的少女所常有的神情——此刻更流露出嫌恶，黑眼镜也遮盖不了。(钱锺书《围城·一》)

(二) 标示句中的插入语

当行文叙述或人物对话中有插入语（其作用是补充说明前文，或者表明说话者的态度或情感）时，则插入语的前后都应使用破折号。例如：

(1)如果我要收研究生的话，恐怕我也不收这样的研究生。因为——这也许是我的偏见吧——我认为，连字都不肯写端正的人，要他用严谨的态度来做学术研究是不可能的。(王力《和青年同志们谈写信》)

(2)我出来看你，好，你没影儿啦！太太气得——一半也是急得——直哆嗦。(老舍《骆驼祥子》)

(3)后来长毛果然进门来了，那老妈子便叫他们"大王"，——据说对长毛就应该这样叫，——诉说自己的饥饿。(鲁迅《阿长与〈山海经〉》)

(4)大家让开些，让他站在我的面前。夏洛克，大家都以为——我也是这样想——你不过故意装出这一副凶恶的姿态，到了最后关头，就会显出你的仁慈恻隐来，比你现在这种表面上的残酷更加出人意料……(〔英〕莎士比亚《威尼斯商人》)

(5)"……你的好朋友是你的救星，逼你结婚是他——我想着就恨——帮你恢复自由也是他。快去罢！他提拔你做官呢，说不定还替你找一位官太太呢！我们是配不上你的。"(钱锺书《围城·九》)

(6)要是你能够叫这个犹太人的心变软——世上还有什么东西比它更硬呢？——那么还有什么难事不可以做到？（〔英〕莎士比亚《威尼斯商人》）

(7)《山海经》上就记载着一种名叫"刑天"的怪物。他没有了能想的头，却还活着，"以乳为目，以脐为口"，——这一点想得很周到，否则他怎么看，怎么吃呢，——实在是很值得奉为师法的。（鲁迅《春末闲谈》）

(8)嫁个拉车的——虽然是不得已——已经是委屈了自己，不能再天天手背朝下跟他要钱……（老舍《骆驼祥子》）

(9)"哦，太好了，"老人说道，"我也喜欢清酒。每天晚上，我和我妻子——哦，她今年76岁了——我们温上一小瓶清酒拿到花园里，坐在长凳上看日落，还要查看柿子树的长势。……"（〔美〕特里·杜布森著，彭嵩嵩编译《爱心故事》）

(10)一个中年妇女——显然是母亲——紧跟在男孩的身后，手里拿着考试袋，还有毛巾、药品之类的东西，一边小跑着，一边抬起胳膊擦着脸上的汗水和泪水。（莫言《陪考一日》）

(11)更明白一点说，名誉只是外界的称许，而荣誉则是内部发出来的光荣——也可说是光辉——与外界所加上的名誉相合而成的。（罗家伦《荣誉与爱荣誉》）

(12)相反，软弱的音乐——就算它是音乐吧——不但懈怠了时间，也令我们懈怠了对时间的敏感。（余光中《饶了我的耳朵吧，音乐》）

(13)糖水刚放在老车夫的嘴边上，他哼哼了两声。还闭着眼，抬起右手——手黑得发亮，像漆过了似的——用手背抹了下嘴儿。（老舍《骆驼祥子》）

(14)她将小青虫封在窠里，自己在外面日日夜夜敲打着，祝道"像我像我"，经过若干日，——我记不清了，大约七七四十九日罢，——那青虫也就成了细腰蜂了，所以《诗经》里说："螟蛉有子，蜾蠃负之。"螟蛉就是桑上小青虫。（鲁迅《春末闲谈》）

(15)在听众的窃笑声中，布朗先生——不愧是个政客——巧妙地规避了前提，答道："用现代通信方式警告双方。"（《读者》2015年第5期第24页）

(16)过了马路，来到东便道上，贴着公园的红墙，祥子——还没忘了在乡间的习惯——蹲下了。（老舍《骆驼祥子》）

（三）标示总结上文

(1)心里装着人民、时刻想着人民、讲话贴近人民、奋斗为了人民——

习近平的人民情怀,来源于他饱尝艰辛的特殊成长经历。(新华社北京 2012 年 12 月 23 日电)

(2)30 多年来,她数百次深入基层为广大群众慰问演出。从贫困山区到边疆海防,从油田矿山到营房哨所,从边陲大漠到雪域高原——中国的大江南北都留有她的足迹、回荡着她的歌声。(新华社北京 2012 年 12 月 23 日电)

(3)她的坚强,她的意志的纯洁,她的律己之严,她的客观,她的公正不阿的判断——所有这一切都难得地集中在一个人身上。(爱因斯坦《悼念玛丽·居里》)

(4)只是那一个个黑发的头、白发的头、长发的头、短发的头和戴帽子、包围巾的头,一样地在车门口攒动;那一双双白皙的手、粗糙的手、青筋暴露的手和戴手套的手,一齐向上挥舞着,努力向前伸——企图抓住车门。(高中语文读本《融……》)

(四) 标示提示下文

引起下文一般用冒号,但在标点符号实际应用中,破折号也有同样的功能。例如:

(1)范小姐眼睛稍微近视。她不知道美国人的名言——

Men never make passes

At girls wearing glasses——

可是她不戴眼镜。在学生时代,上课抄黑板,非戴眼镜不可;因为她所认识的男同学,都够不上借笔记转抄的交情。(钱锺书《围城·七》)

(2)1936 年 10 月 19 日,鲁迅先生因病逝世。美国作家斯诺惊闻噩耗后,曾撰联悼念。

上联是——

译著尚未成功,惊闻陨星,中国何人领呐喊;

下联是——

先生已经作古,痛忆旧雨,文坛从此感彷徨。

(3)有人说他爱慕冰心,追逐不成,故"恨水不成冰"。他活着时,就有人这么问过。印象里,他回答过两次——

一次是在 1942 年,他在重庆讲课。讲完课,就有一位学生站起来发问:"张先生,都说女人是水做的,您是不是与哪位小姐谈恋爱,不幸情场失意,所以才起名'恨水'?"他背诵着李煜的《乌夜啼》,解释了一回。

另一次是20世纪50年代,一位名叫徐诏京的忘年之交拜望他。两人天南地北、海阔天空地聊着。突然,徐诏京忍不住将搁置心里的这段传言和心中的疑惑说了出来:"先生,您知道'恨水不成冰'的传闻吗?有这回事吗?"……(徐迅《飘忽的青布衫》)

(4)恍惚间,少年看到了他死去的妹妹,看到了那个飞满萤火虫的夏天——

那时候的哥哥和妹妹是幸福的。装满糖果的铁皮盒子,漫天飞舞的萤火虫,哥哥拉着妹妹的手在夜晚奔跑,妹妹发出银铃般的笑声……(碧天朗月《天堂里的萤火虫》)

(5)怎样才能成为好编辑?没有什么好办法,只能是——

学习,学习,再学习!

实践,实践,再实践!

思索,思索,再思索!

提炼,提炼,再提炼!(王德有《做一个什么样的编辑》)

(五) 标示话题的转换

当话题转换,或者语意出现跳跃或转折时,其后应加破折号。例如:

(1)凤姐在窗外听见,先斥责赵姨娘:"他现是主子,不好了,横竖有教导他的人,与你什么相干!——环兄弟,出来!跟我玩去!"(曹雪芹《红楼梦》)

(2)"好香的干菜,——听到了风声了么?"赵七爷站在七斤的后面七斤嫂的对面说。(鲁迅《风波》)

(3)他还没有回答,丈人说:"是啊!我忘了——效成,你去拿那张报来——我收到你的照相,就教文书科王主任起个新闻稿子去登报。我知道你不爱出风头,可是这是有面子的事,不必隐瞒。"最后几句话是因为鸿渐变了脸色而说的。(钱锺书《围城·二》)

(4)**周朴园**　话很多。我看你的性情好像没有大改,——鲁贵像是个很不老实的人。(曹禺《雷雨》)

(5)阿Q两只手都捏住了自己的辫根,歪着头,说道:

"打虫豸,好不好?我是虫豸——还不放么?"(鲁迅《阿Q正传·第二章优胜记略》)

(6)**周朴园**　梅家的一个年轻小姐,很贤惠,也很规矩。有一天夜里,

忽然地投水死了。后来,后来,——你知道么?(曹禺《雷雨》)

(7)孩子的母亲有些觉得,抱歉地拉皮带道:"你这淘气的孩子,去跟苏小姐捣乱!快回来。——苏小姐,你真用功!学问那么好,还成天看书。孙先生常跟我说,女学生像苏小姐才算替中国争面子,人又美,又是博士,这样的人到哪里去找呢?像我们白来了外国一次,没读过半句书,一辈子做管家婆子,在国内念的书,生小孩儿全忘了——吓!死讨厌!我叫你别去,你不干好事,准弄脏了苏小姐的衣服。"(钱锺书《围城·一》)

(8)我爸实话实说:"成手了,像个大师傅,自己支一摊儿也没问题——咋的,想跳槽啦?"(郑执《永生》)

(六) 标示声音的延长

在句子中,表示声音的延长[如例(1)~(8)],要用破折号标示;拟声词后的停顿[如例(9)~(15)],也要用破折号标示。

(1)柔嘉瞧他说不出话,以为最后一句话刺中他的隐情,嫉妒得坐立不安,管制了自己声音里的激动,冷笑着自言自语道:"我看破了,全是吹牛,全——是——吹——牛。"(钱锺书《围城·八》)

(2)**鲁侍萍**　(泪满眼)我——我——我只要见见我的萍儿。(曹禺《雷雨》)

(3)我还是个小学生的时候,有天老师在黑板上写了一句话,说,同学们一起念吧:春雨贵如油。我们就念:春——雨——贵——如——油。(连岳《合十》)

(4)柔嘉自言自语道:"她是比你对我好,我家里的人也比你家里的人好。"

鸿渐的回答是:"Sh——sh——sh——shaw!"

柔嘉道:"随你去嘘。我家里的人比你家里的人好。我偏要常常回去,你管不住我。"(钱锺书《围城·九》)

(5)"我是——"瑞奇·马丁惊喜得说不上话来,他说,"我是米老鼠!"(陈祖芬《世界需要天真》)

(6)"大——刘?"我看着这个约莫四十来岁的工头,猛然悟到了一点什么。就在我准备回避的时候,工头已经喊了一声:"大刘——"(张翔《爱从未停止》)

(7)辛楣说:"你们这些哲学家研究超时间的问题,当然不看报的。题

目是——咦，就在口边，怎么一时想不起?"他根本没看那篇通讯，不过他不愿放弃这个扫鸿渐面子的机会。(钱锺书《围城·三》)

(8)一群孩子正在山坡上看牛。一个小孩"哦——哦——哦——"地对着山那边喊，山那边像有个人似的，"哦——哦——哦——"地回应着。(周伟《望乡曲》)

(9)父亲顺手从条台上拿起事先用硕大的玻璃瓶子凉好的开水，仰起脖子"咕咚——咕咚——"地往肚里灌，像决堤的缺口，然后坐到后门口歇凉。(铁马《顺着一条土路寻找父亲》)

(10)"瘦干儿"看了排长几眼，捂了捂胸口，按住那狂跳的"小兔子"，举枪瞄了好半天，"啪——"一枪，一个鬼子倒栽葱。(李永生《生命的绝唱》)

(11)他们走不上二三十步远，忽听得背后"哑——"的一声大叫；两个人都悚然的回过头，只见那乌鸦张开两翅，一挫身，直向着远处的天空，箭也似的飞去了。(鲁迅《药·四》)

(12)大哥是被"白脖儿"活埋的。临行前，他拖着沉重的镣铐，"哗啦——哗啦——"地穿过村街……(赵万里《父亲快跑》)

(13)一到清晨，它就"喔喔——"地打鸣，让作家感觉又回到了生活多年的乡村，特别亲切。(李晓巧《酷理由》)

(14)"哞——"黄牛抖擞精神，飞快地跑到依兰兰跟前，用庞大的身躯挡着她，不让老虎接近。(沈石溪《野牛传奇》)

(15)已经是深夜，不但冷，风猛，还常有炮弹"嘘烈烈——轰"地从头顶飞过。([苏]吉洪诺夫《新生命的诞生》)

(七) 标示话语的中断或间隔

语意中断包括两种情况：一种是说话者讲到中途，因有忌讳、顾虑及情绪等因素而一时语塞，自己停顿了下来［如例(1)~(4)］；另一种是说话人正在讲话时被他人打断，无法说下去［如例(5)~(7)］。

(1)"这正好。你是识字的，又是出门人，见识得多。我正要问你一件事——"她那没有精采的眼睛忽然发光了。(鲁迅《祝福》)

(2)"玲子，"小学教员忽然轻轻地唤了这一声，过了半晌，他还在那里低声自言自语，"我知道你会跟他们走的。你太——"

我等着听这下面的话，但是他猝然闭上嘴走了，我听见他的急促的脚步

声。(巴金《窗下》)

(3)宝钗见他睁开眼说话,不像先时,心中也宽慰了些,便点头叹道:"早听人一句话,也不至于有今天!别说老太太、太太心疼,就是我们看着,心里也——"刚说了半句,又忙咽住,不觉眼圈微红,双腮带赤,低头不语了。(曹雪芹《红楼梦·第三十四回》)

(4)她的脸色像死人一样白,她的声变抖而且哑,她急切地说:"妈是气糊涂了!总说爸爸已经被他们弄死了!你,你赶快答应裕昌祥,赶快救爸爸!寿生哥,你——"

林小姐说到这里,忽然脸一红,就飞快地跑去了。(茅盾《林家铺子》)

(5)老者吃完自己的份儿,把杯中的酒喝干,等着小马儿吃净了包子。掏出块破布来,擦了擦嘴,他又向大家点了点头:"儿子当兵去了,一去不回头;媳妇——"

"别说那个!"小马儿的腮撑得像俩小桃,连吃带说的拦阻爷爷。(老舍《骆驼祥子》)

(6)**鲁大海**　哦,好,好。(切齿)你的手段我早就领教过,只要你能弄钱,你什么都做得出来。你叫警察杀了矿上许多工人,你还——(曹禺《雷雨》)

(7)**鲁侍萍**　不是有一件,在右袖襟上有个烧破的窟窿,后来用丝线绣成一朵梅花补上的?还有一件,——(曹禺《雷雨》)

例(3)中,宝玉被父亲一顿暴打之后,早已面白气弱,动弹不得。贾母、王夫人"见今日这顿打不比往日,既是心疼,又是生气,也抱着哭个不了"(《红楼梦》)。表姐宝钗平素与宝玉等感情甚好,此番见宝玉伤得不轻,自然也怜惜悲痛。她本想说"就是我们看着,心里也疼",但顿觉一个待字闺中的女儿家当着袭人、丫鬟们的面说如此亲密、大有深意的话不妥,就赶忙咽住后面的话,娇羞怯怯,低头不语了。

例(5)中,老者吃完包子后,开始向大家述说自己儿子、儿媳的状况。他正要说儿媳的去向时,突然被自己的孙子小马儿的一句劝阻的话"别说那个!"打断了。

例(6)中,鲁大海的话是被周朴园紧接的一句狡辩"你胡说!"打断的。

例(7)中,鲁侍萍的话是被周朴园接下来一句惊愕的问话"梅花?"打断的。

（八）标示引出对话

（1）——你长大后想成为科学家吗？

——当然想了！（2011年《标点符号用法》示例）

（2）语境：一次长途电话。

——是《现代外语》编辑部吗？

——是。您（是）哪位？

——我是湖南的×××。（钱冠连《汉语文化语用学》）

（3）贝雷为难地说：

——那栋房子，你们根本进不去，你们不认识房主。

在分段书写的对话中，每个对话的开头都用破折号代替引号。这是某些西文（如俄文、法文等）标点的习惯用法。例如：

（4）— Я могу получить номер с ванной?

— Да, конечно.

— И, если можно, на третьем этаже.

— Пожалуйста. Вот ключ от номера. Лифт в углу вестибюля.

"我可以要一套带洗澡间的房间吗？"

"当然可以。"

"如果行的话，要三楼的。"

"可以。这是房间钥匙。电梯在大厅拐角上。"（赵云中《俄语情景对话》）

受西学东渐的影响，我国学者中也有一些人喜欢这样使用。上述前三个示例即是如此。

（九）标示事项列举分承

此种用法多见于报告、报道和论文中。列举时通常分行［见例（1）］或分段［见例（2）（3）］，在每行或每段的开头处用破折号。

（1）全书正文按内容分成八个部分：

——数字、文字；

——译写规则；

——量和单位;

——图书、期刊、论文的编排;

——辞书编纂;

——语种及有关代码;

——书刊编号;

——其他。[新闻出版总署科技发展司等《作者编辑常用标准及规范》(第二版)出版说明]

(2)我们希望同中亚国家一道,不断增进互信、巩固友好、加强合作,促进共同发展繁荣,为各国人民谋福祉。

——我们要坚持世代友好,做和谐和睦的好邻居。……

——我们要坚定相互支持,做真诚互信的好朋友。……

——我们要大力加强务实合作,做互利共赢的好伙伴。……

——我们要以更宽的胸襟、更广的视野拓展区域合作,共创新的辉煌。……(习近平《习近平谈治国理政》第288~289页)

(3)为了实现国强民富的梦想,他在长期政治生涯中深入思考、反复实践,围绕中国特色社会主义事业"五位一体"总体布局,提出了一系列论述和主张:

——在经济建设上,要坚持发展是硬道理,但不鼓励盲目的、蛮干式的发展;要坚持科学发展,而不能搞拼资源的发展、竭泽而渔的发展、砖头搬来搬去的空头发展;

——在政治建设上,要坚持国家一切权力属于人民的理念,积极稳妥推进政治体制改革,坚定不移走中国特色社会主义政治发展道路;要恪守宪法原则、弘扬宪法精神、履行宪法使命,坚持依法治国、依宪执政;

——在文化建设上,要重视人才培养,注重培养民族精神,特别是弘扬"用我们的血肉筑起我们新的长城"的国歌精神;

——在社会建设上,要立足社会主义初级阶段这个基本国情,在经济发展的基础上不断保障和改善民生,树立正确的幸福观,强化通过辛勤劳动来创造幸福生活的观念,齐心协力建设和谐社会;

——在生态文明建设上,要坚持节约资源和保护环境的基本国策,走可持续发展之路,为人类永续发展作出应有的贡献。(新华社北京2012年12月23日电)

（十）用于文章的副标题之前

（1）暴力，何以发生？

——来自个体与情境的不同解读（《中国图书评论》2011年第8期）

（2）"丹青难写是精神"

——读《王安石人才思想论稿》

（3）葛剑雄的"近忧"与"远虑"

——读葛剑雄《近忧远虑》随感（《北京日报》2015-05-14第19版）

（4）让我们挽紧和平的臂膀

——纪念世界反法西斯战争胜利70周年（《人民日报》2015-05-10第1版）

（5）道德暖风扶正世道人心

——全国道德模范评选表彰助力公民道德建设（《光明日报》2015-05-17第2版）

（6）150岁的国际电联将有新发展

——访国际电信联盟秘书长厚麟（《光明日报》2015-05-17第5版）

（7）我的"旧邦新命"观

——兼谈中国传统文化的现代化（《北京日报》2014-03-03第19版）

（8）叙评千秋功过　蕴含深刻哲理

——评《毛泽东和他的秘书田家英》

（9）谁造就了"史密斯热"？

——就《中国人的特性》与诸学者商榷

（10）被"劫持"的达尔文

——对进化论传播历史的一点反思

（十一）用于引文、注文后，标示作者、出处或注释者

有的文稿，引用了他人的诗词或言论需要交代出处，或者要标示非著者（如译者、校者、编者）的脚注，因此要用到破折号。例如：

（1）　　　　　　乌　衣　巷

朱雀桥边野草花，乌衣巷口夕阳斜。

旧时王谢堂前燕，飞入寻常百姓家。

——〔唐〕刘禹锡

（2）希望是永远的喜悦，它有如人类拥有的土地，是每年有收获、绝不会耗尽的确实财产。

——〔英〕史蒂文生

（3）成大事必须依靠五种人：高人、贵人、内人、对手、小人。五种人各有各的作用：高人开悟，贵人相助，内人支持，对手鼓舞，小人成就。

——柯云路（《读者》2011年第11期）

（4）可叹，如今她（指月牙泉——引者注）却变得这样衰弱可怜，这样奄奄一息，简直成了一只快要哭干的泪眼。（刘焕辉《言语交际学》）

（5）末了，附带说一说，许多人写好信后把信笺折成方胜形，我看大可不必。（方胜，指古代妇女戴的方形的首饰，用彩绸等制作，由两个斜方形部分叠合而成。这里指这种形状的东西。——编者注）（《咬文嚼字》2016年第4期第58页）

（6）行必要之注意（或小心）之义务，法律术语，指合同当事人应以最大的善意保护相对方当事人的利益。——译者（〔德〕霍尔格·贝姆 等著，邓西录译《未来的出版家——出版社的管理与营销》）

（7）张学良应蒋介石的要求写作《西安事变回忆录》，本属无奈之举，自然无法回避共产党和红军的内容。一向反对内战的他，身处彼境，不得不违心地使用蒋氏惯用的称谓，称红军为"共匪"。为保持张学良作品的原貌和适应后人研究的需要，对本书所引《西安事变回忆录》中出现的几处"共匪""剿匪"字样均未加引号，特此说明。——责任编辑（张友坤《伟大的爱国者张学良》）

（十二）标示语意递进

语意的递进，通常也含有转折的意思，所以要用破折号标示。例如：

（1）我有四年多，曾经常常，——几乎是每天，出入于质铺和药店里。年纪可是忘却了，总之是药店的柜台正和我一样高，质铺的是比我高一倍。我从一倍高的柜台外送上衣服或首饰去，在侮蔑里接了钱，再到一样高的柜台上给我久病的父亲去买药。（鲁迅《呐喊·自序》）

（2）老李有点羡慕——几乎近于嫉妒——张大哥。因为羡慕张大哥，进而佩服张大嫂。（老舍《离婚》）

(3) 这天一大早，左永邦就盛装出门——就差没穿燕尾服了——屁颠颠赶到公司，在火锅中翻滚般地煎熬了一天，临下班前一个小时胡乱编了一通理由就溜出公司，赶赴约会去了……（唐浚《男人帮》）

(4) 阿Q不开口，想往后退了；赵太爷跳过去，给了他一个嘴巴。
"你怎么会姓赵！——你那里配姓赵！"（鲁迅《阿Q正传·第一章　序》）

(5) 只有那些锣鼓在新年后的街上响得很热闹，花轿稳稳的走过西安门、西四牌楼，也惹起穿着新衣的人们——特别是铺户中的伙计——一些羡慕，一些感触。（老舍《骆驼祥子》）

(6) 机门一打开，旋梯推上来了，尼克松总统和他的夫人手挽手慢步地一阶一阶走下来，面带笑容。到了最后一个台阶，尼克松和周恩来总理几乎是同时往前走了一步，双方伸出右手握在了一起——紧紧地握在了一起。（高峰《秘密访问：中美关系破冰亲历》）

(7) 车夫毫不理会，——或者并没有听到，——却放下车子，扶那老女人慢慢起来，搀着臂膊立定，问伊说：
"你怎么啦？"（鲁迅《一件小事》）

(8) 萨特出生于1905年6月21日，我出生于1935年6月21日，可我不认为——况且，我也不愿意认为——我可以没有他而独自在这个星球上再度过30年。（薛白《越天真越美好》）

（十三）用于歇后语前后两部分之间

(1) 现在是百业待兴，百事待举，要把所有的事都找出来，分分类，排排队。不加选择，眉毛胡子一把抓，核桃栗子一起数，其结果必然是"螃蟹吃豆腐——吃得不多，抓得挺乱"。（李瑞环《学哲学，用哲学》）

(2) 过去普调一级工资，老百姓就欢天喜地；现在搞医保社保，成百上千亿地投入，却仍有人抱怨是"太平洋里磕鸡蛋——这哪算做蛋汤"。（《人民日报》2012-10-11）

(3) 老师打断他的话说："看看，又来了，你这是怎么啦？"他检讨道："我这是夜里睡觉没盖胳膊——想露一手。"（赵虹《露一手》）

(4) 乙：哦，你结过婚啦！？
　　甲：收音机里报时——一点不差。（庄稼汉《七大八小》相声）

(5) 他刚拉过牛绳，忽然一个留长胡的财主一把将牛绳夺过来，对着牛贩子说："这牛我要了，六百贯。"哪有这样不讲理的呢？可是牛贩子却是铜

板做眼睛——认钱不认人。(李学广《铁牛的来历》)

(6) 这些小伙子，都是从全国武警部队千里挑一筛选出来的佼佼者，用句文词儿那叫凤毛麟角，说通俗一点儿就好比是雨后的春笋清明的茶——全都是尖儿。(康健春等《目标：正前方……》)

(7) 夏涛从老马烟盒里取出一支烟，抽着，说："我觉得柳华的意见是很有道理的，大队应该考虑。""考虑啥？"马守田晃下脑袋，"上面按着计划拨投资，这是王八的屁股——规定。"(奚清《望婚崖·三二》)

(8) 再说李鸿章接到懿旨，内心真是十五个吊桶打水——七上八下。上次李莲英在天津阅兵，提出借款一事，只因购买了军舰，一直拖着。这会慈禧太后召见，能不急吗？(斯人《李莲英》中卷三章二)

(9) 我的用心当然一直明白着，杀洋人！杀得过要杀！癞蛤蟆跳脚背上——咬不咬吓一跳。傻小子睡凉炕——全凭火力壮。(王朔《千万别把我当人·一一章》)

(10) 怎么办呢？都说歪锅配扁灶——一套配一套，那我就跟他来个掐着脚趾头念佛——玩邪的。(欧阳梦儿《白衣飘飘》)

(11) 柳氏啐道："发了昏的，今年不比往年，把这些东西都分给了众奶奶了。……叫我也没好话说，抢白了他一顿。可是你舅母、姨娘两三个亲戚都管着，怎不和他们要的，倒和我来要。这可是'仓老鼠和老鸹去借粮——守着的没有，飞着的有'。"(曹雪芹《红楼梦·第六十一回　投鼠忌器宝玉瞒赃　判冤决狱平儿行权》)

(12) "钱老大，在西山沟废砖窑里开赌博场的就是你吗？""啥？同志，你可不能'拿着草帽当锅盖——乱扣帽子'，我啥时候干过这？"(张一弓《赵镢头的遗嘱·四》)

（十四）用于注释和被注释的文字之间

在剧本的人物表中介绍剧中人物的性别、年龄、身份和个性特征等等时，人物名与其文字介绍之间通常使用破折号标示。例如：

(1)　　　　　　　人　物

陈白露——在××旅馆住着的一个女人，二十三岁。

方达生——陈白露从前的"朋友"，二十五岁。

张乔治——留学生，三十一岁。

王福升——旅馆的茶房。

潘月亭——××银行经理，五十四岁。

顾八奶奶——一个有钱的孀妇，四十四岁。

李石清——××银行的秘书，四十二岁。

…………（曹禺《日出》）

（2）

王利发——男。最初与我们见面，他才二十多岁。因父亲早死，他很年轻就做了裕泰茶馆的掌柜。精明、有些自私，而心眼不坏。

唐铁嘴——男。三十来岁。相面为生，吸鸦片。

松二爷——男。三十来岁。胆小而爱说话。

常四爷——男。三十来岁。松二爷的好友，都是裕泰的主顾。正直，体格好。

…………（老舍《茶馆》）

第十二讲　省略号

一、省略号的误用情形

（一）表示同类事物的列举省略时，列举的内容过少

＊（1）在另一领域中，人却超越了自然力，如飞机、火箭……

＊（2）私家车辆猛增，道路设施落伍……种种现状阻碍着中国交通事业的快速发展。

＊（3）隔壁李二嫂来看过鞋样子，对门张二婶借过笸箩……

＊（4）在企业工作的阿胜，把公司过年发的福利——一桶油和一袋米全部捐回了福利院；当厨师的小雷，"三八"妇女节的时候特地赶回来，给自己的老师送上了康乃馨、百合花……（R日报2012-03-20第6版）

【简析】省略号用于表示列举同类事物的省略时，列举的内容至少应有三项。若仅列举了两项内容，后面省略的部分就不能用省略号来表示，而应缀以词语"等"或"等等"字样。

例（1）中，应把省略号改成"等"字，并加上句号。

例（2）中，应将省略号改为"等等"，并在其前后各加一个逗号。

例（3）（4）中，应将省略号改作"等等"，并在前边加上逗号，后边加上句号。

另外，例(4)中应使用两个破折号："一桶油和一袋米"是对"过年发的福利"的解释和说明，故应在"一袋米"与"全部拎回"之间加上一个破折号。

(二) 误将"等""等等""之类""什么的"与省略号同时使用

＊(1)新中国的历史上无法抹去这些名字：焦裕禄、王进喜、吴吉昌、孔繁森、杨利伟……等。

＊(2)有关共产国际与中国革命关系的回忆资料，有关解放初期中苏关系的回忆文章，有关东北抗联活动的回忆文章……等等，都有这一类问题，我们考虑均只在内部发表。

＊(3)这样多次观察后，他见识了千奇百怪的汽笛声：有如击鼓的，有如吹哨的，有如牛吼的，有如狗叫的，有如鸟鸣的，有如母鸡惊啼的，等等……

＊(4)我们讨厌苍蝇、大蛆、屎壳郎、臭虫、老鼠等等……这些不干净的东西不仅破坏环境，还会直接危害人们的健康。

＊(5)科研人员的大量流失，研究队伍的老化，科研条件的简陋，研究资料的匮乏……等等，无一不困扰着这项几乎没有任何短期经济效益的事业。

＊(6)在《家》中，就描写了在封建制度彻底崩溃前许多这样的柔弱而善良的新的牺牲者，如觉新、瑞珏、梅表姐、鸣凤、婉儿、淑贞……等等，可谓比比皆是、触目惊心。

＊(7)电视推出了众多的明星——歌星、影星、体坛明星、商界风云人物……等等。

＊(8)春花什么都没带，所需的日用杂品全都是娟姐到小卖部替她买来的：热水瓶、脸盆、毛巾、香皂、牙刷、手纸、镜子、剪刀……之类。

【简析】例(1)可删去句中的"等"字和句号。

例(2)~(7)的改法有二：要么保留"……"，而删去"等等""，等等""等等，""等等。"字样；要么删除"……"，而保留"等等"字样，并在其后加上句号［如例(3)(4)］或者在其前加上逗号［如例(2)(5)(6)(7)］。

例(8)可保留"……"，删掉"之类"和句号。

需要指出四点：其一，在需要读出来的地方用"等""等等""什么的"等词语，不用省略号；其二，"等"字之前不能有停顿，必须紧接前面被列举的词语；其三，列举的各项和省略部分共同作某词的修饰或限制成分时，只能用"等"字，例如：

(9) 能制造这类民用产品的有北京、上海、天津、广州等17个城市。

(10) 集成电路是将三极管、二极管、电阻、电容等元件"划"在一小块硅片上。

(11) 钛在军工、航海、医疗、纺织等十几个部门中的应用，取得了很大进展。

其四，"等"字除了用来表示省略，还可以用于列举尽后煞尾。例如：

(12) 试验条件为深浅两种燃烧室，压缩比为13和15.6，转速为1000、1600、2000、2600转/分钟等4种。

(三) 在句中不能省略的地方误用省略号

＊(1) 就是在我随意被人辱骂、踢打……的时候，我总是昂着头。我对自己说："鲁迅先生是同我们一起的！"

＊(2) 相形之下，那种开会时烟果糖茶应有尽有，吃饭时大摆宴席，结束时发纪念品、"处理"土特产……的人，应当感到惭愧。

【简析】上述两例中，省略号都用在了定语的末尾；但因定语与中心词之间不应有停顿，故省略号应删掉。

(四) 在句中语意已尽或叙述已尽的地方误用省略号

有的人常常在语意已尽或叙述已尽的地方使用省略号，貌似言犹未尽，蕴含着深刻的意思，引导读者去想象，其实是在浪费读者的时间。像下面句子中的省略号都应该删掉。

＊(1) 他最初向她要电话号码；她刁难，故意把最后两个数字给省略了……想不到，他百般试验，最后居然打通了她的手机。

＊(2) 衣，遮体即可，他终生保持河南农民的打扮，常穿对襟衣服，腰里勒条布带；食，填饱肚子就行，有时候，他一天在公园里就吃两个馒头，

困了就在石板上睡一觉,顺带着把住的问题也解决了……

　*(3)浓浓的云彩,在群山上空暴怒地翻卷着……

　　　　敌机像一群黑老鸹,穿着云层,发出怪叫……

　　　　弯弯的河堤那边,响起了轰轰的爆炸声……

　　　　送公粮的民工队,在通往山区的大道上飞奔……

【简析】例(1)、例(2)中,应把省略号改为句号。例(3)中,前三个分句末尾的省略号应改成分号,最后一分句末尾的省略号应改成句号。

二、省略号的使用场合

省略号的形式是"……",为六连点,占两个汉字的位置。在标示诗行、段落的省略时,可连用两个省略号"…………"(相当于十二连点)。兹举例说明省略号的用法。

(一) 标示引文的省略

(1)鲁迅曾说:"联合战线是以有共同目的为必要条件的。……我们战线不能统一,就证明我们的目的不能一致,或者只为了小团体,或者还其实只为了个人。如果目的都在工农大众,那当然战线也就统一了。"这个问题那时上海有,现在重庆也有。(毛泽东《在延安文艺座谈会上的讲话》,《毛泽东选集》第2版第3卷第858页)

(2)终于,等到第6个评委说"Yes"时,她铆足了劲儿介绍:"我叫苏意涵,来自中国台湾,我做的题目主要是要探讨燃料电池的触媒转换效率……"一口气,她讲了5分钟。(耿学成《请给我一分钟》)

(3)她依然是笑着走的。她对我说,她正像那首歌中唱的一样:"天际一片云,生不了根……"(中学语文课文《我始终忘不了她》)

(4)叔叔接过麦克风,缓缓开口:"我从小到大很少有机会知道什么是感动到想哭的感觉,今天我总算体会到了……第一次见到薇薇,是在二十二年又六个月前。那时候她还未满十四岁,是一个懵懂的小孩……平常生活中,她叫我叮当、当当。不管她叫我什么,我们感觉就是一家人……"(刘中薇《爸爸们的小抄》)

(5)Elizabeth Economy 指出,"中国许多地区,水资源供给的日益减少给当前的社会、经济和政治提出了最大的挑战……水利部预测 2030 年中国将出现'严重的水资源危机',那时……中国人均水资源估计会下降到世界银行规定的短缺水平",从 2005 年每人每年大约 2150 立方米下降到 2000 立方米。(〔美〕劳伦·勃兰特 等编,方颖 等译《伟大的中国经济转型》)

(6)之前,海莲·汉芙还在写给好友的一封信里说:"卖这些好书给我的好心人已在数月前去世了……但是,书店还在那儿,你们若恰好经过查令十字街 84 号,代我献上一吻……"从此以后,海莲·汉芙再没给查令十字街 84 号写过信,直到她 1997 年在纽约病逝。(谢胜瑜《和一个地址的缠绵》)

(二) 标示列举的省略

(1)"这要读不少书啊,难得难得。张瀚的《松窗梦话》、屠隆的《考槃馀事》、张大复的《梅花草堂笔记》、袁宗道的《白苏斋类集》、张潮的《幽梦影》……想必都入了君眼?"(聂鑫森《时间存折》)

(2)试着回想一下,曾经在你生命中出现而又远离的旧时玩伴、父母的朋友、老师、同事、合伙人……都不见了。(张家瑜《同路人》)

(3)开头只有芨芨草,后来又养了金枝荷叶、九月菊、君子兰、文竹、仙人掌、韭菜兰、灯笼花、月季花……(魏书生《魏书生:班主任工作艺术》)

(4)汉字中有一些形状十分接近的字,如人入、土士、日曰、千干、风凤、未末、洗冼、爱爱、刺剌、候侯……应注意区分。

(5)节日的地铁站里,喜气洋洋,人来人往,拎着礼品的,捧着鲜花的,抱着孩子的,扶着老人的……列车进站了,可是要上车的人太多了,我们没能挤上去。

(6)这是一场规模盛大的宴会。出席宴会的人,要么是政界要员,要么是商界名流,要么是高级知识分子……总之,都是聪明绝顶的人。(李丹崖《一场测试人性的拍卖》)

(7)就是这种幸福,让他不停地踩动车轮,屈身向前,在流泻的朝霞里,在漫天星光下,在狂风暴雨里,在悠然雪花中……得到更多的幸福。(羽毛《我的大海悬挂在墙上》)

(8)于是,我们一面向往成功,一面嘲笑成功;一面追逐金钱,一面耻于谈钱;一面向往自然与自由,一面深信自由的前提是财富;一面开导别人看开一些,一面告诫自己时不我待;一面向亲人抱歉,一面提刀上马;一面

誓言早早退休,一面生怕门庭清闲……(桂旭江《中产阶层的撕扯人生》)

(9)我是谁呢?就是那种一直嚷嚷要去看海、至今还没有看过海的人。为什么?原因有很多:暂时没钱,能靠160日元完成旅行的人,绝对要超强悍;暂时没空,总有俗事杂务、无数计划要去完成;暂时没有心情,总被日常的柴米油盐所累……(羽毛《我的大海悬挂在墙上》)

(10)为什么晴天午后施氨肥后育苗大量死亡?为什么海水比淡水更怕缺氧?为什么下帘后扇贝苗下沉?为什么下雨以后河蟹死苗?……这些问题都与水中化学成分的状况有关。(赵文等《水产养殖基础》)

有时列举的可以是一连串数量词语,用省略号表示数量的不断增加或减少。例如:

(11)她手上生的五根香肠,灵敏得很,在头发里抓一下就捉到个虱,掐死了,叫孩子摊开手掌受着,陈尸累累。女孩子把另一手指着死虱,口里乱数:"一,二,五,八,十……"孙小姐看见了告诉辛楣鸿渐,大家都觉得身上痒起来,便回卧室睡觉。(钱锺书《围城·五》)

(12)柜台靠窗的地方摆了几只酒坛,坛上贴着红纸条,标出每两酒的价钱:八分,一毛,一毛三,一毛七……酒坛的盖子包着红布,显得古朴。(汪明《泡在酒里的老头》)

(13)陈礼国寸步不离地守着妻子,仿佛一眨眼,妻子就会从他眼前消失。第一天,第二天,第三天……终于,黄晓琳睁开了眼睛。(陈皖军等《用守候唤醒沉睡的爱》)

(14)十天,他们有很多走出去的希望,画家对此充满信心。

他们进入了倒计时:十天、九天、八天……他们一直在苦苦寻觅,可眼看着水在一点点地消耗,他们却还在原地转圈。(一冰《沙漠里的水声》)

(15)目标越来越近了,100公里、50公里、20公里、10公里……飞机场就在眼前了,他开始准备迫降。(郑紫衣《长官,我尽职了》)

(三) 标示重复词语的省略

(1)那城啊——无限苦痛斗争,为幸福而斗争的地方,——流着鲜红……鲜红的血。(瞿秋白《那个城》)

(2)母亲扑过来抓住我的手,忍住哭声说:"咱娘儿俩在一块儿,好好儿活,好好儿活……"(史铁生《秋天的怀念》)

(3)听筒里传来十分响亮而焦灼的声音:"时间来不及了,请马上设法空运……空运!"(《为了六十一个阶级兄弟的生命》)

(4)小孩仰脸看着她,伸出手,奶声奶气地喊道:"奶奶,奶奶……"(《读者》2015年第2期第5页)

(5)一阵密集的鼓点:"锵、锵、锵、锵……"我看到那踮着脚尖在鼓点中奔上台的小生,口里连声喊着:"冤、冤、冤、冤……"长发甩动,披散一肩,满眼都是荒凉的光,那是一出花鼓戏中被害冤魂上路的情景,这也是那小伙子的惨况啊!(熊育群《脸》)

(6)"女人,女人!……"他想。

"……和尚动得……女人,女人!……女人!"他又想。(鲁迅《阿Q正传·第四章 恋爱的悲剧》)

(7)王保长的四肢像得了鸡爪疯似的,只是打哆嗦;一听陈毅同志问他愿死愿活,顿时五体投地,连声哀叫:"愿活,愿活……"(宋生发《难忘的三年》)

(8)再看过去,还有一只,还有一只……天哪,一共是四只野象!(《人民日报》2001-12-01)

(9)陈毅同志一语双关地说:"王坑离游击区近,今后见面的机会多着呢。"这家伙倒也聪明,拱手哈腰地说:"一定效劳,一定效劳……"(宋生发《难忘的三年》)

(10)生意最好的三伏天,永生一晚上光靠杀鸽子就能赚百十来块。我坚信永生那时一定会在心中默念:两块、两块……(郑执《永生》)

(四) 标示说话时断断续续

表示人物说话时断断续续、吞吞吐吐、欲言又止,或者表示人物心理活动的时断时续时,通常在对话中用省略号标示。例如:

(1)孔乙己低声说道,"跌断,跌,跌……"他的眼色,很像恳求掌柜,不要再提。(鲁迅《孔乙己》)

(2)好半天,他才微微睁开眼睛,嘴里叨念着:"书……书……"我扶着他坐起来,激动地说:"指导员,书在这儿。走,我背你回村。"他轻轻地摇了摇头,两眼望着那捆书,用微弱的声音说:"你们要……好好学习……将来……"(小学语文课文《珍贵的教科书》)

(3)**周朴园** 快说,怎么啦?

仆　人　（急不成声）四凤……死了……

周朴园　（急）二少爷呢？

仆　人　也……也死了。(曹禺《雷雨》)

(4) 荆友忠　（大吃一惊）一颗子弹？你为什么不早说？你应当上医院，不该在这里学习！

栗晚成　医院？早去过了。几位最有名的医生都给我检查过，他们都说，子弹离大动脉太近，一时不……不……不能动手术！

荆友忠　（急切地）难道一辈子老带着它吗？

栗晚成　什……什……什么时候子弹自己挪动开，离大动脉远了点，什……什……什么时候才能开刀。(老舍《西望长安》)

(5)"请你原谅我，丽莎。我是一个基督教徒。我……不能……背叛玛丽。"迈克一面退后，一面结结巴巴地说。(林韵梅《从"9·11"到SARS的跨国之恋》)

(6)她忐忑不安地想："这是闹着玩的吗？自己的五个孩子已经够他受的了……是他来啦？……不，还没来！……为什么把他们抱过来了？……他会揍我的！那也活该，我自作自受……嗯，揍我一顿也好！"(〔俄〕列夫·托尔斯泰《穷人》)

(7)她听了这话，又止住了哭，啜泣着对我说："我们……我们……是不要钱用，只……只是他……他死得……死得太可怜了。……他……他活着的时候，老……老想自己买一辆车，但是……但是这心愿儿终究没有达到。……"(郁达夫《薄奠》)

(8) 唐石青　（接电话）喂……我就是唐石青。……李厅长？我正要请示！……嗯！继续进行？好！……省委张书记也……噢！……军委会……对！我随时汇报，随时请示！……对！(放下电话机。搓了搓手，揉了揉太阳穴，精神百倍地哼了两句秦腔)(老舍《西望长安》)

【简析】例(1)中，孔乙己因偷了丁举人家的东西而被打折腿，但自尊心驱使他吞吞吐吐、语无伦次地跟酒店掌柜狡辩。省略号揭示了孔乙己羞愧难当的情感和十分窘迫的神态。

例(2)共有五个省略号：前四个表示张指导员伤势严重，说话断断续续；最后一个表示话还没有说完，张指导员就牺牲了。

例(3)中，鲁四凤冲出客厅、跑向花园时，不幸碰上藤萝架的一条电线而触电身亡；周冲不知险情，伸手去拉四凤，结果也过电而死；周宅的仆人看见后，匆忙跑回客厅报告周朴园。仆人跑得气喘吁吁，加之又急于报告老爷，因此说起话来就磕磕巴巴、时断时续了。

例(4)中，栗晚成在战争年代脖子上曾受过伤，脖子里还残留一颗子弹，所以说话不大方便。句中的省略号表明他在激动时说话困难，有些结巴。

例(5)的省略号表示迈克面对丽莎的大胆示爱，先是不知所措，继而用理智战胜了情感，尴尬愧疚之余，说话就显得有些吞吞吐吐。

例(6)连用了五个省略号，表示人物心理活动的时断时续，也表明桑娜的心情很复杂：有惊恐，有同情，有忧伤，有自责，更有为救人之难而勇于承担一切后果的决心。再加上几个问号和感叹号的连用，把桑娜的感情表现得更复杂更强烈，她那纯朴、善良和乐于助人的性格也就更好地表达出来了。

例(7)的十个省略号表示"她"啜泣时说话断断续续，反映了"她"极其悲痛的心情。

例(8)中，唐石青与李厅长通话交谈，但从一方来看，说话是断断续续的。

(五) 标示余意未尽

(1)他们的爱和笑容，是我一生渴盼的面子。然而，当面子成为双刃剑，它伤害的不仅仅是面子，还有里子……（倪海兰《当面子成为双刃剑》）

(2)我的心顿时像刀子绞的一样难受，泪珠夺眶而出，蹲下来抚摸着他那烫手的大腿，看着他那溃烂的伤口，不由自主地叫了一声：
"刘同志……"（宋生发《难忘的三年》）

(3)最后，马主人对村人说了一句："谢谢大家收留我的马，还要谢谢大家……"（张鸣跃《战马》）

(4)杰克最终付出 2050 元，买到那张千元的钞票；而比尔，一无所获不说，还平白无故地搭了 1050 元进去……（李丹崖《一场测试人性的拍卖》）

(5)她活到 86 岁。临终前，她对儿女们说："都要好好过啊，没有过不去的坎……"（张笑恒《没有过不去的坎》）

(6)生活如浩瀚汪洋，人潮起落之中，我们难免会撞礁搁浅，会掉进诡谲的漩涡，会困在迷洞，会滚下一身刺人的沙粒，苦不堪言……无论如何，告诉自己：也许我就是带珠的蚌。（简媜《水问》）

(7)第三夜，暖暖炉火的沐浴中，他们除去所有束缚，亲密无间，激情

四溢……(胡亚梅《纠结,已成歌》)

(8)苏轼这两句诗倒也不尽是戏言,因为一个人把书读认真了,就忍不住要说真话,而说真话常有严重的后果。这一点,坐牢贬官的苏轼当然深有体会。……(余光中《开卷如开芝麻门》)

(六) 标示对话中的沉默不语

在人物对话时,如果其中一方沉默不语,或者没有听清,或者不便明说,则通常用省略号标示。例如:

(1)"你还没娶媳妇吧?"

"……"他飞红了脸,更加忸怩起来,两只手不停地数摸着腰皮带上的扣眼,半晌他才低下了头,憨憨地笑了一下,摇了摇头。(茹志鹃《百合花》)

(2)陈毅同志坐到一把木椅上,炯炯的目光盯着王保长的脸,开始审讯了:

"你带白匪剿过几次山?"

"……"

"抓了多少革命群众?"

"……"

"敲诈老百姓多少钱?"

"……"

"抢老百姓多少东西?"

"……"

"你为什么要组织武装,制造枪炮?"

"……"

"你够不够死罪?"

"啊!"(宋生发《难忘的三年》)

(3)彭德怀却很镇静:"为什么不能讨论?真理就是真理,弄清一些糊涂思想也好嘛!"

"……"张闻天痛苦地摇摇头。(《国防部长浮沉记》)

(4)张汉猛吸了几口旱烟,忽然话锋一转,向王二道:

"即以王二而论,他这些年飞黄腾达,财源茂盛,也必有其异秉。"

"……?"

王二不解何为"异秉"。(汪曾祺《异秉》)

(5) "嘿,"我说,"休息呀!里屋韩秘书到堤上去啦,你就睡他的床。""……"一道闪光亮过,跟着是震耳的雷响,因此,他的话我没有听见。(管桦《暴风雨之夜》)

例(1)的省略号表示年轻稚气的小通讯员因害羞而沉默不语。例(2)表示王保长因担心自己罪孽深重而装聋作哑,不回答问题。例(3)的省略号表明张闻天深感苦痛,无言以对。例(4)的省略号是说,张汉称王二有"异秉",王二感到迷惑不解,因而沉默不语。例(5)的省略号代表"我"没有听清的话。

(七) 标示声音延长的拟声词

在文稿中,某些表示声音延长的拟声词,要用省略号标示。例如:

(1)日军恼羞成怒,首先向中国军队开起火来。"嗒嗒嗒……"密集的机关枪子弹倾泻在卢沟桥桥面上。(苏教版小学语文课文《卢沟桥烽火》)

(2)此时,老人忽然用干亮的嗓音吼起来:"喔……嗬……"声音在寒冷的空气中震颤扩散。刹那间,静静的草原人声鼎沸:"喔嗬……依嗬……啊嗬……"男声、女声、老声、童声响成一片。(姜戎《狼图腾》)

(3) 过往的记忆,已经像烟一样、雾一样地淡薄了,但总不会被彻底地忘却吧?历史,历史;现实,现实;理想,理想;哞——哞——咣气咣气……喀郎喀郎……沿着莱茵河的高速公路。山坡上的葡萄。暗绿色的河流。飞速旋转。(王蒙《春之声》)

(4) 紧贴着小狼倾听狼嗥声真是太清晰了,小狼的嗥声柔嫩圆润纯净,虽然也是"呜欧……欧……"那种标准的狼嗥哭腔,但声音中却没有一点悲伤。(姜戎《狼图腾》)

(八) 标示特定的成分虚缺

(1)作文的参考题目是《我第一次……》。

(2)请分别用关联词"不但……而且……""一边……一边……"造句。

请注意:上述两例中的省略号是表示虚缺部分,但并不能用虚缺号"□"来代替。若用虚缺号,不仅不能确定该用几个虚缺号,而且也容易让人误以为这里是某些文字的缺漏,那样就不符合题意了。

(九) 标示段落或诗行的省略

(1)有些人一直没机会见，等有机会见了，却又犹豫了，相见不如不见。

有些事一直没机会做，等有机会了，却不想再做了。

有些话埋藏在心中好久，没机会说，等有机会说的时候，却说不出口了。

有些爱一直没机会爱，等有机会了，已经不爱了。

⋯⋯⋯⋯⋯⋯

有些事有很多机会做的，却一天一天推迟，想做的时候却发现没机会了。

有些爱给了你很多机会，却不在意没在乎，想重视的时候已经没机会爱了。

人生有时候总是很讽刺，一转身可能就是一世。

说好永远的，不知怎么就散了。(张爱玲《有些人我们一直在错过》)

(2)地球，我的母亲！
　　天已黎明了，
　　你把你怀中的儿来摇醒，
　　我现在正在你背上匍行。

　　地球，我的母亲！
　　你背负着我在这乐园中逍遥。
　　你还在那海洋里面，
　　奏出些音乐来，安慰我的灵魂。

　　⋯⋯⋯⋯⋯⋯
　　地球，我的母亲！
　　我想这宇宙中的一切都是你的化身：
　　雷霆是你呼吸的声威，
　　雪雨是你血液的飞腾。(郭沫若《地球，我的母亲！》)

例(1)省略了两个自然段的内容——"有些人有很多机会相见的，却总找借口推托，想见的时候已经没机会了。""有些话有很多机会说的，却想着以后再说,要说的时候,已经没机会了。"

例(2)省略了一首诗中的许多诗行。

(十) 用于标题中,留下想象余地

省略号也常用于标题之中。其作用是给读者留下一块驰骋想象力的空地。例如:

(1)最先发现水的是……(《中国青年》1993年第3期)

(2)鸵鸟蛋里面是……(《读者》2009年第14期)

看了例(1)的标题,读者可能会想到是上帝。读罢文章方知,作者谈的其实是一个极其朴素的哲学道理。例(2)是一组漫画的标题,读者阅读漫画之前可能会发挥想象力进行各种猜想;但在看过漫画之后恍然大悟,原来鸵鸟蛋里面是小鸵鸟。

(3)海边,那一段蔚蓝色时光……(《中华儿女》1993年第1期)

例(3)这个标题挑动了读者充满诗情画意的无限遐想。

(4)!?……
——车祸发生之后

例(4)的三种标点与文章的三组镜头"车祸发生场景触目惊心""人们袖手旁观发人深省""呼唤公德意识任重道远"相呼应。文章题目既简洁、醒目,又能激发人们无限遐想和深思。

(5)《沙尘暴……》

例(5)中的省略号既代表了沙尘暴的现状,又深刻地揭示了治沙的艰巨与任重道远。

(十一) 标示科技书刊中阿拉伯数字等的省略

科技书刊中已约定俗成:在省略阿拉伯数字、外文符号时,省略号只用一个三连点"…",占一个汉字的位置。例如:

(1)$i=1, 2, 3, \cdots, m; j=1, 2, 3, \cdots, n$。

(2) 向量 $\boldsymbol{a} = (a_1, a_2, a_3, \cdots, a_n)$。

(3) 函数 $u = f(x_1, x_2, \cdots, x_n)$。

三、省略号前后的标点用法

省略号前后的标号，如：引号、括号等（如果有的话），根据标号的用法和具体语境来使用，这里不再赘述。下面具体谈谈省略号前后的点号用法。

（一）省略号之前的点号用法

省略号之前通常不用点号，但以下两种情况例外。

1. 若省略号之前的句子表示强烈的疑问或感叹语气，则该句末用问号或叹号。例如：

(1)"阿呀，米呢？祥林嫂不是去淘米的么？……"好一会，四婶这才惊叫起来。（鲁迅《祝福》）

(2)我这时很兴奋，但不知道怎么说才好，只是说："阿！闰土哥，——你来了？……"（鲁迅《故乡》）

(3)想起这些，我就觉得一辈子都对不起你。你对梁家的好，我感激不尽！……（2011年《标点符号用法》示例）

(4)"阿呀，这样的婆婆！……"四婶惊奇的说。（鲁迅《祝福》）

2. 若省略号之前不用点号就无法标示停顿或表明结构关系，则保留原点号；否则不用点号。

(5)他进来了，……一身军装，一张朴实的脸，站在我们面前显得很高大，很年轻。（2011年《标点符号用法》示例）

(6)"他多年出门，统忘却了。你该记得罢，"便向着我说，"这是斜对门的杨二嫂，……开豆腐店的。"（鲁迅《故乡》）

(7)自己想吃人，又怕被别人吃了，都用着疑心极深的眼光，面面相觑。……（鲁迅《狂人日记·九》）

(8)她教给我的道理还很多，例如说人死了，不该说死掉，必须说"老掉了"；死了人，生了孩子的屋子里，不应该走进去；饭粒落在地上，必须

拣起来,最好是吃下去;晒裤子用的竹竿底下,是万不可钻过去的。……(鲁迅《阿长与〈山海经〉》)

(二)省略号之后的点号用法

省略号之后通常也不用点号,但以下三种情况例外。

1. 当句末表达强烈的语气或感情时,可在省略号之后用问号或叹号。例如:

(1)"你怎么啦?"那男人停住了手中切肉的刀子。"我……?"乌日娜出了一身冷汗。(郑万隆《空山》)

(2)这,这是……?(2011年《标点符号用法》示例)

(3)你这样干,未免太……!(2011年《标点符号用法》示例)

2. 若省略号后还有别的话,且省略的文字与后面的话不连续并有停顿,则应在省略号后用点号。例如:

(4)动物界的规矩比人类还多:野骆驼、野猪、黄羊……,直至塔里木兔、跳鼠,都是各行其路,决不混淆。

(5)汉字最主要的特点是把同音的语素写成不同的形式,如 fēng 写成风、峰、蜂、封……。如果把这些同音字都合并起来,不加区分,那么汉字就不成其为汉字,而成为一种音节文字了。

(6)大火被渐渐扑灭,但一片片油污又旋即出现在遇难船旁……。清污船迅速赶来,并施放围栏以控制油污。(2011年《标点符号用法》示例)

3. 当表示特定格式的成分虚缺时,省略号后可用点号。

(7)只要……,就……。

第十三讲 连接号

一、连接号的误用情形

误用连接号主要有以下四种情形。

(一) 应用短横线的场合，却误用一字线

*物理——化学作用｜铁——钨——钴合金｜盖革——米勒计数器｜α——氰基丙烯酸酯｜书号 ISBN 7—01—000925—2。

(二) 应用一字线的场合，却误用浪纹线

*217路公共汽车运行时间 5:50～20:30｜郭嘉（170～207）｜1998～2007年｜2009年7～10月。

(三) 应用一字线的场合，却误用短横线

*中国东北-日本中北部分布｜GB/T 16159-1996。

(四) 应用浪纹线的场合，却误用一字线

*(1)黑龙江省的漠河县，是位于我国最北部的县，其冬季的气温通常为 -42——-28℃。1969年，最低气温曾达到 -52.1℃。……

＊(2)这批轴承的直径为50mm，允许误差为-0.5—0.4mm。……

二、连接号的使用场合

《标点符号用法》（GB/T 15834—2011）指出，连接号的形式有短横线"-"、一字线"—"和浪纹线"～"三种，分别占一个汉字的三分之一、一个汉字和一个汉字的位置。兹举例说明连接号的使用场合。

（一）短横线"-"的使用场合

1. 用于化合物名称与其前面符号之间或位序之间的连接。例如：

(1) α-氰基丙烯酸酯｜γ-谷氨酰转肽酶｜N-乙烯基-丁内酰胺｜2-氯丁二烯｜8-羟基喹啉｜17-羟类固醇｜1,3-丁二烯｜2-甲基-4-氯苯氧乙酸。

(2) 3-戊酮为无色液体，对眼及皮肤有强烈刺激性。

2. 标示表格、插图、公式、品种、标本等的编号。例如：

(3) 表2-5｜图3-8｜式(4-11)｜大肠杆菌K-12｜巨丰-2。

3. 连接门牌号码、电话号码等。例如：

(4) 安宁里东路26号院3-2-11室

(5) 联系电话：024-8368-0185　186-2345-678×

例(4)中的"3-2-11室"，表示3单元2层11号房间。例(5)中的"024"表示沈阳的区号；八位数电话号码"8368-0185"中间用连接号，是为了便于读者阅读。

4. 连接国际标准书号、国际标准刊号等。例如：

(6) ISBN 978-7-119-09087-0｜ISSN 1673-0119。

5. 连接用阿拉伯数字表示的年月日。例如：

(7) 收稿日期：2013-04-01；修回日期：2013-11-03。

表示编辑部收到作者投稿日期是2013年4月1日，作者修改后返回日期是2013年11月3日。

6. 连接某些产品的名称和型号。例如：

（8）AF-7500 原子荧光光度计｜ZLO-2A 型冲天炉｜LC-5500 高效液相色谱仪｜歼-20 隐形战斗机｜"风云-2"号气象卫星。

7. 在复合名词中起连接作用。例如：

（9）保罗-阿方索瀑布｜焦耳-汤姆孙效应｜迈克耳孙-莫雷实验｜牛顿-莱布尼茨公式｜任-洛二氏溶液｜斯坦福-比奈智力测验｜斯忒藩-玻耳兹曼常量｜威维亚-汤姆孙海岭。

（10）地质-岩石环境｜基性-超基性岩浆｜生物-水热条件｜氧化-还原反应｜应力-应变曲线｜力-位移方程｜中国-瑞典奶制品中心｜伊利诺伊-密歇根运河（Illinois-Michigan Canal）｜BaO-BaF2-Cr2O3 渣系｜Cu-Zn-Sn 合金｜CD-R｜CD-ROM｜E-book｜E-mail。

8. 连接汉语拼音内部的分合。

《汉语拼音正词法基本规则》（GB/T 16159—1996）规定，以下情况要使用短横线连接号。

其一，在重叠并列即 AABB 式结构中，A 和 B 之间用短横线连接。例如：

（11）wānwān-qūqū（弯弯曲曲）｜láilái-wǎngwǎng（来来往往）。

其二，可分为两个双音节来读的四言成语，其中间用短横线连接。例如：

（12）diānsān-dǎosì（颠三倒四）｜píngfēn-qiūsè（平分秋色）｜yángyáng-dàguān（洋洋大观）｜xǐqì-yángyáng（喜气洋洋）。

其三，用在某些简称中，以便于阅读和理解。例如：

（13）gāo-xiào（高校——高等学校）｜jī-jiàn（基建——基本建设）｜huán-bǎo（环保——环境保护）｜Mǎ-Liè zhǔyì（马列主义——马克思列宁主义）。

其四，用在某些复合词中，以便于阅读和理解。例如：

（14）sān-sì dūn（三四吨）｜wǔshíyī-èr suì（五十一二岁）｜rén-jī duìhuà（人机对话）｜lù-hǎi-kōngjūn（陆海空军）｜gōng'ān gàn-jǐng（公安干警）｜jiǎ-yǐ shuāngfāng（甲乙双方）｜

biànzhèng-wéiwùzhǔyì（辩证唯物主义）｜
jiǎ-mào-wěi-liè chǎnpǐn（假冒伪劣产品）。

其五，用在表示序数的"第"与后面的数词中间。例如：

（15）dì-sì fāngmiànjūn（第四方面军）｜dì-liù tiān（第六天）。

其六，汉语拼音移行时，要按音节分开，在没有写完的地方用短横线连接。例如：

（16）……………………………………………guāng-míng（光明）

不能移作"gu-āngmíng"或"guā-ngmíng"或"guān-gmíng"。

9. 连接外来语内部的分合。例如：

（17）盎格鲁-撒克逊人。

10. 连接复姓的外国人姓氏。例如：

（18）大卫·本-古里安（David Ben-Gurion）｜爱德华·伯恩-琼司（Edward Coley Burne-Jones）｜弗雷德里克·约里奥-居里（Frédéric Joliot-Curie）｜亨特·维拉-罗勃斯（Heitor Villa-Lobos）。

例(18)中，"本-古里安""伯恩-琼司""约里奥-居里""维拉-罗勃斯"都是复姓。

11. 连接双名的外国人名字。例如：

（19）让-皮埃尔·佩兰｜让-雅克·卢梭｜汉斯-乌尔里希·韦勒。

例(19)中，"让-皮埃尔""让-雅克"等都是双名。

标点趣闻 13-1

某年，美国政府在一份贸易清单上列出了一些免税进口的物品，其中包括 foreign fruit–plants（外国果树苗）。后因打字员疏忽和校对不细，漏掉了连接号而变成"foreign fruit, plants（外国水果、树苗）"。第二年，大量的各种水果（如橘子、葡萄等）从世界各地免税涌入美国市场，结果导致美国政府当年关税损失 200 余万美元。

一个不起眼的连接号，竟至于产生如此之大的损失，可能是那个粗心的打字员始料未及的。

（资料来源：康桥、雷智勇《标点符号规范使用手册》）

(二) 一字线"—"的使用场合

1. 标示相关地点、相关时间的起止。例如:

(1) 沈阳—广州—新加坡航线｜京—津—塘高速公路｜北京—西安特别旅客快车。

(2) 17—19 世纪｜80—90 年代｜1990—2015 年｜3—6 月｜7—9 日｜8 月 9—12 日｜10 月 28 日—11 月 2 日｜8:00—17:00｜张衡 (78—139)｜阿基米德 (前 287—前 212)。

2. 标示方位名词的方位、走向。例如:

(3) 华东—华北—东北平原地区｜凌源—北票—沙河岩石圈断裂｜金岭寺—羊山盆地西缘断层｜西北—东南走向。

3. 标示植物的属 (或种) 的分布区类型。例如:

(4) 北温带—北极分布｜亚洲—北美—北极分布｜阿尔泰—蒙古—达乌里分布｜俄罗斯远东区—东部西伯利亚分布。

4. 用于各类标准代号、报刊刊号中间的连接。例如:

(5) GB/T 7714—2015｜GB 3102.6—1993｜ZB 1—81｜JBJ 10—83｜CN 62—1118/Z｜邮发代号 54—17。

5. 用于表示化学键。例如:

(6) H—O—H｜—SH。

6. 用于科技书刊的图注。例如:

(7) a—500℃;b—1 000℃;c—1 500℃

(8) 1—减压阀阀芯;2—节流口;3—节流阀阀芯;4—推杆

(9) ■—15 Hz;●—30 Hz;▲—50 Hz

(三) 浪纹线"~"的使用场合

1. 标示数值或量值范围的起止。例如:

(1) 2.8 ~ 4.7 | 25% ~ 30% | 60 ~ 80 | -3.4 ~ -1.8。

(2) -2 ~ 16℃ | 390 ~ 530 mA | 60.5 ~ 68.0 kg | 200 ~ 250 人。

2. 用于化学式中的连接，表示高能键。例如：三磷酸腺苷（ATP）的分子简式应写为 A—P~P~P，其中的"~"代表高能磷酸键。

（四）关于新标准中取消二字线"——"的一点困惑

在旧的国家标准（GB/T 15834—1995）中，连接号的形式除上述三种外，还有一种——二字线；但是，新标准（GB/T 15834—2011）取消了连接号中原有的二字线。此举是否合理，尚有待实践检验。

原来的二字线有一个用法是：连接相关的两个汉字数字，表示起止。例如：

(1) 方志敏（一八九九——一九三五），江西弋阳人，赣东北革命根据地和红军第十军的主要创建人。……（《毛泽东选集》第 2 版第 1 卷第 107 页注释）

(2) 明成祖　即朱棣（一三六〇——一四二四），明朝第三代皇帝。一四〇二年至一四二四年在位。年号"永乐"。（《邓小平文选》第 3 卷第 397 页注释）

(3) 为抓住和用好本世纪头二十年发展的重要战略机遇期……组织实施《国家中长期科学和技术发展规划纲要（二〇〇六——二〇二〇年）》（以下简称《规划纲要》），增强自主创新能力，努力建设创新型国家，特作如下决定。（《中共中央国务院关于实施科技规划纲要增强自主创新能力的决定》）

(4) 侯宝林（一九一七——一九九三年），满族，出生于天津。中国著名相声大师，表演艺术家。先学演京剧，后改说相声。一九四〇年起，与郭启儒搭档，合演对口相声。侯宝林是极负盛名的表演艺术家，注重相声的理论研究，著有《相声溯源》《相声艺术论集》等，被誉为相声界的一代宗师。（《光明日报》2015-05-08 第 16 版）

有专家认为，连接相关的两个阿拉伯数字表示时间的起止时，本来用一字线；但用汉字数字表示时间的起止时，因一字线容易与汉字"一"相混淆，故改用二字线。这次新的国家标准取消了连接号中的二字线形式，就使得上述用法没了着落。

第十四讲　间隔号

一、间隔号的误用情形

误用间隔号的情形，主要是指在不应使用间隔号的场合误用了间隔号。例如：

＊G·J·斯卡图｜九·一八事变。

【简析】上述示例中，"G·J·斯卡图"的间隔号应改为居下的小圆点，表示外国人名字的缩写即"G. J. 斯卡图"；"九·一八事变"的间隔号应删除，即改为："九一八"事变。

在科技书刊中，常会遇到"富·D·罗斯福"的写法。这无疑是错的，但科技编辑界在如何修改的问题上却存在两种意见分歧：一种意见认为，由于教名和自取名的缩写没有全部译成中文，故应分别遵循中文和英文的规定，改为"富·D. 罗斯福"；另一种意见认为，两个缩写名或者均保留英文字母，或者都译成中文，不可以混合使用，即改为"F. D. 罗斯福"或"富·德·罗斯福"。笔者倾向于后一种意见，因为前一种的改法不太美观，显得有些不伦不类。

二、间隔号的使用场合

(一) 标示外国人名或某些少数民族人名内部的分界

(1) 阿尔伯特·爱因斯坦（1879—1955），物理学家，生于德国。……因理论物理学方面的贡献，特别是发现光电效应定律，获1921年诺贝尔物理学奖。(《辞海》缩印本)

(2) 艾力更·依明巴海，维吾尔族，第十二届全国人大常委会副委员长。

(二) 标示书名与篇（章、卷）名之间的分界

(1) 古人曰："张而不弛，文武弗能也；弛而不张，文武弗为也。一张一弛，文武之道也。"(《礼记·杂记下》) 大意是说，一味紧张而不放松，那是文王、武王也做不到的；一味放松而不紧张，那是文王、武王不愿做的。紧张与放松协调交替，才是文王、武王的方法。

(2) 《尚书·说命》称"若作和羹，尔惟盐梅"，意即用盐的咸味和梅的酸味所调制的羹汤。(《读者》2015年第1期第27页)

(3) 关于铁券的历史沿革，《中国大百科全书·中国历史Ⅲ》中有记载。

(三) 标示词牌、曲牌、诗体名等与题名之间的分界

(1) 《沁园春·长沙》|《卜算子·咏梅》|《虞美人·枕上》|《念奴娇·追思焦裕禄》|《满江红·和郭沫若同志》|《蝶恋花·答李淑一》。

(2) 《天净沙·七月》|《普天乐·咏世》|《碧玉箫·膝上琴横》|《四块玉·洞庭湖》|《凭栏人·赠吴国良》|《折桂令·拟张鸣善》。

(3) 《五律·看山》|《七律·到韶山》|《七绝·观潮》|《七古·送纵宇一郎东行》|《六言诗·给彭德怀同志》|《杂言诗·八连颂》。

例(1)中，"沁园春""卜算子""虞美人""念奴娇""满江红""蝶恋花"都是词牌名，而"长沙""咏梅""枕上""追思焦裕禄""和郭沫若同志""答李淑一"都是题名。词牌名与词的题名之间的分界，用间隔号标示。

例(2)中，"天净沙""普天乐""碧玉箫""四块玉""凭栏人""折桂

令"都是曲牌名,而"七月""咏世""膝上琴横""洞庭湖""赠吴国良""拟张鸣善"都是题名。曲牌名与曲的题名之间的分界,用间隔号标示。

例(3)中,"五律""七律""七绝""七古""六言诗""杂言诗"都是诗体名,而"看山""到韶山""观潮""送纵宇一郎东行""给彭德怀同志""八连颂"都是题名。诗体名与诗的题名之间的分界,用间隔号标示。

(四) 用在构成标题的并列词语之间

(1)科技书刊标准化:成绩·问题·展望

(2)低层次重复出版:原因·危害·对策

(3)继承·借鉴·创新(代序言)

(五) 用在报刊名称与栏目名之间

(1)《中华读书报·书评周刊》

(2)《读者·杂谈随感》

例(1)的"书评周刊"是报纸《中华读书报》上的栏目,与报纸名之间要用间隔号标示。

例(2)的"杂谈随感"是杂志《读者》中的栏目,与杂志名之间也要用间隔号标示。

(六) 用在含有月日简称表示事件、节日的月和日之间

以月、日为标志的事件或节日,用汉字数字表示时,仅在"一""十一""十二"月之后用间隔号,并将月、日加上引号。例如:

(1)然而,就在他上任不久,日本帝国主义挑起了"一·二八"事变,蔡廷锴率领十九路军被迫抵抗。(叶健君、李万青《大结局:43名国民党"战犯"命运纪实》)

(2)12月9日,北平爱国学生数千人,在中共北平临时工委的领导下,举行抗日救国示威游行,要求"停止内战,一致对外"。"一二·九"运动爆发。[张友坤等《张学良年谱》(修订版)第631页]

(3)西山会议派自恃元老身份,很看不起蒋介石。为了挫掉他们的傲气,蒋介石与陈果夫策划了南京"一一·二二"血案。

例(1)中,"一·二八"是指(1932年)1月28日;例(2)中,"一二·九"是指(1935年)12月9日;例(3)中,"一一·二二"是指(1927年)11月22日。

当用阿拉伯数字表示以月、日为标志的事件或节日时,无论月份是几月,均应在月、日之间使用间隔号(半角字符),且数字外边要加引号。例如:

(4)至此,义马"11·3"矿难抢险救援已基本结束。这起矿难共有67人获救生还,8人遇难。(《辽沈晚报》2011-11-06)

(5)为什么说阿富汗战争美国是仓促打响的?因为"9·11"发生之后不到两个月,美国就打响了这场战争,这完全不符合美国打一场局部战争的战争准备规律。(《读者》2011年第19期第23页)

(6)"5·12"汶川地震,他亲自率领由60辆挖掘机、吊车等大型工程机械组成的救灾队伍,浩浩荡荡开往四川抗震救灾……(华说《行善是一种消费》)

(7)更值得写一笔的是,尽管在"3·11"大地震中没有列车脱轨,更没有乘客受伤,日本媒体仍然一个劲地质疑新干线的安全。(《读者》2011年第19期第27页)

第十五讲　书名号

一、书名号的误用情形

书名号用于标示语段中出现的各种作品的名称。误用书名号主要有以下四种情形。

(一) 商标名等的名称误用书名号

像产品、商标、课程、基金、证件、单位、组织、奖项、活动、科研课题、项目、荣誉称号，以及展览会、讨论会、交流会和集会等的名称，都不能视为作品，因此不应该使用书名号。例如：

＊(1)《神舟六号》载人飞船｜《春兰杯》世界围棋锦标赛｜开办《中国文化与世界文化》暑期讲习班｜承担《高速流动中高温效应的实验研究》课题｜《日产100吨发酵乳与液态奶加工生产线》工程项目｜被授予《××市特等劳动模范》称号｜《雪域明珠——中国西藏文化展》开幕｜《宝马》轿车｜《联想》电脑｜《爱丽丝牌》黑发乳｜开设《工程力学》课程｜设立《××大学优秀博士研究生学位论文资助基金》｜申办《营业执照》｜下榻《万豪酒店》｜《黑鸭子》合唱组｜荣获《飞天奖》｜举办《梅兰芳金奖大赛》｜召开《国际集成电路研讨会》。

＊(2) 获准养犬的个人应当自接到许可通知之日起15日内，到居住地公安派出所领取《养犬许可证》和犬牌。

《养犬许可证》和犬牌的样式，由省公安机关统一制定。(《××省养犬管理规定（修订草案)》)

【简析】例(1)中，除《神舟六号》《春兰杯》《中国文化与世界文化》《高速流动中高温效应的实验研究》《日产100吨发酵乳与液态奶加工生产线》《××市特等劳动模范》《雪域明珠——中国西藏文化展》等中的书名号应改为引号外，其他书名号均应去掉。例(2)中，《养犬许可证》的书名号应删掉。

一些奖项名，有时要用引号标注，例如：

(3) 此后她连续获得"金鸡奖"最佳女主角奖、中国电影"华表奖"最佳女主角奖和中国电影表演艺术学会"金凤凰奖"。(《南方周末》2009-03-19)

(二) 公文文种的标题名误用书名号

＊(1) 规则的标题由"管理内容（或范围）＋文种"组成，如《拔河比赛规则》、《城市公共交通车船乘坐规则》和《中国足球彩票进球游戏规则》等。

＊(2) 制度的标题一般由"适用对象＋制度内容＋文种"组成，如《××学院财产管理制度》《××公司安全管理制度》《××公司环境保护制度》等。

【简析】例(1)(2)书名号中的文字是事务性应用文文种的标题名，而非指某公文本身；因此不能使用书名号，而应改成引号。

(三) 文章等的题目误用书名号标示

＊(1) 请以《我追求的品格——坚韧》为题写一篇800字的议论文。

＊(2) 因"鉴于往事，有资于治道"，神宗赐名为《资治通鉴》。

【简析】文章或著作题目的名称不用书名号。上面两例中的书名号应改用引号。

(四) 书名号内的名称与原名不相符

＊(1)《南方周末报》|《足球报》|《益寿文摘报》|《中国药学》杂志

《中草药杂志》。

应分别改为下列原名：

《南方周末》报｜《足球》报｜《益寿文摘》报｜《中国药学杂志》｜《中草药》杂志。

需要指出的是，合适的缩略形式可以使用，例如：

(2)《毛选》四卷本｜《沙》剧的布景设计。

二、书名号的使用场合

书名号的形式有双书名号"《》"和单书名号"〈〉"两种。

（一）标示书名、卷名、篇名、报纸名、刊物名

(1) 可以说，《如何是好》是一本能让读者从书中呼吸到新鲜空气的书，一本读后令人掩卷沉思的书。(蒯天《淡定从容与爱国情怀——读〈如何是好〉》)

(2) 古人云，"权，然后知轻重；度，然后知长短。物皆然，心为甚。"(《孟子·梁惠王上》)

(3) 实权在握的山涛举荐朋友嵇康代自己做吏部郎。没料到嵇康写了一篇《与山巨源绝交书》，不但愤慨地回绝了山涛的善意，而且要与山涛绝交。(邸玉超《被误解的山涛》)

(4) 姥姥越来越糊涂了，有时把《南方周末》叠进《北京青年报》里，又把《北京青年报》混进《新京报》里。(倪萍《姥姥语录》)

(5) 一整个冬天，我只想躲在被窝里，靠翻看以前的《读者》打发时间。只有《读者》，那种淡淡的、朴实的文字才符合我那个冬天的情绪。(徐海燕《请允许我以读者的身份告白》)

（二）标示用文字、声音、图像等表现的作品的名称

电影、电视剧、歌曲、乐曲、戏剧、曲艺、舞蹈、绘画、雕塑、摄影、邮票、工艺品、报刊和电视栏目、广播电台专题、文件、法律法规等精神文化产品的名称，也应该用书名号标示。例如：

电影《一步之遥》|电视剧《悬崖》|歌曲《感恩的心》|小提琴协奏曲《梁祝》|京剧《霸王别姬》|豫剧《苏三起解》|黄梅戏《天仙配》|单口相声《逗你玩》|小品《不差钱》|哑剧《洗澡》|舞蹈《天鹅湖》|绘画《八骏图》|素描《大卫》|石雕《飞翔》|《复兴之路》展览|黑白摄影《童趣》|纪念邮票《淮海战役》|苏绣《龙凤呈祥》|某报《视点》专栏|某期刊《文化茶座》专栏|中央电视台《星光大道》专题节目|某文艺台《周末三人谈》专题节目|文件名《关于加强和改进各类重特大生产安全事故报告工作的意见》|法律名《中华人民共和国教育法》|法规名《中华人民共和国著作权法实施条例》|地方性法规《××省安全生产条例》|规章名《中国共产党章程》《图书质量管理规定》《××省重特大生产安全事故隐患排查治理办法》。

（三）标示全中文或中文在名称中占主导地位的软件名

（1）科研人员正在研制《电脑卫士》杀毒软件。(2011年《标点符号用法》示例)

（2）《搜狗拼音》是一款很实用的文字输入软件，深受大家喜爱。

（四）标示作品名的简称

（1）我读了《念青唐古拉山脉纪行》（以下简称《念》）一文，收获很大。

（2）为组建最优团队，北京市教育工委希望罗老师领衔参加《思想道德修养与法律基础》（以下简称《基础》）教材竞标。当时罗老师已年近八旬，且体弱多病，但并未推辞。(《光明日报》2015-03-26 第16版)

（3）3月1日，《湖北省全民阅读促进办法》（以下简称《办法》）正式实施。(《中国新闻出版报》2015-04-16 第1版)

（五）双层书名号的使用

书名号内还要用书名号时，外层用双书名号，内层用单书名号。例如：

（1）毛泽东同志于1941年3月、4月撰写了《〈农村调查〉的序言和跋》。

（2）《钱文忠解读〈三字经〉》甫一上市，立即在全国刮起了一股研读

《三字经》的旋风。

(六) 特殊场合的书名号使用

1. 图书版次、报刊版别的标注位置。由于这里的版本、版别不是图书报刊名称本身，仅是一个注释说明，故通常将它们用括号括起来，并置于书名号之后；或者不用括号，而是直接写在书名号后面，或置于书名号之前。例如：

(1) 购买《现代汉语词典》(第6版) | 向《中国科学C辑：生命科学》(英文版) 投稿 | 发行《人民日报》(海外版) | 印制《读者》乡土人文版 | 订阅中文版《化学学报》| 阅读《百科知识》(彩图本)。

2. "草案""初稿""试用稿""试行"等括注字样，若是作品名的一部分，则应放在书名号之内；反之，则应放在书名号之外。例如：

(2) 发布《汉字统一部首表 (草案)》| 印发《领导干部个人有关事项报告抽查核实办法 (试行)》| 制订《计算机辅助制图标准 (试用稿)》| 背诵《琵琶行(并序)》。

(3)《北京地区建设工程规划设计通则》(试用稿) |《××大学领导班子分析检查报告》(征求意见稿)。

3. 书名、篇名末尾如有叹号或问号，应放在书名号之内。例如：

(4)《日记何罪!》|《专家"问诊"：油价、股市、房价何处去?》|《方言没了，方言曲艺咋活?!》

4. 涉及报刊社的名称时，若着眼于单位，则不用书名号更好。例如：

(5) 中央人民广播电台播送了人民日报校检员鄂越同志的先进事迹。

(6) 沈阳日报派出多名记者赴京采访和报道"两会"的盛况。

(7) 新华社、人民日报、光明日报、中国国际广播电台、中央电视台、华声报等单位的代表，就如何发展网络媒体等问题先后作了发言。(《光明日报》1999-07-07)

若指的是文字载体——报纸或期刊——本身，或报刊名称容易与普通名词混同，则应加书名号。例如：

（8）新闻出版总署报刊司和新闻出版报连续多年组织的报纸编校质量评比，就是为纯洁祖国语言文字所做的积极努力。今后将在《新闻出版报》上开辟专栏，定期公布对报纸编校质量抽查评比的结果。

（9）《东方少年》组织了少年作者暑期夏令营活动。

（10）《农村大众》的稿件真正体现了为"三农"服务。

（11）《少男少女》邀请宏志班学生在广州做报告。

（12）《星期五》注意听取全国读者的反馈意见。

（七）关于中文行文中英文书名、报刊名的处理办法

在中文书报刊等的行文中，有时会出现英文书名、报刊名。此时，不能把英文书名、报刊名加上书名号或双引号，而应遵从英文标点符号的用法，即将英文书名、报刊名用斜体字标示。例如：

（1）要想进一步了解无人机协同作战技术的前沿水平，请阅读作者新近出版的著作 *Cooperative combat technology for multi-UAVs*。

（2）我们订阅了三种科技期刊，分别是：*Computers & Operations Research*, *IEEE Transactions on Evolutionary Computation* 和 *Information Sciences*。

中文行文中出现英语文章的篇名时，用双引号标示。如果论文发表在期刊上，则论文名称用双引号标示，期刊名称用斜体字标示。例如：

（3）D. E. O'Leary 的论文 "Artificial intelligence and big data" 在 *IEEE Intelligent Systems* 上发表后，在同行中产生了极大的反响。

第十六讲　专名号

专名号的形式是一条直线"＿＿＿"，标注在相应文字的下方。使用专名号，目的在于使之与一般名词区别开来。专名号仅用在古籍或某些文史类著作、辞书中。我国港澳台地区因使用中文繁体字，故用专名号的情况较多。专名号的长短根据专有名词所占位置的长短而定。对于横排的文字，专名号标示在专有名词的下边；对于竖排（也称直排）的文字，专名号标示在专有名词的左侧。专名号可以随着专有名词移行（或移列）。

一、专名号的使用场合

（一）标示人名、地名、朝代名

严格说来，这里的"人名"还应包括姓、名、字、号、别号、绰号、笔名、化名和曾用名等；地名还应包括山名、江河湖海名及其简称。

（1）<u>高庆奎</u>（1890—1942）　京剧演员。名<u>镇山</u>，号<u>子君</u>。原籍<u>山西榆次</u>，生于<u>北京</u>。演老生。宗<u>谭鑫培</u>，后以嗓音高亢改学<u>刘鸿声</u>，对<u>孙菊仙</u>、<u>汪桂芬</u>等亦有所借鉴，在<u>上海</u>与<u>周信芳</u>同台演出时又有所吸收。唱腔质朴，酣畅，劲拔，世称"高派"。(《辞海》1999 年版第 516 页)

（2）<u>康有为</u>（1858—1927）　<u>中国</u>近代维新派领袖，后为保皇会首领。

原名祖诒，字广厦，号长素，又号更生。广东南海人。清光绪进士。1888年（光绪十四年），鉴于民族危机日益加深，第一次上书清帝，建议变成法、通下情、慎左右三事，以图中国的富强。……（《辞海》1999年版第909页）

(3) 终南山又名中南山或南山，是秦岭山峰之一。

(4) 1934年的冬天，我因事从北平回湘西，由沅水坐船上行，转到家乡凤凰县。（沈从文《长河·题记》）

例(1)中，"镇山""子君""谭鑫培""刘鸿声""孙菊仙""汪桂芬""周信芳"是人名，"山西""榆次""北京""上海"是地名。

例(2)中，"中国"是国名，"祖诒""广厦""长素""更生"是人名，"广东""南海"是地名，"清"是朝代名（即国号），"光绪"是年号。

例(3)中，"终南山""中南山""南山""秦岭"均为山名。

例(4)中，"北平""凤凰县"是地名，"湘西"是地区名，"沅水"是水名（指发源于贵州、流入湖南的沅江）。

有以下五点需要说明：

1. 当几个相连的成分需要加专名号时，专名号应分开，不能连在一起。例(1)中"山西"和"榆次"的专名号，不能相连写作"山西榆次"。同理，例(2)中"广东"和"南海"、"清"和"光绪"的专名号，不能相连写作"广东南海""清光绪"。

在电脑上标注专名号时，通常采用下画线，而下画线中间无法断开。暂时的变通办法是，用空格（一般为一个汉字宽度的1/4）将需要标注的成分和下画线一并断开。

2. 被顿号隔开的几个并列成分，如果都需要使用专名号，则应将专名号准确地标注在每个成分下面，不能相连。例如：

*(5) **珠海**　市名。在广东省珠江口外。……名胜古迹有香炉湾、共乐园、鲤鱼嘴、大镜山、百廉洞、九州城等。

例(5)中，把"鲤鱼嘴、大镜山、百廉洞、九州城"连起来一并加上专名号的做法是错误的；正确的做法见例(6)。

(6) **珠光香青**（*Anaphalis margaritacea*）　亦称"九里香青""山鼠曲草"。菊科。多年生草本，有香气。……中国西南、华东、华北都有分布；朝鲜半岛、日本、俄罗斯、印度和北美亦有分布。

3. 中国古代朝代名（如：明朝、清代）中的"朝""代"等字不加专名号，仅在朝代的名称上加专名号。例如：

(7) 清东陵，清代帝王陵墓群之一，位于河北 遵化 马兰峪西。

在中国历史上，同一朝代名曾先后出现过。为了不致混淆，一般要用方位词加以区分。例如：在汉朝之后，刘秀建立了东汉王朝。为便于区别和叙事的准确，历史上也把"东汉"之前的汉代称作"西汉"。同理，把"南宋"之前的宋代称作"北宋"，把"东晋"之前的晋代称为"西晋"；在唐代之后，又出现了"后梁""后唐""后晋""后汉""后周"政权；等等。这些名称中的"东""西""南""北""前""后"等字样，应与其后紧接的朝代名一并加专名号。例如：

(8) 司马彪（？—约306），西晋史学家。字绍统，河内 温县（今河南 温县西）人。

(9) 努尔哈赤（1559—1626），即清太祖。满族，爱新觉罗氏。后金（清）创立者。

需要说明的是，"六朝""南朝""北朝""五代"等因是若干朝代的合称（而非指具体的朝代名），故其中的"朝""代"等字应一并加专名号。例如：

(10) 刘季连（？—505），南朝 齐、梁时彭城（今江苏 徐州）人，字惠续。

(11) 王建（847—918），五代时前蜀建立者。字光图，许州 舞阳（今属河南）人。

此外，像"唐末""宋初""晚清"等词中的"末""初""晚"等字，不加专名号。例如：

(12) 郭子兴（？—1355），元末江淮地区红巾军将领。定远（今属安徽）人。

(13)《国朝画徵录》，中国画史传著作。……此书载清初至乾隆初画家四百六十余人，叙述他们的经历、特长、流派、师承和画论等。

4. 地名与"省"（"自治区""直辖市"）、"市"、"县"（"自治县"）、

"区"等行政区域普通名词连用时,普通名词无须加专名号。例如:

(14)昭陵,是清太宗 皇太极和孝端文皇后 博尔济吉特氏的陵墓,位于辽宁省沈阳市北郊。

5. 当普通名词如"江""河""湖""海""洋""洲""山""峰""岛"等已成为专名的一部分时,应一并加专名号。例如:

(15)"五岳"即东岳泰山、南岳衡山、西岳华山、北岳恒山、中岳嵩山。

(16)里海是世界上最大的湖泊,也是最大的咸水湖。它位于欧洲和亚洲交界处,沿岸分属阿塞拜疆、俄罗斯、哈萨克斯坦、土库曼斯坦和伊朗。……有伏尔加河、乌拉尔河等130余条大小河流注入。

(二) 标示国名、地区名、民族名、宗教名、年号、庙号,以及官署名、组织名等

(1)贞观四年(630年),唐 太宗击败东突厥,被铁勒、回纥等族尊为"天可汗"。曾发展西域的交通,促进贸易和文化交流。

(2)中国的七大方言是:北方方言、吴方言、闽方言、赣方言、湘方言、粤方言以及客家方言。

(3)唐时祆教、伊斯兰教、摩尼教、景教(基督教的一派)先后传入中国,但是最盛行的还是佛教和道教。(尚钺《中国历史纲要》)

(4)叶德钧,江苏 淮安人。淮安中学毕业后考入复旦大学。曾任教于长沙湖南大学和昆明 云南大学,以研究中国小说戏曲和民间文学而有名于时。

(5)唐代……别有弘文、崇文两馆,专为皇亲国戚大官僚子弟而设。(尚钺《中国历史纲要》)

(6)起义军有两支:一支是南方的绿林军,另一支是北方的赤眉军。(尚钺《中国历史纲要》)

例(1)中,"贞观"是年号,"唐"是朝代号,"太宗"是李世民的庙号,"东突厥""铁勒""回纥"是民族名,"西域"(汉代时对现在玉门关以西的新疆和中亚细亚等地区的称谓)是地区名。

例(2)中,"中国"是国名,"闽""赣""湘""粤"均是地名的简称;

"北方"和"吴"(指江苏南部和浙江北部一带)是地区名;"客家"是汉族的支系,是对4世纪初(西晋末年)、9世纪末(唐朝末年)和13世纪末(南宋末年)从黄河流域陆续迁徙到南方的这部分汉人的通称(以别于南方当地原来的居民),现在分布于广东、广西、福建、江西、湖南和台湾等省区。

例(3)中,"唐"是朝代名,"中国"是国名,"祆教"等带"教"字的是宗教名。

例(4)中,"叶德钧"是人名,"江苏""淮安""长沙""昆明"是地名,"淮安中学""复旦大学""湖南大学""云南大学"是学校名。

例(5)中,"唐"是朝代名,"弘文""崇文"是馆名(即一种官署名)。

例(6)中,"绿林""赤眉"是起义军名(即一种组织名)。

需要特别说明的是,为了与专名号配合,古籍或某些文史类著作中的书名号可以用浪线"﹏﹏"。例如:

(1)屈原放逐,乃赋离骚;左丘失明,厥有国语。(1995年《标点符号用法》)

(2)老将行是唐代流行的乐府诗题。

(3)老莲之水浒图,久闻其名,而未一见。日本所翻刻者,系别一明人作,世界美术全集续编中曾印数页,每页二人。但偶忘作者名,稍暇当查出,庶于中国或有访得之望。(许广平编《鲁迅书简》)

二、使用专名号注意事项

1. 专名号主要用于古籍中,也用在某些文史类著作(如范文澜《中国通史简编》)和汉语辞书(《辞海》)中。除此之外的现代汉语文本中,人名、地名、国名、民族名、朝代名、年号、庙号、谥号、宗教名、官署名、组织名等专有名词,以及单位名、官职名、事件名、会议名、书名等,一般不用专名号。必须使用标号标示时,应使用其他相应的标号(如引号、书名号等)。

2. 专名号不能当作着重号使用。某些社科类学术期刊中,误将专名号用作论文示例中的着重号。例如:

＊(1)人群中传出一阵嬉笑声。

＊(2)老王走到大门口一看,那里早就停满了自行车。

＊(3)从大门口到二门外,种着几畦蔬菜。

＊(4)桌子下,窗台上,到处放满罐头瓶子。

＊(5)四十岁以后,他遇到事情就从来没有惊慌失措过。

＊(6)在斜对门的豆腐店里确乎终日坐着一个杨二嫂。

＊(7)在那边,在一只底儿朝上反扣在沙滩上的木船旁边,是一簇刚从田里收割麦子归来的农人。

第十七讲　着重号

着重号的形式为"．"。在横排文稿中，着重号标注在相应文字的下方；在竖排文稿中，着重号标注在相应文字的右侧。着重号使用的多寡，视文稿中需要着重强调的字数而定。换言之，有几个需要着重强调的字，就用几个着重号。

一、着重号的使用场合

（一）标示语段中重要的文字

（1）事业是干出来的，不是吹出来的。(1995年《标点符号用法》示例)

（2）诗人需要表现，而不是证明。(2011年《标点符号用法》示例)

（3）语法和修辞的学习是只能帮助阅读和写作，不能替代阅读和写作的。(吕叔湘、朱德熙《语法修辞讲话》)

（4）那么我也这样联想，东洋厂的每一个锭子上面，都附托着一个中国奴隶的冤魂！(夏衍《包身工》)

（5）下面对本文的理解，不正确的一项是……(2011年《标点符号用法》示例)

（二）标示语段中需要指明的文字

（1）下边加点的字，除了在词中的读法外，还有哪些读法？

着急　子弹　强调（2011年《标点符号用法》示例）

（2）说说下面诗句中带点词语的意思，想象诗句描绘的景象。

● 天门中断楚江开，碧水东流至此回。

● 停车坐爱枫林晚，霜叶红于二月花。

● 可怜九月初三夜，露似真珠月似弓。（义务教育课程标准实验教科书《语文》）

（3）读下面的句子，想想带点词语的意思，联系课文说说句子好在哪里。

● 为了不让敌人发现群众和连队主力，班长马宝玉斩钉截铁地说了一声"走！"带头向棋盘陀走去。

● 顿时，石头像雹子一样，带着五位壮士的决心，带着中国人民的仇恨，向敌人头上砸去。（义务教育课程标准实验教科书《语文》）

（4）读句子，注意带点的语句，再说说自己的体会。

◎ 午后一点左右，从远处传来隆隆的响声，好像闷雷滚动。

◎ 再近些，只见白浪翻滚，形成一道六七米高的白色城墙。（义务教育课程标准实验教科书《语文》）

（三）着重号标示的文字有时可用黑体字代替

除了使用着重号来标示提请读者注意的字、词、句，还可以通过对要强调的文字改用黑体字的形式来起到着重号的作用。例如：

（1）现在问题已经不再是世俗人同**世俗人以外的僧侣**进行斗争，而是同他**自己内心的僧侣**进行斗争，同他自己的**僧侣本性**进行斗争。（马克思《〈黑格尔法哲学批判〉导言》，《马克思恩格斯选集》中文第2版第1卷第10页）

（2）工人们已经不能不看出：**是资本**在压迫他们，必须同资产阶级**这个阶级**进行斗争。（列宁《什么是"人民之友"以及他们如何攻击社会民主党人》，《列宁选集》中文第2版第1卷第80页）

（3）**德国这个形成一种特殊领域的当代政治的缺陷**，如果不摧毁当代政治的普遍障碍，就不可能摧毁德国特有的障碍。（马克思《〈黑格尔法哲学批

判〉导言》，《马克思恩格斯选集》中文第 2 版第 1 卷第 12 页）

（4）当工人阶级的先进代表领会了科学社会主义思想，领会了关于俄国工人的历史使命的思想时，当这些思想得到广泛的传播并在工人中间成立坚固的组织，把他们现时分散的经济战变成自觉的阶级斗争时，俄国**工人就会**起来率领一切民主分子去推翻专制制度，并引导**俄国无产阶级**（和**全世界无产阶级并肩地**）循着公开政治斗争的大道走向胜利的共产主义革命。（列宁《什么是"人民之友"以及他们如何攻击社会民主党人》，《列宁选集》中文第 2 版第 1 卷第 81 页）

例(2)的黑体字在俄文原文中为斜体字，例(4)中加着重号的黑体字在俄文原文中为疏排的斜体字。黑体加着重号，可以说是双重着重。

随着计算机技术的普及，近年来，也有人用斜体汉字、汉字加粗、斜体汉字加粗等表现形式来表示着重。

二、使用着重号注意事项

（一）着重号与引号用法上的区别

着重号和引号均可表示对词语的强调，但在用法上有所区别：引号仅用于标示作者着重论述的对象，其强调的仅是个别的字、词或短语；而着重号所标示的字、词、句，其本身就是作者论述的一部分。若强调的内容较多，通常使用着重号。例如：

（1）对于他们，第一步需要还不是"锦上添花"，而是"雪中送炭"。所以在目前条件下，普及工作的任务更为迫切。轻视和忽视普及工作的态度是错误的。（毛泽东《在延安文艺座谈会上的讲话》，《毛泽东选集》第 2 版第 3 卷第 862 页）

（2）要真正能做到五十年不变，五十年以后也不变，就要大陆这个社会主义制度不变。……这个"不变"的问题，是人们议论纷纷的问题，而且我相信，到本世纪末、到下世纪还要议论。我们要用事实证明这个"不变"。（邓小平《会见香港特别行政区基本法起草委员会委员时的讲话》，《邓小平文选》第 3 卷第 218 页）

(3) 但是，暂时还只是在暴风雨之前。"龙的苍蝇"始终只是些苍蝇，还并不是龙的本身。龙固然已经出现了，可是，还没有扫清整个的天空呢。
(瞿秋白《暴风雨之前》)

例(1)中对成语"锦上添花""雪中送炭"加以强调，例(2)中对词语"不变"加以强调；这些被强调的词语均比较简短，故用引号标示。例(3)需要强调的内容较多，故用着重号标示。

(二) 着重号应避免滥用

着重号用好了，用得恰当了，可以收到良好的表达效果；但是，如果滥用着重号，致使读者分不清哪些论述更重要，就会适得其反，失去了使用着重号的意义。苏培成先生曾列举过一个实例，兹移录于下：

＊这成功的原因，我觉得，首先是，她的阶级性完全融化在个性中显示出来：那样异乎寻常的勤劳和简朴，那样死心眼的淳厚和倔强，完全是个有血有肉的劳动妇女。其次，她的形象和性格虽有巨大的发展，而在巨大的发展中，仍然保持着高度的统一性，给我们一个非常生动的但仍然是明朗的印象。最后，应该注意的是：她的性格的表现和发展，在基本上，都是透过反封建斗争这一课题显露出来，因而紧紧地拥抱了主题，突出了主题思想。是这三种原因的综合，她才永远活在新文学史上，成为塑造人物的光辉范例。

第十八讲 分隔号

分隔号又称正斜线号，其书写形式是"/"。它是标号的一种，用于标示诗行、节拍及某些相关文字的分隔。

分隔号的用法包括以下几种。

1. 诗歌接排时分隔诗行。诗歌都是分行撰写和排版的。文稿中引用诗句时，若分行排版，则会浪费版面；接排在一起时固然可以节省版面，但若行与行之间不标清界限，则会造成混乱，因而需要借助分隔号。因分隔号有表示停顿的功能，故在诗行接排后，原诗行末尾的标点（若有的话）可以从略。例如：

(1) 我在外面流浪，回来时/故乡瘦了一圈/墩子叔走了，门前的池水/干了一半/屋后驼背的柳树/头发散落了一地/老房子蹲在坟边/屋顶的白云/仍在风中奔跑。

——"2014 全球华语大学生短诗大赛"获奖结果揭晓，湖北美术学院彭彪创作的《过故人庄》从全球 828 所高校 6528 篇来稿中脱颖而出，获得唯一的特等奖。(《读者》2015 年第 1 期)

(2) 1938 年 11 月，艾青满怀对祖国深沉的爱和对日本侵略者切齿的恨，写下了慷慨激昂的爱国诗篇《我爱这土地》。他在诗中写道："假如我是一只鸟/我也应该用嘶哑的喉咙歌唱/这被暴风雨所打击的土地/这永远汹涌着我们的悲愤的河流/这无止息地吹刮着的激怒的风/和那来自林间的无比温柔的黎明……/——然后我死了/连羽毛也腐烂在土地里面/为什么我的眼里常含泪水/因为我对这土地爱得深沉……"

(3)我不去想是否能够成功/既然选择了远方/便只顾风雨兼程/我不去想能否赢得爱情/既然钟情于玫瑰/就勇敢地吐露真诚/我不去想身后会不会袭来寒风冷雨/既然目标是地平线/留给世界的只能是背影/我不去想未来是平坦还是泥泞/只要热爱生命/一切,都在意料之中。

——汪国真《热爱生命》

2. 标示诗文中的音节节拍。朗读诗歌时,除语音准确外,还应注意停顿。句中有标点处要停顿,无标点处也要适当停顿(常用"/"表示短暂的停顿),以便抑扬顿挫、恰如其分地表达思想感情。例如:

(4)轻轻的/我/走了,

正如/我/轻轻的来;

我/轻轻的/招手,

作别/西天的/云彩。

…………

悄悄的/我/走了,

正如/我/悄悄的来;

我/挥一挥/衣袖,

不带走/一片/云彩。(徐志摩《再别康桥》)

(5)教授得意地诡秘一笑,走下讲台:"诸位,很抱歉!作为一名中文教授,我竟然在与各位道别的时刻玩了一次小学生的文字游戏——不过,我用心良苦,因为你们即将面对的社会的确充满了——从中学/到大学/都没有的/知识,而你们又必须——从中/学到/大学都没有的/知识。"(张小失《从中学到大学都没有的知识》)

(6)天上/风筝渐渐多了,/地上/孩子也多了。/城里乡下,/家家户户,/老老小小,/也赶趟儿似的,/一个个都出来了。/舒活舒活筋骨,/抖擞抖擞精神,/各做各的一份儿事去。/"一年之计在于春",/刚起头儿,/有的是工夫,/有的是希望。(朱自清《春》)

3. 分隔供选择或可转换的两项,表示"或"。例如:

(7)最后,摁下"启动/停止"按钮。

(8)这种河鱼,清蒸/红烧都味道鲜美。

(9) 只要一提到某个典型及物动词，人们会按照自己的生活经历想到它要求带上的宾语。如：吃—饭/菜/苹果……（对象宾语）；造—船/车/工厂……（目标宾语）。(邢福义《汉语语法三百问》)

(10) 动词短语中除了作为主体成分的述语动词之外，还包括述语动词所带的宾语和/或补语。(2011年《标点符号用法》示例)

需要说明的是，作品中常见"和/或"的写法源于英文and/or，最好改为"和（或）"。

4. 分隔组成一对的两项，表示"与""和"。例如：

(11) T12/T13次是沈阳北—广州东的空调特快列车。

(12) 在5月1日的混双决赛中，中国许昕/韩国梁夏银以4:0完胜日本的吉村真晴/石川佳纯，获得第53届世界乒乓球锦标赛混双冠军。

例(11)中的T12/T13是沈阳北至广州东之间运行的空调特快列车的车次，分隔号表示"T12"和"T13"是一对上下行的列车。例(12)的分隔号表示前后两人组成一对混双决赛的选手。

5. 分隔层级或类别。例如：

(13) 我国的行政区划分为：省（直辖市、自治区）/省辖市（地级市）/县（县级市、区、自治州）/乡（镇）/村（居委会）。(2011年《标点符号用法》示例)

(14) 广东地级市城区管理改革试点：减少层级，撤销街道，实行"市/区/社区"的新体制。(教育部语言文字信息管理司《〈标点符号用法〉解读》)

(15)

二、汉语姓名拼写法如下：

(一) 汉语姓名分姓氏和名字两部分。姓氏和名字分写。（杨/立，杨/为民）

(二) 复姓连写。（欧阳/文）(《中国人名汉语拼音字母拼写法》)

(16) 由专名和通名构成的地名，原则上专名与通名分写。

太行/山　松花/江　汾/河　太/湖　舟山/群岛　台湾/海峡　青藏/高原　密云/水库　大/运河　永丰/渠　西藏/自治区　江苏/省　襄樊/市　通/县　西峰/镇……(《中国地名汉语拼音字母拼写规则（汉语地名部分）》)

6. 分隔项目名与项目说明，相当于冒号。例如：

(17) 歌曲集《男人心声》

　　缘分的天空/孙楠

　　没你不行/羽泉

　　懂你/满文军

　　爱不爱我/零点乐队

　　…………

(18) 撰文/张宇　配图/刘龙

(19) 责任编辑/祝得彬　刘　娟

　　责任校对/白桂华

　　责任印制/岳　阳

　　…………

　　版　次/2012年7月第1版

　　印　次/2012年7月第1次印刷

　　书　号/ISBN 978－7－5097－3601－2

　　定　价/10.00元（李慎明《忧患百姓忧患党》）

7. 分隔标题的前后两部分。例如：

(20) 最近在报上看到一条新闻的标题，就觉得大可斟酌。这条新闻的标题是"伊拉克山雨欲来/近二百名军官被捕"。（吕叔湘《文风偶记》）

例(20)中引用的新闻标题，原来在报上是分行排的，引用时写在一行，应使用分隔号隔开。

8. 用于国家标准的代号中。例如：

(21) 国家标准 GB/T 15834—2011《标点符号用法》于 2011 年 12 月 30 日发布，2012 年 6 月 1 日起实施。

9. 分隔用阿拉伯数字表示的日期、月份和年。通常日期在前，月份在中间，年份在最后。例如：

(22) 初稿于 08/09/1986，完稿于 31/12/1998。

10. 分隔期刊的年份与期数。通常年份在前，期数在后。例如：

(23)《读者》2014/18　《咬文嚼字》2015/4。

有学者认为，分隔号还有竖线"｜"形式，常用于汉语辞书中分隔举例用的词、短语或句子。例如《现代汉语词典》（第6版）"聚"的第一个义项：

(24) 动 聚集：~会｜~沙成塔｜大家~在一起商量商量｜明天星期日，咱们找个地方~~。

第十九讲　其他标号

除了 GB/T 15834—2011《标点符号用法》中规定的 17 种标点符号外，书刊中还常见以下几种标号。

一、隐讳号

也称避讳号、叉号。它是用来表示作者不愿意、不便于或者不需要直接写明的人、物、事等的符号，通常用一个代字号代替一个字。其书写形式为"×"，注意不要与字母 x 混淆。其使用场合如下：

1. 用于代替作者不愿意或不需要或不必写出的字，或者被强制删去的字。例如：

(1) 我还记得，"国共合作"时代，通信和演说，称赞苏联，是极时髦的，现在可不同了，报章所载，则电杆上写字和"××党"，捕房正在捉得非常起劲，那么，为将自己的论敌指为"拥护苏联"或"××党"，自然也就髦得合时，或者还许会得到主子的"一点恩惠"了。(鲁迅《"丧家的""资本家的乏走狗"》)

(2) 后来我认识到，并在此郑重提醒读者，若有哪一天你耳边听起"你可以有×××之权利"的时候，一定是你已经失去许多权利甚至自由的时候。(吴振洲《狱中日记》)

(3) 我要去××医院，找胡大夫，我妈妈刚才吐了许多血。(冰心《小橘灯》)

(4) 陈白露——在××旅馆住着的一个女人，二十三岁。(曹禺《日出》)

(5) 在这方面，新华日报想了许多办法进行回击。一个是"示众法"，在被免登或被删的地方注上"免登"或"奉命免登"的字样……后来，不准注"奉命免登"了，就在被删的地方打上"×××"或"……"符号，让读者一看就明白这些地方被检查机关删掉了。(永纪、弗忘《丰功》)

例(1)中的"××"代替的是不直接写明的"共产"两个字。例(2)中的"×××"和例(3)中的"××"是作者认为不需要写出的字。例(4)中的"××"是作者认为不必写出的字。例(5)中的"×××"代指被国民党政府的新闻管理当局强制删掉的字。

2. 用于代替作者因保密的需要而不便于写出的字。例如：

(6) 这座原油战略储备库位于南方××岛，储量是××亿吨。

(7) 下午，三时五十分抵泉州，住××路七号友人处。(郭风《泉州日记》)

(8) 为保护个人隐私，文中如确需出现原告和被告的姓名，请一律用姓加"×"或"××"代替。

3. 用于代替不定指的字。例如：

(9) 多音字易混读的，提示为"这里不读×"。(《现代汉语规范词典》凡例)

(10) 例如如今市面上流行的以类似"××个人的××年代"为题的书籍，就未免流俗成一种个人生活史的合集。(《中国图书评论》2009年第3期)

(11) 凡称20××级博士生，即指20××年入学的博士研究生；20××届博士生，即指20××年毕业的博士研究生。

4. 用于文学作品中代替比较粗俗的或者骂人的词语。例如：

(12) "怕嚷啊，当初别贪便宜呀！你是了味啦，教我一个人背黑锅，你也不挣开死××皮看看我是谁！"(老舍《骆驼祥子》)

(13) 他不睡了，一脚踢开了被子，他坐了起来。他决定去打些酒，喝个大醉；什么叫事情，哪个叫规矩，×你们的姥姥！喝醉，睡！二十七？二十

八也不去磕头,看谁怎样得了祥子!(老舍《骆驼祥子》)

(14)此后是照常的嚷嚷;而且扰动又廓张了开去,阿金和马路对面一家烟纸店里的老女人开始奋斗了,还有男人相帮。……不一会,就聚集了一大批人。论战的将近结束的时候当然要提到"偷汉"之类,那老女人的话我没有听清楚,阿金的答复是:

"你这老×没有人要!我可有人要呀!"(鲁迅《阿金》)

(15)有些人素质很低,老想把我们赶走,欺负你俚女。有一天,我拿着一把刀,有六七寸那么长,站在过道中间骂:"妈了个×,谁再欺负我们,咱白刀子进,红刀子出。"(梁鸿《体面》)

例(12)~(15)中的"×",隐讳的都是骂人的脏字。

在20世纪上叶,出版物中也有用"○"来表示隐讳号的(现在已经不用)。例如:

(16)兄等此次所以毅然决定而使○○回京者,固完全以国事为重,如此即应就国家大局与陕甘情形作一实际之考量。……(中国第二历史档案馆《西安事变档案史料选编》)

此外,对于不便向外界言明的人名、国名、地名和时间等,除了隐讳号,还可以用拉丁字母或拉丁字母加阿拉伯数字等方式来表示。例如:

(17)这是民国六年的冬天,大北风刮得正猛,我因为生计关系,不得不一早在路上走。一路几乎遇不见人,好容易才雇定了一辆人力车,教他拉到S门去。(鲁迅《一件小事》)

(18)C大夫是父亲的主治医师,我时常在病房中不期然遇见每日晨昏必来巡视父亲病情的他。(林文月《一位医生的死》)

(19)一天早上,一个名叫玛丽亚的女士出门,路过M街的路口时被狗追咬,经路人相救得以脱险。警察迅速赶到,将她送到医院。(梁勇《马其顿人的小题大做》)

(20)几天之后,他竟在钱府的照壁前遇见了小D。"仇人相见分外眼明",阿Q便迎上去,小D也站住了。(鲁迅《阿Q正传·第五章 生计问题》)

二、虚缺号

虚缺号是用来表示阙文的一种符号。其书写形式为"□",占一个汉字的位置。在文稿中,原文缺多少个字,就用多少个虚缺号表示。

1. 表示无法辨认、无法查明或在转抄中缺失的文字,用虚缺号标示。例如:

(1) 1974 年西安柴油机械厂内发现梵文陀罗尼纸本单页印刷品,出自唐墓,上有竖行墨书"吴德□福"四字,所缺的字估计是"冥"。(《光明日报》1997-03-11)

(2) A. 抗日战争发生后,日本将在中国沿海树立许多御用政府封锁中国沿海,□□中国抗日沿海困难。

B. 抗日是否能引起日本内部变化,或日本集兵□□,我们将如何。

C. 苏联是否必帮中国。〔张友坤、钱进、李学群《张学良年谱》(修订版)第 673 页〕

(3) 一来知有礼法,二来顾惜廉耻,不敢十分狂妄。不但上面怕有人觉察他,就是同辈之中作□□说,少不得也怕人议论。最是那乡村市镇上,那□□民,周知礼仪,罕识科条,恃其膂力强梁,算计深□□的赢是大,告的赢是尊……(〔清〕王汝梅《鸳鸯针》)

2. 表示作者(或引用者)有意空缺的文字,用虚缺号标示。例如:

(4) 太阳也出来了;在他面前,显出一条大道,直到他家中,后面也照见丁字街头破匾上"古□亭口"这四个黯淡的金字。(鲁迅《药》)

(5) 其差强人意的,只有一位秋瑾,其余什么唐□□、沈□□、石□□、万□……哟,都是应当用蚊烟熏出去的。(许广平《两地书》)

(6) 当下二人□□□□,正欲各整衣襟。(郑振铎《世界文库·金瓶梅词话》)

例(4)中的"□"代替的是鲁迅先生不想明说、有意空缺的"轩"字。这样处理,"一方面是体现虚构的文体特点,因为《药》虽以秋瑾被杀(按:1907 年 7 月 15 日,清末革命党人、32 岁的秋瑾在浙江绍兴古轩亭口就义)

为素材,但毕竟是小说,不是纪实,所以秋瑾被害的地方不便明写;另一方面,也包含着鲁迅先生的良苦用心,即引发读者对历史和现实的联想和思索,唤起读者的格外注意"。例(5)中的"□□"代替的是作者不便说明或不愿说出的名字。例(6)中的"□□□□"代替的是整理者在文献整理中删除的文字,但为保持原稿的式样,故以虚缺号代替。

在一些中小学教材课后练习的填空题中,常常用( )或＿＿＿表示虚缺的文字。例如:

(7)雪后的景色,先写( ),再写人;先写色彩,再写( );先写静,再写( );先写( ),再写近处。

(8)照样子,写句子。

例:那芦苇一根根直立着,像小船上的桅杆。
● 满地各色的落叶,像＿＿＿＿＿＿＿＿＿＿。
● 柔软的草地,像＿＿＿＿＿＿＿＿＿。
● ＿＿＿＿＿＿＿像＿＿＿＿＿＿＿＿＿＿。(义务教育课程标准实验教科书《语文》)

三、示亡号

示亡号是一种用在出版物中表示对近期逝者缅怀和悼念之情的符号。其书写形式为"□",通常标注在近期逝者的名字上,或者将逝者的遗像、生平事迹文字四周加一黑框。例如:

(1)去声*-s尾的汉文献遗迹 ………………………… 傅定淼

(2)9月,我社出版了 马兆享 、郭传章合著的《避税与反避税》一书。

如果故去者较多,则可以把示亡号标注在标题上。例如:

| 参加本书修订工作已逝世的编委、主要编写人 |

舒新城 陈望道 刘大杰 沈克非 程孝刚
丁济民 干铎 万国鼎 丰子恺 戈湘岚 毛启爽 毛清献 仇畅煊

孔祥铎　叶以群　包玉珂　朱　洗　朱周牧　朱端钧　刘范猷　齐登科……(《辞海》1979 年版缩印本)

如果某人辞世已久，读者都已经知道了，不加示亡号也不会引起误解，那么就不必加示亡号了。

四、代替号

代替号是用来表示代替相同的字、词的一种符号，在字典、词典和工具书的举例中用以代替条目的本字本词语。其书写形式为"～"，占一个汉字的位置。例如：

(1) **劲**　jìng 坚强有力；力量大：强～｜刚～｜～风｜～旅｜～射｜疾风～草。(《现代汉语词典》第6版)

(2) **股肱**　gǔ gōng〈文〉大腿和胳臂。比喻得力的辅佐人才▷～之臣。(李行健主编《现代汉语规范词典》)

(3) **呱** guā 拟声 模拟物体撞击或鸭子、青蛙等鸣叫的声音▷一个耳光～地一下打在脸上｜青蛙～～地叫着。(李行健主编《现代汉语规范词典》)

五、标示号

标示号，也称标注号，常用形式有星号"＊"和剑号"†"两种。

标示号常用于标示某页脚注，即在被注释词语的右上角标出"＊"，然后在本页地脚处用"＊"引出注释文字。例如：

　　　　反对本本主义＊

　　　　(一九三〇年五月)

　　＊毛泽东的这篇文章是为了反对当时红军中的教条主义思想而写的。那时没有用"教条主义"这个名称，而叫它做"本本主义"。(《毛泽东

选集》第 2 版第 1 卷第 109 页)

对于表注，按 GB 7713—87 的规定，可用加后圆括号的阿拉伯数字［如：1)］来代替星号，如表 19-1 所列。

表 19-1　被注释词语在表格中的标示号使用示例

表 12　矿物燃料所含的能量

燃料	反应式	放出的热能	
		kJ/mol	kJ/g
煤	$C + O_2 \rightarrow CO_2$	393.5	32.7
天然气[1)]	$CH_4 + 2O_2 \rightarrow CO_2 + 2H_2O$	883.2	51.1
石油[2)]	$2C_8H_{18} + 25O_2 \rightarrow 16CO_2 + 18H_2O$	5454.4	47.7

1) 甲烷(CH_4)是天然气的主要成分(体积分数高达 97%)；
2) 辛烷(C_8H_{18})是石油中存在的多种碳氢化合物之一。

参 考 文 献

郭爱民. 图书报刊质量问题面面观:常见编校差错例析[M]. 西安:西安交通大学出版社,2006.

贺国伟,厉琳. 现代汉语标点符号数字用法规范手册[M]. 上海:上海辞书出版社,2011.

教育部语言文字信息管理司.《标点符号用法》解读[M]. 北京:语文出版社,2012.

康桥,雷智勇. 标点符号规范使用手册[M]. 上海:上海大学出版社,2007.

兰宾汉. 标点符号用法手册[M]. 北京:商务印书馆国际有限公司,2015.

兰宾汉. 标点符号运用艺术[M]. 北京:中华书局,2006.

林穗芳. 标点符号学习与应用[M]. 2版. 北京:人民出版社,2000.

钱进,陈晓浒,金戈,等. 标点符号规范使用手册[M]. 南京:凤凰出版社,2006.

时培育. 常见误用标点符号举例[J]. 大学出版,2003(2):56-57.

史锡尧. 史锡尧自选集[M]. 上海:上海人民出版社,2007:353-355.

苏培成. 标点符号实用手册[M]. 增订本. 北京:外语教学与研究出版社,2010.

新闻出版总署科技发展司,新闻出版总署图书出版管理司,中国标准出版社. 作者编辑常用标准及规范[M].2版.北京:中国标准出版社,2003.

徐允迁. 标点符号使用中应关注的三个因素[J]. 现代语文,2007(2):124.

张树铮. 标题中冒号的新用法及其规范问题[J]. 语言文字应用,2003(4):106-107.

朱禹山. 常见标点差错举隅[J]. 咬文嚼字,1997(1):13-15.